Jörg Zipprick
Provence

Sommaire

Découvrir la Provence

La dévotion figée dans la pierre: les sculptures de l'abbatiale de Saint-Gilles comptent parmi les principaux témoins de l'architecture médiévale en France.

Vincent Van Gogh, Paul Cézanne, Pablo Picasso et Paul Gauguin ont puisé leur inspiration dans les paysages grandioses situés entre Arles et Aix. Marcel Pagnol et Pétrarque, Frédéric Mistral et Alphonse Daudet ont imaginé ici, entre les jardins d'oliviers et de figuiers, leurs plus beaux textes. Préparez-vous à marcher sur leurs pas en Provence...

«Bien sûr que vous aimez la Provence. Mais quelle Provence?» demanda un jour Colette, l'écrivain. Et elle avait raison, car la Provence est multiple; elle ne se résume pas à un paysage unique, mais concentre en miniature toutes les formes paysagères possibles: vous avez l'immense marais de la Camargue, le mont Ventoux battu par les vents, la chaîne des Alpilles et le vignoble de Châteauneuf-du-Pape. Les oliveraies de Maussane s'étendent à quelques kilomètres des salins au sud de la Camargue, le massif miniature des Dentelles de Montmirail semble flirter avec le parc régional du Luberon et les échancrures profondes des calanques, et les gorges du Verdon ne sont guère éloignées des carrières d'ocre du «Colorado provençal».

L'apparence respective des divers paysages est, elle aussi, déterminée par le vent: «Quand la Provence est sous l'emprise du mistral, on ne sait où se réfugier», observait Stendhal dans ses «Mémoires d'un touriste». Dans le département du Vaucluse, le mistral souffle 120 jours par an avec une force supérieure à 50 kilomètres/heure, atteignant parfois des pointes de 140 kilomètres/heure. On peut lire les noms pittoresques des 32 vents provençaux au plafond du moulin de Daudet à Fontvieille: tramontano, manjo fango...

Couleurs d'un paysage

Et que dire des couleurs? Colette s'était déjà essayée à décrire les eaux miroitantes des calanques, tandis que Jean Giono composa un hymne unique en son genre à la gloire du gris: «Tout est gris. C'est sur ce gris, à la fin de l'hiver, que jouent les blancs et les roses des fleurs d'amandiers...» Couleurs auxquelles viennent s'adjoindre le vert des olives, le bleu de la lavande... En Provence, on associe les couleurs aux produits du terroir: même dans la draperie de luxe Souleiado, installée à Tarascon depuis 1750, on dit que le bleu des tissus est celui du ciel, que le vert est celui des cyprès, que le rouge provient des coquelicots et le

La lavande, l'emblème au parfum si typique de la Provence, métamorphose les champs au début de l'été en une mer d'un mauve lumineux.

LE PROVENÇAL

jaune des boutons d'or et que le noir correspond à celui des taureaux de Camargue...
La Provence, c'est aussi une région de contrastes: ici de minuscules maisons ocre blotties à l'ombre d'un château en ruine, là des villes élégantes comme **Avignon** ou **Aix-en-Provence**. D'un côté des villes fortifiées touristiques comme les **Saintes-Maries-de-la-Mer**, de l'autre de petits villages primitifs cachés, et enfin la métropole, **Marseille**, deuxième ville de France. En Provence, attendez-vous à voir des ruines romaines et des cathédrales romanes, de splendides châteaux et d'imposantes fortifications, de petites auberges et de charmants hôtels. L'abbaye de **Sénanque** vaut le détour, tout comme les abbayes de **Silvacane** et du **Thoronet**. En passant de la noble Avignon et de son fier palais des Papes à la petite **Arles**, ses vestiges romains et ses ruelles étroites, on constate que ces deux cités n'ont rien en commun; la même constatation vient à l'esprit quand on se retrouve sur le cours Mirabeau à **Aix** ou que l'on s'offre une petite pause dans un café à côté de la fontaine moussue de **Salon-de-Provence**.
En Provence, même les sportifs sont dans leur élément: on peut skier sur les pentes du **mont Ventoux**, descendre en rafting l'une des rivières de l'arrière-pays, pratiquer la randonnée ou le vélo un peu partout, ou tout simplement faire tranquillement une partie de boules sur la place du village...

La Provence et les artistes

La Provence a de tout temps exercé des attraits très divers: Vincent Van Gogh y est venu dans le but de «voir

Entre hommes: à la pétanque, l'un des jeux les plus anciens du monde, tout se calcule au centimètre près.

une autre lumière». La petite ville d'Arles l'a séduit avec ses ruelles étroites et son mode de vie hispanique, tout à l'inverse de son ami Paul Gauguin qui ne trouvait pas Arles à la mesure de son talent. Les deux peintres vivaient en perpétuel désaccord, au point qu'un beau jour Van Gogh se coupa une oreille...
Paul Cézanne, en revanche, était familiarisé depuis l'enfance avec la lumière provençale: il avait grandi à Aix-en-Provence, fils d'un chapelier qui fit plus tard un bond spectaculaire dans l'échelle sociale en devenant banquier. Parce que, même en Provence, on ne peut pas vivre d'amour et d'eau fraîche, le chèque paternel mensuel fut d'un grand secours au jeune Cézanne, jusqu'au moment où il put jouir de son héritage. De nos jours, les Aixois ont marqué d'un «C» de bronze le sol de tous les endroits que Cézanne fréquentait régulièrement: le collège Mignet dans la rue Cardinale (où il rencontra Emile Zola dont le père érigea d'ailleurs un barrage près d'Aix, le «barrage Zola»), tout comme son école de dessin, aujourd'hui musée Granet.
L'homme d'Etat Mirabeau, qui donna son nom à la majestueuse artère principale de la ville, aimait Aix pour d'autres raisons encore: il faisait la cour à mademoiselle de Marignane, l'un des plus beaux partis de Provence en son temps. Il laissa son carrosse plusieurs nuits de suite à la porte de l'hôtel de Marignane à l'angle des rues Goyrand et Laroque afin de compromettre la jeune fille. Cette intrigue n'eut pas complètement le succès escompté: Mirabeau obtint certes la main de son élue, mais pas la dot promise...
Pablo Picasso, quant à lui, ne travailla que peu de temps en Provence. Il dut tout de même en aimer le paysage, puisqu'il se fit inhumer dans son château de Vauvenargues.
Les écrivains et les poètes, eux aussi, trouvèrent dans la Provence une source d'inspiration constante: Dante aurait eu une vision vraiment infernale près des Baux, qui lui aurait ensuite servi de modèle pour son «Enfer». Alphonse Daudet, lui, s'inspira de personnages provençaux et de coutumes régionales. Même si la plupart de ses livres furent écrits à Paris, ils représentent le bon vieux temps en Provence. De nombreux lecteurs, après avoir visité la maison de Tartarin à Aix, auraient même cru que les héros des romans de Daudet avaient vraiment existé...

Les célébrités provençales

Enfants du pays ou «Provençaux d'adoption» ayant résidé un temps dans la région, les gens de Provence ont œuvré à la destinée de la France au cours des siècles: Laure, que le poète Pétrarque aperçut un jour d'avril 1327 dans une église d'Avignon et qui resta toute sa vie son amour platonique. Louise Colet d'Aix-en-Provence, la muse et l'amie d'Alfred de Musset, Victor Hugo et Gustave Flaubert.
Il y eut aussi des troubadours féminins, comme la comtesse de Die ou Azalais de Porcairagues, ou encore l'exploratrice Alexandra David-Neel, qui voyagea huit mois à travers le Tibet et fut la première Européenne à entrer dans la ville interdite de Lhassa, et qui consigna enfin le récit de ses voyages à 78 ans dans sa maison de Digne, dans l'arrière-pays provençal. Peu avant son 100e anni-

La pétanque, le passe-temps favori des Provençaux

«Une partie de pétanque, ça fait plaisir, tu la vises et tu la manques, change ton tir», ainsi va la chanson populaire du sud de la France que chantait Andrex, le chansonnier né à Marseille en 1907.
Les messieurs qui se retrouvent à l'ombre des platanes sur les petites et les minuscules places de villages ne pourront pas dire le contraire. Après tout, ils s'adonnent à l'un des jeux les plus anciens du monde, même dans sa version marseillaise.
Les vrais fanatiques de la pétanque prétendent que les Grecs auraient déjà occupé leurs loisirs comme aujourd'hui les Provençaux. A l'époque, on y aurait joué avec des pièces d'argent. D'autres expliquent que les Romains jouaient déjà avec les galets ronds de Provence et y voient une filiation avec le bowling anglais, non sans expliciter à grand renfort de mots qu'un vrai Provençal peut très bien se passer des quilles et n'a besoin que des boules. En réalité, on dirait bien que la pétanque – appelée le plus souvent «jeu de boules» – vit le jour en 1900 à Bandol. En 1910, on y jouait aussi à La Ciotat. Le nom vient du provençal «pèd tanco», qui signifie pieds joints.
Il existe deux variantes en France: l'«école» lyonnaise, où l'on fait rouler les boules dans un périmètre bien délimité, et la manière provençale, où les boules légèrement plus petites peuvent être lancées même avec une prise d'élan.
C'est un jeu d'équipe à trois, plus rarement quatre personnes. Tout l'art consiste à placer sa boule le plus près possible du cochonnet, une

Provence extra

sorte de grosse bille. Dans ce but, chaque équipier a un rôle précis: les pointeurs tentent de placer leurs boules le plus près possible du cochonnet.
Les tireurs en revanche essaient d'«éjecter» les boules adverses du voisinage du cochonnet.
Et comme, en France, la pétanque est reconnue comme un véritable sport, il est naturel qu'il y ait aussi des championnats. Au nombre des détenteurs de records se trouve un certain René Levantaci qui, le 9 mai 1992, a lancé 3 148 et placé exactement 2 857 boules en trois heures.
Tout enfant, l'écrivain et cinéaste Marcel Pagnol était déjà fasciné par la pétanque et s'en souvint plus tard avec nostalgie: «Tout comme les autres géants, Papa fit un bond remarquable et jeta une boule de métal à une distance incroyable.» Dans ses œuvres, les personnages principaux se disputent régulièrement à l'occasion d'une mémorable partie de pétanque. Non pas à coups de jurons, mais avec dignité, humour et esprit. La paix ne revient qu'une fois mesurée à l'aide d'un bout de ficelle la distance entre la boule et le cochonnet. Du moins jusqu'à la prochaine partie de pétanque.

Tout tourne autour de la bonne boule – les joueurs de pétanque ne prêtent pas volontiers leurs «jouets».

versaire, la vieille aventurière demanda encore un passeport afin de repartir vers l'inconnu. Malheureusement, elle mourut 18 jours avant la date prévue pour son départ.
Nostradamus, le mystérieux astrologue et auteur des «Centuries», est également un enfant de Provence, comme le moraliste Vauvenargues et le marquis de Sade, que la France appelle respectueusement le **divin Marquis**.
Adolphe Thiers, ancien Président de la République, dont on dit qu'il servit de modèle à Honoré de Balzac pour son Rastignac dans le roman «Le Père Goriot», était Provençal; de même qu'Alphonse Daudet, l'un de ces Provençaux d'adoption dont l'œuvre restera malgré tout indéfiniment liée à la région; Edmond Rostand, l'auteur de «Cyrano de Bergerac» et «Chantecler»; l'acteur Antonin Artaud, Marcel Pagnol, Jean Giono, Henri Bosco, René Char – sans oublier naturellement Paul Cézanne, déjà cité...
Des acteurs comme Raimu, Fernandel ou Yves Montand étaient également originaires de Provence, ainsi que le couturier Christian Lacroix, Auguste et Louis Lumière, les «pères» du cinéma, qui résidèrent un temps à La Ciotat, ou le Marseillais inventeur de l'anisette, Paul Ricard, à qui la France doit sa boisson la plus vendue. Et lorsqu'en 1792, un régiment de volontaires marseillais, appelé en renfort à Paris, entonna à pleins poumons un chant composé à l'origine dans la lointaine Alsace, les Français en firent sans hésiter leur hymne national: **la Marseillaise**.
C'est Frédéric Mistral qui préserva une partie de la culture provençale pour les générations futures: il écrivait exclusivement dans la langue de sa région – ce qui lui valut le prix Nobel de littérature en 1904 à Stockholm pour son poème épique «Mireille». Le poète investit l'argent de son prix dans un petit musée fixant à jamais la tradition régionale, le **Museon Arlaten** à Arles. C'est encore Mistral qui fonda le «félibrige», un mouvement culturel de défense de la tradition et de la langue de la région. A l'époque de Mistral, l'association jouissait d'une grande popularité mais, étant donné qu'elle omettait de s'intéresser aussi aux problèmes sociaux et économiques de la région, elle fut rejetée par beaucoup de Provençaux comme étant purement intellectuelle.

La Tradition avec un grand T

Pourtant, Frédéric Mistral contribua un tout petit peu par ses ouvrages à ce qu'en Provence, de nos jours, le temps ne s'écoule pas tout à fait au même rythme qu'ailleurs en France. Entre Orange et Marseille, on respecte toujours la tradition: ce peut être le coin de rue tranquille d'un village du Luberon où l'on parle encore le véritable dialecte provençal, ou un atelier de faïence à Moustiers où l'on travaille encore aujourd'hui

Dans le romantique village perché de Lacoste, rien ou presque n'indique qu'ici a vécu l'un des hommes les plus controversés du XVIIIe siècle: Donatien Alphonse François, marquis de Sade. Le château familial n'est plus qu'une ruine, mais les fantasmes du marquis sont toujours bien vivants.

d'après des modèles des XVIIe et XVIIIe siècles. Et maints santonniers, qui fabriquent les fameux personnages de la crèche, travaillent et façonnent avec un grand soin du détail selon les anciennes règles strictes de leur art.
La tradition est à la mode, et, soit dit en passant, se vend admirablement. Ce sont les Français eux-mêmes qui préfèrent les clichés de leur Provence: dans leur enfance, ils ont côtoyé plus ou moins volontairement Marcel Pagnol sur les bancs de l'école: «Souvenirs d'enfance», «Le Château de ma mère», «La Gloire de mon père» ou «Le Temps des secrets» sont des lectures obligées pour tous les garçons et les filles de France.
Devenus adultes, à l'image de millions d'autres lecteurs de 17 pays, ils lisent le best-seller de Peter Mayle «A Year in Provence» (Une année en Provence) ou sa suite «Provence toujours», succès de librairie qui pèsent parfois gros sur le cœur des Provençaux: ils se sentent ridiculisés par la douce ironie de Mayle qui les traite de gentils exotiques et se plaignent par moments des cars de touristes qui visitent tous les endroits évoqués dans le roman...

Une grande partie du sol provençal est affectée à l'agriculture. Les récoltes se font souvent à la main, comme ici près de Roussillon.

«Toiles» à succès made in Provence

En compensation, ces messieurs et dames du Midi sont assurés d'être indémodables au cinéma comme à la télévision: confortée par l'accueil favorable fait à sa «Demoiselle d'Avignon» en 1971, l'auteur Frédérique Hébrard écrivit pour la télévision en 1993 le «Château des Oliviers», et enregistra aussitôt 18 pour cent d'audimat. Toutes les rediffusions estivales des vieux films de Jean Giono et Marcel Pagnol – comme «Regain» ou «La Femme du boulanger» – sont suivies chaque année avec intérêt. Et les films pour le grand écran «Manon des Sources» et «Jean de Florette» (1986), de Claude Berri, basés tous deux sur des œuvres de Pagnol, se soldèrent par un taux de fréquentation proche du record pour les normes françaises, de sept millions de spectateurs. Et même le premier publicitaire parisien venu ne trouve rien de mieux que de faire vanter les produits – du fromage au savon – par des bons vivants à moustaches et à l'accent du Midi, sur fond de chant de cigales et de gazouillis d'oiseaux, bien entendu...

Un péché véniel: après tout, en Provence, certains vieux clichés semblent encore coller à la réalité, du moins en dehors de la saison. Et ce n'est nullement comparable à l'artificiel «Oh-la-la-Paris» du tournant de siècle qui se pratique encore dans une poignée de cabarets et de bistrots belle-époque.

Prenez donc le temps de visiter les petits bourgs les jours de marché, sans choisir forcément l'un des plus beaux comme **Ménerbes** ou l'un des plus connus comme **Vaison-la-Romaine**. Observez les autochtones et voyez comme ils jaugent la viande, les légumes ou le fromage avec circonspection.

Et observez les paysans de l'arrière-pays quand ils vantent fièrement – et parfois avec force maximes – leurs marchandises. C'est à des moments comme ceux-là que le temps en Provence paraît s'écouler plus lentement qu'ailleurs...

Où est située la Provence?

Personne ne sait où commence exactement la Provence: l'Etat français se contente d'une division en **départements**: le 84 – le **Vaucluse** – et le 13 – les **Bouches-du-Rhône** – sont incontestablement la Provence. Nîmes et le pont du Gard font toutefois partie du département numéro 30, le **Gard**, qui n'est pas la Provence. Les statisticiens français, en revanche, aiment apparemment regrouper la Provence et les départements du Var, des Alpes-Maritimes, des Alpes-de-Haute-Provence et des Hautes-Alpes dans l'entité **Provence-Alpes-Côte d'Azur**.

Les autochtones cependant jurent que la Provence débute quelque part au sud de Montélimar; Nîmes, Aigues-Mortes et Saint-Gilles à l'ouest en font évidemment un peu partie, mais pas Montpellier!

Quant aux limites de la Provence à l'est, même les autochtones ne semblent pas les connaître exactement: il est vrai que la majorité d'entre eux est bien plus disposée à compter au nombre des Provençaux les Dignois des lointaines Hautes-Alpes, qu'un habitant de Saint-Tropez, qui est pourtant relativement proche...

Une idylle intacte?

En se promenant un peu en Camargue, dans le massif du Luberon ou encore sur la montagne Sainte-Victoire, on a vite l'impression que la Provence est réellement l'une des dernières grandes oasis de la France moderne.
Y posséder un jour une seconde résidence... un rêve dont vivent très bien les innombrables agences immobilières de la région: les maisons les mieux rénovées dans les petits hameaux appartiennent souvent à de riches Parisiens ou étrangers.
Les «mauvais côtés» de la vie en Provence restent bien dissimulés aux yeux du visiteur séduit: ne citons que les **feux de forêt** qui reviennent aussi sûrement que l'été sur la Méditerranée.
Ils sont en partie provoqués intentionnellement – notamment par des spéculateurs immobiliers en quête de nouveaux terrains –, mais la majorité d'entre eux sont toutefois dus à l'imprudence, par exemple à des mégots ou à des morceaux de verre et à des bouteilles qui font office de loupe; c'est ainsi qu'en juillet 1991, un millier d'hectares de forêt près de la Tour-d'Aigues a brûlé à cause d'une cigarette jetée nonchalamment.
Au cours des dernières années, on a pu éviter des catastrophes majeures grâce à l'intervention des «Canadairs»; des incendies de faible à moyenne extension ont néanmoins lieu de manière récurrente; en France, ils font partie des incidents courants dont on s'aperçoit à peine: après les images des feux, la télévision française montre au public un reportage sur des jeunes gens enjoués qui gagnent un peu d'argent de poche en aidant au remplissage des Canadairs dans l'étang de Berre pendant les vacances scolaires et qui dissertent en termes élogieux sur les compétences technologiques françaises...
Cela étant dit, le département des Bouches-du-Rhône s'efforce de maîtriser les feux de forêt par une législation draconienne.
Du premier juillet au deuxième samedi de septembre, les forêts de l'ensemble de la région sont théoriquement interdites tant aux voitures qu'aux piétons; dans la pratique, il est naturellement illusoire de vouloir faire garder chaque sentier de chaque forêt par un agent de police.
La sécheresse estivale est parfois suivie en automne par des **crues catastrophiques**: comme en 1992, où la rivière **Ouvèze,** dont le niveau atteignit 17 mètres, détruisit en très peu de temps une grande partie de Vaison-la-Romaine, provoquant 37 morts et 5 disparitions. La cause de telles catastrophes ne réside pas seulement dans les pluies excessives, mais aussi dans la rectification des berges à grand renfort de béton et dans l'urbanisation des anciens lits d'inondation.
Pour se faire une idée de cette problématique, inutile d'aller jusqu'à Vaison; il suffit de jeter un coup d'œil à Apt, ne fût-ce qu'après des précipitations moyennes, sur les eaux brun sale et menaçantes du **Calavon** qui tourbillonnent dans leur «lit de béton».
Les panneaux routiers sont un avertissement pressant aux visiteurs de ne pas garer leurs voitures le long de la berge si le temps semble être à la pluie.

La belle Provence n'est pas à l'abri d'atteintes à l'environnement

La plupart des villes côtières continuent à évacuer leurs eaux usées non épurées dans la Méditerranée, sans compter les pollutions par les algues et les méduses qui se produisent chaque année. Rien qu'à cause du port industriel de Marseille-Fos et des complexes chimiques qui y sont implantés, la fréquentation des plages n'est pas toujours un pur plaisir. D'ailleurs le Rhône, entouré d'industries lourdes et de raffineries, dans la banlieue de Lyon notamment, passe pour être le fleuve le plus pollué qui se jette dans la Méditerranée.

Les arènes d'Arles constituent le plus grand des amphithéâtres conservés de la Gaule. Elles datent du Ier siècle, l'époque d'Auguste.

Les engrais agricoles se mélangent à toutes sortes de métaux lourds: les champs et aussi les vignobles font partiellement l'objet d'une exploitation intensive; la fertilisation abusive et l'emploi un peu trop généreux de pesticides et de désherbants sont courants, une pratique qui n'est pas remise en cause par la grande majorité des agriculteurs et des viticulteurs. En compensation, du moins les viticulteurs de Châteauneuf-du-Pape protestent-ils contre l'aménagement de la ligne du TGV Lyon-Marseille: si le train à grande vitesse peut rouler à pleine puissance près de leurs vignes, quelques experts redoutent une modification du microclimat de la région, et les répercussions correspondantes sur la qualité du vin. Curieusement, les vignerons n'ont rien à reprocher aux parcs à ferrailles et aux décharges sauvages qui voisinent avec leur précieux raisin... Nulle crainte non plus à propos des dangers du nucléaire: les sous-

marins nucléaires français sont stationnés à Toulon tout proche; puis l'on trouve 18 silos équipés de fusées à tête nucléaire sur le plateau d'Albion, dans l'arrière-pays provençal; le réacteur expérimental de Cadarache fit la une des journaux du monde entier en 1994 à cause d'une simulation controversée d'accident nucléaire. Pourtant, un célèbre guide de voyages français, au chapitre Bollène, parle de «vue imprenable» sur le Rhône et le complexe nucléaire d'Eurodif, non par naïveté écologique, mais parce que le complexe procure à la région une denrée appréciable: de l'emploi.

Le chômage: un problème majeur

Traditionnellement, le taux de chômage dans le sud de la France excède de deux pour cent environ la moyenne nationale. Il frappe surtout les jeunes de plein fouet. Même les meilleurs diplômes ne conduisent pas au premier emploi souhaité entre Avignon et Marseille. La «panacée» semble alors la transplantation à Paris où l'offre d'emplois paraît plus importante. Mais rien qu'au réacteur expérimental de Cadarache travaillent quelque 3 400 personnes, généralement une main-d'œuvre spécialisée bien rémunérée. C'est encore avec fierté que l'on cite le centre de recherches Marseille-Château Gombert, qui abrite entre autres l'Institut International de la Robotique et de l'Intelligence Artificielle, ainsi que d'autres réalisations telles «Aix 2000» et «Avignon-Agropolis» ou la production d'hélicoptères de Marignane. Comme dans l'ensemble de la France, le gouvernement mise sur l'implantation d'industries du futur dans des «technopoles»; mais les investisseurs étrangers préfèrent toujours Paris, la capitale, pour y installer leurs bureaux, centralisme français oblige.

Marseille: pôle d'attraction de l'émigration

Les rares postes de travail hautement rémunérés de ces technopoles ne peuvent masquer les vrais problèmes de la région: la Provence n'a été industrialisée qu'assez tardivement et a surtout bâti son essor industriel au siècle dernier sur le commerce des produits agricoles et le port prospère de Marseille. Les échanges économiques avec les colonies furent fructueux: de 1801 à 1901, la population démographique, dans la région des Bouches-du-Rhône par exemple (Marseille, Arles et Aix), passa de 285 000 à plus de 730 000 habitants. Marseille, première intéressée par cette explosion démographique, eut besoin de main-d'œuvre immédiatement et fit venir des immigrés en masse; vers la fin du XIXe siècle, c'étaient des Italiens, puis des Arméniens et des Corses.
Après l'échec de la guerre d'Algérie, le pays subit un afflux de pieds-noirs (ainsi qu'on appelait couramment les Français d'Algérie), et entre 1945 et 1980, la population de la région doubla à nouveau. Pas de problème, tant qu'il y avait de l'emploi: dans les

Jusque dans le plus petit détail, la cathédrale Saint-Sauveur d'Aix-en-Provence témoigne de l'habileté de ses bâtisseurs médiévaux.

A voir le bleu éclatant de la baie de Cassis, on a peine à croire que la ville de Marseille et son million d'habitants ne sont éloignés que d'une vingtaine de kilomètres.

années cinquante à soixante-dix, l'industrie chimique et celle de la construction navale connurent un développement exceptionnel dans l'agglomération marseillaise.
Il était déjà difficile à l'époque de loger les nouveaux venus, et c'est ainsi que quasi chaque grande ville française possède aujourd'hui une banlieue, conglomérat de grands ensembles de logements sociaux, de grands supermarchés et de petites entreprises qui s'étagent tout autour du centre, et qui infligent au visiteur extérieur une impression détestable de la métropole.
La crise économique des dernières années n'a pas épargné la Provence: les chantiers navals sont comme partout ailleurs en plein marasme, les industries chimiques des environs de Marseille «réduisent leurs effectifs». Tout au plus crée-t-on de nouveaux emplois dans le secteur des services, dans les banques et les assurances. Dans le même temps, la pression migratoire ne faiblit pas: sur les quelque 150 000 étrangers que compte la région, un sur deux est de souche nord-africaine. La grande majorité d'entre eux vit à Marseille ou dans sa banlieue. Quelques vieux Marseillais se plaignent du manque de volonté d'intégration des immigrés essentiellement à la peau foncée, regardent avec méfiance la nouvelle mosquée et les écoles coraniques, rejettent la responsabilité de la forte criminalité et de la mauvaise réputation de la ville ainsi que du chômage sur les étrangers, et pensent que certains quartiers se sont dangereusement africanisés. En vue du jour où un régime fondamentaliste prendrait le pouvoir en Algérie, Marseille s'attend déjà mainte-

nant à des dizaines de milliers de nouveaux réfugiés. Tous ces facteurs débouchent sur un gain de voix appréciable pour le Front National (extrême-droite) aux élections municipales de 1995, qui conquit même les mairies de Marignane et de Toulon.

Tourisme, artère vitale

Mis à part le «cas» de Marseille, seules des agglomérations importantes comme Avignon, Arles, Aix ou Nîmes possèdent quelques entreprises industrielles petites à moyennes. Mais plus de 80 pour cent de toutes les entreprises emploient moins de dix personnes. Les Provençaux sont un peu tributaires à leur corps défendant des secteurs traditionnels de la **pêche** et du **tourisme**. Le premier port de pêche est Martigues, avec 14 400 tonnes de captures annuelles, suivi de Marseille avec 5 000 tonnes.
Les estimations se basent sur le fait qu'un Provençal sur quatre vit directement ou indirectement du tourisme, ce qui met ce secteur au rang de premier employeur régional: tout le Midi, regroupé dans les statistiques officielles sous le nom de «Provence-Alpes-Côte d'Azur», est la principale région touristique de France, loin devant le Languedoc-Roussillon. Plus de 73 000 chambres d'hôtel sont mises à la disposition des visiteurs, et plus de 320 000 emplacements de camping. Jean Giono, à l'humour caustique, avait des vues personnelles sur cette pléthore de touristes: «Notre pays est traversé en toute saison par un fleuve de Parisiens, de Belges, d'Anglais et d'Esquimaux qui va se jeter en Méditerranée (...) Certains jours d'été, c'est pire que les abattoirs de Chicago (...) Sur cent kilomètres et plus de longueur, on a mis à sécher de la viande humaine (...)». Il n'avait pas tout à fait tort. Enfin, la haute saison ne coïncide pas seulement avec l'ouverture des hôtels et des restaurants, mais aussi avec celle d'une multitude de magasins, d'échoppes, de boutiques et de marchés qui attendent manifestement la manne des visiteurs de passage: bric-à-brac, céramique, herbes de Provence et brocante – très appréciée – sont proposés partout à foison. Même si l'on peut réellement dénicher un petit trésor chez l'un ou l'autre des marchands, chez certains exposants, on peut légitimement se demander combien il a fallu depuis tant d'années de vieux châteaux, de manoirs bien préservés et de fermes bien cachées, pour inonder le marché d'une telle profusion d'antiquités «garanties véritables et authentiques».

Le verger de la France

En matière d'**agriculture**, la région offre apparemment des chiffres impressionnants. Les deux tiers de l'huile d'olive de la France viennent de Provence; le département du Vaucluse est, à l'intérieur de la France, le premier exportateur de pommes (213 000 tonnes), et produit des tomates (103 000 tonnes), du raisin (30 000 tonnes), des melons (32 000 tonnes) et des cerises (23 100 tonnes). Son voisin, les Bouches-du-Rhône, est, grâce à la Camargue, le plus gros producteur de riz du pays avec une production annuelle de 96 200 tonnes. Les tomates (186 650 tonnes), les poires (74 700 tonnes) et

Les 10 domaines viticoles les plus accueillants

Château de Mille
■ D 3, carte avant
... parce que c'est l'un des châteaux les plus anciens et les plus réputés du Luberon (→ p. 95).

Château Romanin
■ B 3, carte avant
... parce que ce domaine possède des chais qui valent la peine d'être vus (→ p. 149).

Château Simone
■ D 5, carte avant
... parce qu'il maintient la tradition viticole de la région d'Aix-en-Provence (→ p. 79).

Château Val Joanis
■ D 4, carte avant
... parce qu'il est très pittoresque tout en produisant un excellent vin (→ p. 106).

Château Vignelaure
■ E 4, carte avant
... parce que son Coteaux d'Aix-en-Provence rouge vaut le déplacement (→ p. 74).

Domaine Paul Avril-Clos des Papes ■ B 2, carte avant
... parce que le Châteauneuf-du-Pape **Clos des Papes** plaît au palais des clients des plus grands restaurants parisiens (→ p. 250).

Domaines Les Goubert ■ C2, carte avant
... parce que le Gigondas et le Beaumes-de-Venise trouvent ici leur accomplissement (→ p. 254).

Domaine Richeaume ■ E 4, carte avant
... parce que c'est un domaine modèle à tous points de vue (→ p. 82).

Domaine du Trévallon ■ B 3, carte avant
... parce que ce domaine est l'incontestable numéro un de la région du Coteaux des Baux (→ p. 143).

Domaine du Vieux Télégraphe ■ B 2, carte avant
... parce que ce domaine avec les ruines du télégraphe optique possède d'excellents Châteauneufs blancs et rouges (→ p. 251).

Annoncez si possible à temps votre visite au domaine.

le blé dur (70 640 tonnes) produisent également d'excellentes récoltes. Malgré tout, l'agriculture a aussi ses problèmes: ce sont les grandes entreprises agricoles de la plaine du Rhône qui emportent les gros marchés; les petits fermiers en revanche ont du mal à joindre les deux bouts.
Ils se plaignent avant tout de la concurrence, souvent meilleur marché, de l'Espagne et du Portugal. Quelque 4 000 d'entre eux cessent toute activité chaque année; dans de nombreuses familles d'agriculteurs, une personne au moins doit exercer un second métier.
L'**élevage ovin**, autrefois très répandu, est aussi en recul: d'après les estimations, un peu plus des deux tiers des quelque 400 000 agneaux qui finissent aux abattoirs ultramodernes d'Avignon ont passé les quatre mois de leur vie non pas sous le ciel de Provence, mais quelque part à l'étranger.

L'avenir sera dans la qualité

Pourtant, les paysans provençaux ne sont pas tous aux abois: qui n'essaie pas de tirer une quantité maximale de ses quelques hectares de terre, mais s'attache à la qualité, a les meilleures chances de trouver preneur parmi les restaurants et les hôtels: on s'arrache en effet dans toute la France les adresses des spécialistes de l'huile d'olive de première qualité, des meilleurs affineurs de fromage au lait cru, des meilleurs producteurs de confiture ou de miel pur naturel.
Les chercheurs de truffes, actifs uniquement en hiver, n'ont pas à se plaindre non plus: après tout, leur

Pas besoin d'un dessert élaboré; des fraises fraîches, mûries au soleil de Provence, sont la conclusion suprême d'un menu de vacances.

marchandise au kilo rapporte de coquettes sommes! Plus de 70 pour cent des truffes françaises poussent sous les chênes provençaux. Comme l'appellation «truffe de Provence» ne sonne pas très bien dans les milieux gastronomiques, la plupart d'entre elles deviennent des **truffes du Périgord** après un crochet chez les grossistes, ce qui certes ne gâte en rien leur saveur. En tout cas, les amateurs de truffes se sont toujours trouvés bien en Provence.

Une région de gourmets

Dans le Midi de la France, il ne faut pas absolument manger dans un restaurant gastronomique cher. Bien que les auberges traditionnelles aient tendance à disparaître, on peut toujours découvrir de «bonnes adresses» dans l'un ou l'autre des villages. Ce sont d'ailleurs souvent les plats les plus simples qui sont les meilleurs: ce peut être un **tian** (le mot désigne à la fois le plat en terre et son contenu, un gratin de légumes) ou une **ratatouille** ou un poulet frais de ferme rôti à la façon de Marseille avec des olives, de l'ail, des tomates et un peu de lard croustillant. Les amateurs de délices de la mer ont le choix entre l'**oursinade**, purée d'oursins, les sardines farcies ou les calmars, le loup grillé au fenouil et bien entendu la **bouillabaisse,** célèbre dans le monde entier. Cette recette – à l'origine c'était pour «accommoder les restes» des pêcheurs qui se faisaient mijoter une petite soupe avec les captures invendues – passe de nos jours pour un mets extrêmement délicat.

Paradis pour amateurs de sucreries

N'oublions pas le dessert! Chaque ville a ses spécialités sucrées: les **berlingots** sont originaires de Carpentras, les **calissons** d'Aix et les fruits confits d'Apt. Ces derniers étaient déjà régulièrement servis voici des siècles à la table des papes, tout comme le Châteauneuf-du-Pape. Même si les Provençaux ont l'air de préférer leur cher **pastis**, la route entre Avignon et Cassis est jalonnée de nombreux **domaines viticoles** aux crus remarquables. Le monopole des petits rosés rafraîchissants est fini depuis belle lurette; quantité de viticulteurs misent résolument sur la qualité et montrent que de bons raisins peuvent aussi pousser sur le sol provençal en dehors de Châteauneuf-du-Pape. Des domaines comme le Domaine du Trévallon représentent la nouvelle élite vinicole de la région.

Au début était une légende...

Ce sont les Grecs qui auraient apporté les premiers raisins dans la région. Selon la légende, Protis, chef des Phocéens grecs, aurait été accueilli à bras ouverts en Provence par la fille du roi ligure Gyptis: elle lui offrit une coupe de bienvenue... et son amour en prime. Une légende non dénuée de fondement: les Phocéens nouvellement arrivés firent de Massalia (Marseille) une importante ville portuaire il y a de cela 25 siècles.
Quelques siècles plus tard, c'en était terminé de la cohabitation pacifique: les colons grecs se sentirent menacés par les Celto-Ligures, qui convoitaient la prospérité de la ville

portuaire, et appelèrent les Romains à la rescousse. Ces derniers restèrent sur place, dans la droite ligne de la tradition romaine, et fondèrent à Aix une tête de pont en vue de la conquête future de la Provence.
Plus tard, les Provençaux s'en allèrent eux aussi à la conquête du monde: comme les fiers seigneurs des Baux qui firent trembler leurs voisins à l'époque de leur gloire. Frédéric Mistral les appelait la «race des aigles» et, en témoignage de son prestige, cette race prétendit tout bonnement descendre de Balthazar, l'un des trois rois mages, et orna armures et boucliers d'une étoile de Noël à 16 branches. Le dernier de ces «aigles» est au demeurant le prince Rainier de Monaco, qui hérita finalement du titre de «marquis des Baux».

La «bonne et belle reine de Provence»

Moins hautaine que les seigneurs belliqueux des Baux était la reine Jeanne Ire, comtesse de Provence et reine de Naples. Cette dame, qui exerça le pouvoir dès sa 17e année et qui fut assassinée en 1382 sur l'ordre de son cousin et héritier Charles d'Anjou, ne vint qu'une seule fois en Provence, pour de «courtes vacances» en 1348.
Parce que la vie à la cour coûtait déjà très cher à l'époque, la reine Jeanne faisait activement commerce de ses droits royaux. Ainsi des villes purent-elles s'affranchir de leurs impôts contre paiement de grosses sommes, un fait qui valut à la comtesse une popularité inattendue auprès de ses sujets: des maisons, des ponts et un château furent dédiés à la «Bonne et Bello Reino Jano de Prouvenço», la bonne et belle reine Jeanne de Provence.
Au cours de l'histoire, les Provençaux de France ne furent pas qu'aimés, loin de là: la région revint à la couronne assez tard, soit au XVe siècle: il fallut d'abord, au XVIe siècle, introduire le français comme langue administrative officielle. Jusqu'à la fin du XIXe siècle, un élève qui parlait provençal pendant les cours devait s'attendre à se voir taper sur les doigts...
Même de nos jours, l'élite parisienne voit parfois dans les Provençaux des gens de la campagne plutôt heureux de vivre, naïfs qui, légèrement bornés mais toujours de bonne humeur, traversent l'existence avec un accent prononcé.

Une région de fêtes

Par contre, on ne peut pas dire que les Provençaux n'ont pas le sens de la fête. Presque toutes les occasions sont bonnes: fêtes de la lavande, fêtes des vendanges, fêtes de la truffe, fêtes du riz, fêtes des santons. Dans la région, on dénombrerait en tout environ 180 fêtes et festivals d'été différents. Cependant, les véritables grandes attractions sont bien évidemment les illustres **festivals culturels** d'Avignon, d'Apt, d'Aix ou d'Orange. Au printemps, le **pèlerinage des Gitans** attire des foules de visiteurs dans la petite localité des Saintes-Maries-de-la-Mer. On y vénère «Sara la Noire», la servante des «deux Maries»: Marie-Salomé, la mère des apôtres Jean et Jacques le Majeur, et Marie-Jacobé, sœur de la Vierge et mère de Jacques le Mineur, qui, avec Lazare et ses sœurs Marthe et Marie-Madeleine, furent mis tous ensemble à dériver dans une barque sans rames ni voile après la mort du Christ. D'après la légende, cette barque aborda sur la plage actuelle des Saintes-Maries et les saintes se mirent dès lors à évangéliser la Provence...

Là où le taureau poursuit le torero

A l'époque des grands **combats de taureaux** d'Arles ou de Nîmes, la Provence vit au rythme de l'Espagne, et ceux qui n'aiment pas la corrida peuvent assister sans crainte à une **course camarguaise**: dans une arène, un jeune taureau chasse une horde de jeunes hommes qui cherchent à lui arracher une cocarde. Mais les plus belles fêtes de Provence ne figurent certainement pas au programme des agences de voyages: ce peut être un **pegoulado**, une retraite aux flambeaux, que vous rencontrez la nuit à l'improviste, au détour d'une rue, parfois accompagnée de femmes en costume traditionnel et d'un couple de **gardians**, les «gardiens de taureaux» de Camargue, avec leurs chevaux. Ou bien une fête de Noël provençale dans la tradition ancienne, avec les célèbres 13 desserts et une table recouverte de trois nappes, à laquelle, par un hasard quelconque, il vous sera donné de participer dans une famille de l'arrière-pays. Ou encore une fête votive dans un tout petit village où, si vous vous trouvez le bon jour au bon endroit, vous serez invité, après la célébration en l'honneur du saint local, à partager un énorme **aïoli**. Mais une fête provençale peut aussi être un après-midi tout à fait ordinaire. Car quand on passe le plus clair de son temps à courir les curiosités incontournables, on peut s'accorder de temps à autre une petite halte et se comporter pour changer comme les «héros» de Jean Giono et de Marcel Pagnol: dégustez un verre de **pastis** sur la place du village où vous vous trouvez, observez les joueurs de boules, et offrez votre visage aux rayons du soleil. Provençal d'un jour...

Un peu d'histoire

Vers **600 av. J.-C.** Des marchands grecs de Phocée en Asie Mineure fondent Massalia (Marseille).

125-122 av. J.-C. Les Salyens celto-ligures et des tribus alliées menacent Massalia. Elle appelle à l'aide les troupes romaines qui détruisent la capitale des Salyens. Près du champ de bataille, elles fondent la ville d'Aquae Sextiae Salluviorum: Aix-en-Provence, la première tête de pont romaine en Provence.

58-51 av. J.-C. Sous Jules César, les Romains conquièrent la Gaule et soumettent Massalia, la rebelle.

A partir de 27 av. J.-C. L'empereur Auguste réorganise la Provincia Narbonensis entre Vienne et Toulouse. La Provence, une composante importante de l'empire romain, a ses sénateurs et constitue le lieu de retraite des vétérans.

5e siècle L'empereur Honorius interdit en 407 tout culte païen. Le christianisme commence à se répandre. La première abbaye à être fondée fut Saint-Victor de Marseille en 416.

5e-6e siècles Les Wisigoths, les Vandales et enfin les Francs occupent la Provence.

732 Les Maures sont battus par Charles Martel.

843 Traité de Verdun: la Provence revient à Lothaire Ier.

855 Sous Charles, troisième fils de Lothaire, la Provence devient un royaume indépendant.

974 Nouvelle incursion des Sarrasins. Ils sont repoussés par Guillaume le Libérateur, comte d'Arles.

12e siècle Partage de la Provence entre les comtes de Toulouse et de Barcelone.

1245 Charles d'Anjou, frère de Louis IX, devient comte de Provence par mariage avec la comtesse Béatrice de Provence.

1309-1403 Sept papes français règnent successivement à Avignon. Après l'élection à Rome du pape napolitain Urbain VI, les antipapes résident en Avignon. Début du «grand schisme».

1471 René d'Anjou, le «bon roi» René, s'établit en Provence, au grand bénéfice de l'art.

1481 Avec la mort de Charles

Provence extra

du Maine, neveu de René, la Provence revient à la France.
1501 Institution d'un parlement régional à Aix sur l'ordre de Louis XII.
1539 Le français devient la langue officielle pour les actes administratifs.
1545 Massacre des vaudois par le baron Maynier d'Oppède.
1555 Nostradamus publie ses «Centuries astrologiques».
1559 La principauté d'Orange revient à Guillaume d'Orange.
1562-1598 Guerres de Religion entre catholiques et protestants.
1713 Le traité de Nassau rend la principauté d'Orange aux Français.
1720 Une épidémie de peste décime la population de Provence. Marseille paie un lourd tribut.
1789 Révolution française.
1792 500 volontaires marseillais défilent dans Paris en chantant la Marseillaise, composée à Strasbourg, qui sera plus tard l'hymne national.
1904 Frédéric Mistral (1830-1914) reçoit le prix Nobel de littérature pour «Mireille». Avec l'argent de ce prix, il fonde un musée à Arles.
1942-1944 Occupation de la Provence par les troupes allemandes.
15 août 1944 Opération Anvil: débarquement de la VIIe armée américaine et de la Ire armée française en Provence.
19 août 1944 Les Allemands commencent à battre en retraite.
27 août 1944 Toulon est libérée.
28 août 1944 Marseille est libérée.
1962 Après la fin de la guerre d'Algérie, des centaines de milliers de Français d'Algérie reviennent en France via Marseille.
1965 Début de la construction de l'ensemble portuaire de Fos, aujourd'hui le plus grand port industriel de France.
1981 Paris et Marseille sont reliées par le TGV.
1991 Découverte de peintures rupestres vieilles de 25 000 ans dans la grotte Cosquer près de Marseille.
1995 Détournement d'un Airbus sur l'aéroport de Marseille et libération des otages par une unité spéciale française, qui fait la une de la presse.

La Provence pratique

Ici, on se laisse vivre, ne fût-ce que pour quelques jours: le château des Alpilles à Saint-Rémy-de-Provence allie le luxe au charme.

Nombreux sont les chemins qui mènent en Provence: l'avion vous emmène rapidement dans la métropole, Marseille, le TGV relie Paris et Avignon, et même en voiture, par Lyon, on est vite dans la Cité des Papes et dans les autres localités provençales.

En voiture

De Lyon, on rallie généralement très vite la Provence par l'autoroute du Soleil, l'A 7. La plupart des touristes belges choisiront alors l'itinéraire Luxembourg, Metz, Nancy, Dijon, Lyon, Avignon. Si l'on vient de la frontière suisse, on peut rejoindre la Provence par l'A 7 en passant par Grenoble et Valence. Ou bien, à partir de Grenoble, prendre d'abord la N 75 (peu rapide, mais très pittoresque) vers Serres et ensuite la D 994 jusqu'à Nyons. Enfin, on peut aussi gagner la Provence par la route méridionale via Turin ou Milan et Gênes: l'autoroute est en partie parallèle à la plage et à la mer.
Les autoroutes françaises sont à péage. Cent kilomètres coûtent actuellement entre 41 et 45 FF (250 à 270 FB). Mais les tarifs sont régulièrement revus à la hausse en période de vacances.

En avion

L'aéroport de Marseille-Marignane est le grand aéroport international qui dessert la Provence; d'où des vols directs en provenance de Belgique. Mais, en prenant soin de réserver à temps, il est souvent plus avantageux de se rendre à Paris et, de là, de prendre un vol direct de la compagnie intérieure Air Inter ou Air Littoral desservant les petits aéroports régionaux d'Avignon, Aix-en-Provence ou Montpellier. Ces deux compagnies proposent des tarifs réduits (vols blancs et bleus) à condition de réserver 15 jours à l'avance.

En train

Le plus rapide et le plus beau est le trajet en TGV depuis Paris. Ce train à grande vitesse dessert Avignon en quatre heures et Marseille en cinq. Le TGV est plus onéreux qu'un train normal et il faut obligatoirement réserver sa place moyennant un supplément. Les prix sont proportionnels à la longueur du trajet. La SNCF offre cependant à ses voyageurs divers avantages et tarifs préférentiels de week-end.

A peine descendu du train, on a déjà le premier sujet de photographie: l'escalier monumental de la gare Saint-Charles à Marseille.

On peut abandonner sa voiture dans la plupart des villes-étapes de Provence. Peut-être à l'exception de Marseille, aucune ville n'est trop grande pour une visite pédestre. Difficile pourtant de renoncer à la voiture ou au vélo si l'on veut rester mobile, car les charmants petits villages provençaux ne sont que peu desservis par le car ou le train.

La voiture

Malgré les anciens murs d'enceinte et les centres historiques, les grandes villes de Provence sont devenues des métropoles modernes. En d'autres termes, elles ne sont pas épargnées par les bouchons et les heures de pointe qui, en été, sont encore aggravés par les flux touristiques. Sinon, la voiture est un bon moyen de sillonner la Provence. Le réseau routier est bien développé, on trouve même des aires de repos (et souvent de splendides panoramas) sur les petites départementales; les routes d'accès aux villes-étapes sont bien signalées.
Dans la plupart des grandes villes, les **parkings couverts** sont en suffisance, bien qu'ils ne soient pas bon marché, avec des tarifs horaires de 8 à 10 FF (50 à 60 FB). Pour les automobilistes qui ne sont pas trop mal garés, une contravention revient même parfois moins cher qu'une journée de parking payant, pour autant qu'elle soit acquittée dans les 30 jours. Au-delà, l'amende est majorée. L'automobiliste éprouvera surtout des difficultés à Montpellier et à Aix-en-Provence, où tout le monde veut rouler sur le prestigieux cours Mirabeau. Le périphérique autour du centre historique est de ce fait le plus souvent encombré et il n'est pas rare que les parkings clos soient complets. Il est encore plus vain de vouloir stationner aux Baux-de-Provence, où les cars et les voitures se disputent en permanence les dernières places sur une étroite route de montagne.
Attention! La **priorité à droite** est systématiquement appliquée: même sur les grandes routes nationales, celui qui vient de la droite a presque toujours priorité, ainsi que dans les ronds-points.
Les **limitations de vitesse** sont de 130 km/h (110 km/h par temps de pluie) sur autoroute, 90 km/h (80 km/h par temps de pluie) sur les routes nationales et départementales, et 50 km/h dans les agglomérations. Ceux qui possèdent leur permis de conduire depuis moins d'un an ne peuvent dépasser 90 km/h. Le **port de la ceinture de sécurité** est strictement obligatoire. Le taux d'alcoolémie autorisé est de 0,5 pour mille. Le diesel s'appelle gazole ou bien gasoil.
En règle générale, la police n'intervient qu'en cas d'accident avec blessés. En cas de tôle froissée, il faut rédiger un constat complété d'un

dessin avec l'autre conducteur impliqué et préciser les dégâts à l'aide de photos.
Ne laissez jamais d'objets de valeur dans une voiture en stationnement. Evitez systématiquement de laisser des bagages visibles de l'extérieur. Les loueurs de voiture sont présents dans les aéroports et les gares des grandes agglomérations. N'hésitez pas à comparer leurs tarifs. Les petites **agences de location** inconnues pratiquent des prix généralement plus intéressants que les grandes marques.

La bicyclette

La Provence est un paradis pour les cyclistes. Les distances entre les lieux à visiter ne sont pas démesurées; si vous voulez éviter le trafic routier, empruntez les nombreuses petites routes départementales ou les chemins de campagne. Pour la grande majorité des trajets, nul besoin d'être un sportif de haut niveau. Par contre, les cyclotouristes ambitieux s'en tiendront aux chemins tout autour du mont Ventoux (à juste titre une des étapes du Tour de France), entreprendront un périple dans le massif du Luberon ou se risqueront dans l'ascension de la forteresse des Baux. Les trains régionaux transportent les vélos. On peut louer des vélos dans certaines gares ainsi que chez de nombreux vendeurs de cycles.

Les transports publics

Il va de soi que toutes les grandes villes de Provence sont accessibles en **train**. Marseille possède même un métro. La carte **France Vacances**, qui permet de voyager un bon mois dans toute la France (même si l'on ne peut prendre le train que certains jours), propose des offres spéciales intéressantes. Des réductions s'appliquent aux longs trajets et à certains week-ends. Renseignez-vous auprès des agences locales de la SNCF, des offices de tourisme, de même qu'aux guichets. Si, en revanche, vous voulez traverser les petits villages souvent enchanteurs, vous serez pratiquement tributaire du vélo ou de la voiture, car les **dessertes en cars** sont le plus souvent aléatoires. Les lignes sont fréquemment en régie privée et les taux d'occupation à plein sont sévèrement respectés. Suivant la destination, les cars sont rares et ne roulent même que certains jours de la semaine. Si vous voulez malgré tout tenter votre chance, signalez au chauffeur l'endroit où vous voulez descendre.

Le taxi

A l'intérieur du centre-ville, les frais restent dans des limites acceptables. Les tarifs des courses interurbaines sont élevés. Un conseil: avec les nombreux taxis qui ne dépendent pas d'une centrale, vous pouvez essayer de négocier un «prix spécial» pour les longs trajets. On ne peut prendre place à côté du chauffeur que dans des cas exceptionnels. Beaucoup de chauffeurs de taxis refusent de charger quatre personnes.

Une terrasse avec vue sur l'arrière-pays, des nuits dont le calme n'est troublé à la rigueur que par le chant des grillons et une piscine cachée entre des arbres centenaires... C'est ainsi que de nombreux visiteurs voient leur hébergement de rêve en Provence. Et de fait, chacun peut trouver à se loger selon son goût: dans un monastère transformé ou un moulin à huile, une ferme ou un domaine viticole, tout est possible.

Hôtels

Si vous souhaitez passer vos vacances à l'hôtel et si vous avez des goûts simples, comptez entre 200 FF (1 250 FB) et 280 FF (1 700 FB) par nuit. Les établissements les moins chers n'ont même pas le confort minimal.

Pour environ 1 000 FF (6 000 FB) à 1 600 FF (9 600 FB) la nuitée, on peut espérer l'une des chambres décrites ci-dessus, donc terrasse comprise, situation calme et piscine. Les plus beaux hôtels français sont regroupés dans la chaîne **Relais & Châteaux** (Informations: rue Galvani, 75017 Paris, tél. 01 45 72 90 00). Quelques-uns de ces hôtels de charme possèdent également le label **Châteaux et Hôtels Indépendants** (Réservation: galerie du Carrousel du Louvre, 75001 Paris, tél. 01 40 15 00 99).

De nombreux établissements à prix modiques se sont affiliés à l'association des **Logis de France**, qui se reconnaissent à une enseigne montrant une cheminée jaune sur fond vert. Le catalogue de cette association est disponible dans les offices de tourisme.

La classification officielle en étoiles (la plus haute = quatre étoiles) correspondant au confort des hôtels ne représente d'ailleurs qu'une grossière approximation de la catégorie d'un établissement. En effet, l'appréciation porte moins sur le charme, la vue, la qualité de l'accueil ou encore la satisfaction des clients que sur des questions aussi terre à terre que: «La maison dispose-t-elle d'un ascenseur?»

Mais s'il est une chose qui échappe à la sagacité des inspecteurs hôteliers, c'est bien le petit déjeuner. Même dans les meilleurs hôtels, il est souvent aussi médiocre que prohibitif. Pour du thé ou du café, de la baguette et des croissants, du jus d'orange en boîte et un petit pot de confiture au rabais, on paie suivant le petit déjeuner entre 30 FF (180 FB) et 100 FF (600 FB)! De toute façon, le petit déjeuner est meilleur et moins cher au café du coin.

Un hôtel hors du commun: aux Bories à Gordes, on dort et on s'attable dans les cabanes de pierres sèches typiques de la région.

Gîtes

Les gîtes constituent une formule d'hébergement rural. Ils sont le plus souvent situés à l'écart des villes et des plages, et conviennent donc davantage aux touristes qui recherchent avant tout le calme. Malheureusement, les gîtes pour deux personnes sont relativement rares, il ne vaut habituellement la peine de réserver que pour quatre à six personnes. Contre un peu moins de 30 FF (180 FB environ), vous obtiendrez le guide auprès de:

Gîtes de France
35, rue Godot de Mayroy
75009 Paris Cédex 09
Tél. 01 47 42 25 43
Vous pouvez aussi consulter le 3615 Gîtes de France sur votre Minitel.

Terrains de camping

Tout comme les hôtels, les nombreux terrains de camping sont régulièrement soumis à des inspections et répertoriés de une à quatre étoiles selon leur degré de confort. Il est indispensable de réserver en temps utile pour les mois de vacances. Vous obtiendrez toutes les informations relatives au camping en Provence à la Maison de la France (voir p. 313) ou au Royal Automobile Club de Belgique, 53 rue d'Arlon, 1040 Bruxelles, tél. 02 287 09 80, fax 02 675 61 19, qui publie également un guide fiable. Sinon, consultez le guide Michelin Camping Caravaning France. Le camping sauvage est interdit. Mais on peut planter sa tente dans les champs ou les prairies à condition d'obtenir l'accord du propriétaire. Demandez toujours la permission.

Auberges de jeunesse

Les auberges de jeunesse exigent la carte internationale des auberges de jeunesse. Renseignez-vous auprès des offices français de tourisme ainsi qu'auprès des associations suivantes:

Ligue française des auberges de jeunesse
38, bv Raspail, 75007
Tél. 01 45 48 69 84

F.U.A.J. (Fédération Unie des Auberges de Jeunesse)
27, rue Pajol
75018 Paris
Tél. 01 46 07 00 01

Les hôtels et logements de chaque ville et village sont décrits au chapitre «La Provence et ses sites».

Classes de prix

Les prix s'entendent pour une nuitée en chambre double pour deux personnes sans petit déjeuner.
Classe de luxe: à partir de 1 000 FF
Classe de prix élevée: à partir de 600 FF
Classe de prix moyenne: à partir de 300 FF
Classe de prix inférieure: jusqu'à 300 FF

Catherine Deneuve a déjà goûté le luxe des Frênes en Avignon, car cet hôtel situé au milieu d'un joli parc est très apprécié des festivaliers.

Les 10 plus beaux hôtels

L'Abbaye de Sainte-Croix à Salon-de-Provence
■ C 4, carte avant
... parce que la vue depuis cette ancienne abbaye est tout simplement enchanteresse (→ p. 265).

Auberge de la Fontaine à Venasque ■ C 2, carte avant
... parce que l'on peut loger dans des suites agréablement décorées pour un prix raisonnable (→ p. 185).

Auberge de Noves
■ B 3, carte avant
... parce qu'une seule chambre de cette auberge suffirait presque à meubler une résidence secondaire (→ p. 184).

La Bastide de Moustiers
■ F 3, carte avant
... parce que les chambres sympathiques sont décorées en style provençal et que l'ensemble dégage encore une vague atmosphère d'auberge (→ p. 83).

Le Castellas à Collias
■ A 3, carte avant
... parce que c'est réellement un petit paradis provençal et que la table y est bonne (→ p. 231).

Hostellerie de Crillon
■ C 2, carte avant
... parce que la vie y est aussi reposante et bucolique qu'elle devrait l'être partout ailleurs en Provence (→ p. 251).

Mas d'Aigret aux Baux-de-Provence ■ B 4, carte avant
... parce qu'ici, le prix correspond au service et que le soir, on peut jouir de la vue éblouissante sur Les Baux (→ p. 128).

La Mirande à Avignon
■ b 2, p. 158
... parce que cet hôtel, avec ses antiquités et ses tissus précieux, représente vraiment une classe à part (→ p. 162).

Le Petit Nice à Marseille
■ D 5, carte avant
... parce que c'est le plus bel hôtel de la ville et que, le soir, on y célèbre la bouillabaisse en grande pompe (→ p. 191).

Villa Gallici ■ b 1, p. 58
... parce que, dans cette vieille bastide, on est mieux logé que partout ailleurs à Aix (→ p. 60).

Pensez-y: la majorité des hôtels ne sont pas ouverts toute l'année.

Oignons et tomates, fenouil, ail et laurier auxquels on ajoute de la rascasse et trois autres poissons de roche... Ce pourrait être le début d'une recette de bouillabaisse typique. Or, au-delà de la soupe de poissons la plus célèbre de France, la table provençale est bien garnie. La nature fournit les plus merveilleuses herbes aromatiques et le soleil produit d'excellents vins.

En France, la cuisine provençale n'a jamais été aussi estimée qu'aujourd'hui. Le cuisinier vedette Alain Ducasse de Monte-Carlo est devenu un modèle pour toute une génération de cuisiniers avec sa version de la cuisine proche de la nature, toute imprégnée du soleil de Provence, ce qui a pour conséquence que l'on fait de la cuisine provençale non seulement entre Avignon, Nîmes et Marseille, mais aussi à Paris ou à Strasbourg. Sans parler des émules de Ducasse à Hong Kong ou à New York.

Du bon usage des herbes

Les légumes et les herbes sont au centre de la cuisine provençale: ail, tomates, fenouil, courgettes, artichauts, thym, laurier, sarriette, romarin, basilic, sauge ou persil – on retrouve au moins deux de ces ingrédients dans chaque plat du terroir. Ce n'est pas la quantité des éléments aromatiques qui importe, mais bien leur choix judicieux. La cuisine provençale traditionnelle est très stricte à cet égard: jamais de fenouil dans une **daube**, le ragoût de bœuf local! Ni thym ni laurier dans les **pieds et paquets** (des pieds et des tripes d'agneau «roulés» qu'il faut goûter)! Pas de romarin dans la **ratatouille** et pas de sarriette dans la **soupe au pistou**! L'aïoli est un plat typiquement provençal: à l'origine, ce terme désignait une mayonnaise aillée que l'on servait généralement avec la **bouillabaisse**. Le **grand aïoli**, en revanche, est un mets plutôt copieux avec du poisson, de la viande ou des légumes accompagnés de la mayonnaise du même nom.

Qu'il s'agisse de La Bastide à Moustiers, de Christian Etienne en Avignon ou du Castellas à Collias: la table est de nature à satisfaire les gourmets les plus exigeants.

Jardinière

Spécialités provençales: poissons, crustacés et agneau

La proximité de la mer fait que le thon, le rouget, la langouste, le saint-pierre, le loup de mer ou la **rascasse**, laide mais savoureuse, figurent souvent au menu. Dans la région de Marseille, les deux soupes de poissons que sont la **bouillabaisse** et la **bourride** font partie du menu standard des restaurants.
N'hésitez pas à demander à l'aubergiste si son poisson provient de la partie provençale du littoral – les **rougets d'Afrique du Nord ou de Dakar** sont nettement moins bons que les rougets indigènes. Il faut absolument goûter la **cigale de mer** si on vous la propose comme plat du jour. Les Provençaux accordent à ces crabes rares une valeur gustative supérieure aux homards bretons.
L'agneau dans toutes ses préparations est servi dans l'intérieur du pays, en carré ou en gigot.
Cependant, le temps est bien loin où les gourmets de la région ne juraient que par l'agneau de Sisteron prétendument plus savoureux: aujourd'hui, des agneaux en provenance de la moitié de l'Europe sont dirigés vers Sisteron, en Provence, afin de pouvoir parer leur viande après l'abattage du prestigieux label.

Un chapitre en soi: les mœurs des Français à table

En Provence, la ponctualité aux repas est de mise en dehors des grandes villes. Quantité de petits établissements n'acceptent plus les dîneurs après neuf heures et demie au plus tard.
Il ne faut jamais s'installer à une table libre: on attend, dans l'entrée, d'être conduit à une table.
Pratiquement partout, le restaurateur attend de son client qu'il consomme au moins l'équivalent d'un petit menu (soit une entrée, un plat et un dessert). Selon la bonne vieille coutume française, on boit du vin et de l'eau (une eau de Badoit ou de Châteldon peu pétillante convient le mieux) avec le repas. En revanche, on n'est pas obligé de commander un apéritif, tel un **pastis**, le breuvage favori des Provençaux. On sert du pain à chaque repas, pain que l'on ne mange pas sous forme de tartine beurrée, mais que l'on rompt en bouchées. Le repas terminé, on boit un **express**, petite tasse de café corsé, ou une **infusion** digestive.

Bistrots, brasseries et auberges

On ne fait pas de chichis dans un **bistrot**, petit établissement où les menus sont habituellement moins élaborés et plus rustiques qu'au restaurant. Cela ne veut pas dire qu'ils sont meilleur marché pour autant! Mais si vous faites un tour au marché pour comparer les prix du poisson frais, cela ne vous étonnera pas.
Dans les grandes villes, on trouve aussi des **brasseries**, qui ont vu le jour après la guerre de 1870, alors que les réfugiés d'Alsace-Lorraine envahissaient toute la France. Sur les terrasses des brasseries, on peut manger, ou bien simplement boire une bière ou un café. Ne vous attendez pas dans ce genre d'établissement à des sommets culinaires.
L'**auberge** est une version rurale, typiquement provençale, du bistrot –

une sorte d'établissement familial de village dans lequel une petite vieille vous sert des **daubes** préparées avec amour. Les auberges authentiques telles que les décrit Peter Mayle dans ses livres se raréfient malheureusement de plus en plus ces derniers temps: les aubergistes provençaux se modernisent, eux aussi, et disposent de grands congélateurs et de fours à micro-ondes, même dans les coins les plus reculés. La tradition de l'auberge n'est certes pas complètement révolue, des maisons comme «Chez Bruno» à Lorgues ou «La Bastide de Moustiers» à Moustiers-Sainte-Marie en sont les meilleurs exemples.

Aux terrasses des cafés bordant le cours Mirabeau, on est aux premières loges pour assister jusque tard dans la nuit au «théâtre de plein air» estival produit par la turbulente Aix-en-Provence.

Citons encore les **fermes-auberges**, dont certaines proposent des chambres au confort minimal, et parfois un petit terrain de camping. Mais on y trouve des «menus à connotation familiale»: Madame est aux fourneaux et cuisine les produits de la ferme tandis que Monsieur est en salle. On y mange une cuisine de terroir substantielle et toujours à des prix défiant toute concurrence.
Les restaurants et autres établissements de chaque ville et village sont décrits au chapitre «La Provence et ses sites».

Classes de prix

Les prix se réfèrent à un menu, boissons non comprises.
Classe de luxe: à partir de 500 FF
Classe de prix élevée: à partir de 300 FF
Classe de prix moyenne: à partir de 170 FF
Classe de prix inférieure: jusqu'à 170 FF

La Provence gourmande entre Orange et Marseille: un lexique des souvenirs culinaires

Apt ou Carpentras, Aix ou Arles, chaque ville de Provence ou presque a sa spécialité. Ce peuvent être des truffes comme à Richerenches ou un saucisson de bœuf tout plein d'herbes aromatiques comme à Arles. Mais les plus remarquables sont souvent les friandises sucrées – les papes étaient déjà réputés dans la région pour leur amour immodéré des douceurs.

Berlingots Autrefois, c'étaient simplement des bonbons à la menthe; de nos jours, les berlingots de Carpentras sont confectionnés en de nombreuses saveurs, généralement fruitées.

Calissons Cette spécialité d'Aix-en-Provence est un losange de pâte aux amandes au dessus glacé. Selon la recette traditionnelle, le dessous du calisson est une feuille d'hostie et on mêle du melon confit à la pâte. Les calissons s'achètent frais, car secs, ils sont moitié moins bons.

Fruits confits Au XIVe siècle déjà, la ville d'Apt fournissait le pape Clément VI en fruits confits. A l'origine, la confiserie était une technique de conservation destinée à préserver les fruits rares pendant la saison froide. A l'heure actuelle, la plupart des fruits confits sont fabriqués industriellement et sont plus colorés que savoureux. Les bons confiseurs comme André Rastouil de la confiserie Saint-Denis à Gargas, qui misent sur le travail artisanal, sont peu nombreux.

Nougat C'est une pâte blanche solide faite à base de miel, de sucre caramélisé, de noisettes, de pistaches et d'amandes. Les variantes noires sont davantage brûlées et moins avivées au blanc d'œuf. La ville française la plus célèbre pour le nougat est Montélimar au nord de la Provence.

Pastis La boisson nationale de la région ne fit son apparition

Provence extra

sur le marché qu'en 1938, en digne successeur de la «muse verte», l'absinthe, qui fut officiellement interdite en 1915 en raison de sa teneur en thuyol, un poison. Le pastis, également une boisson anisée, offrit 23 ans plus tard un substitut moins nocif. Son inventeur, Paul Ricard de Marseille, livra en même temps la manière de le boire: une mesure de pastis, quatre mesures d'eau.

Saucisson d'Arles Ce saucisson sec est fabriqué avec de la viande de bœuf ou de porc et des herbes de Provence. Vous trouverez quelques-uns des meilleurs saucissons chez Milhau dans le vieil Arles.

Truffes Ces précieux champignons sont les «diamants noirs» de la région. Même si les exemplaires du genre *Tuber melanosporum* s'appellent généralement truffes du Périgord en France, ils proviennent à 80 pour cent de Provence. Les vrais amateurs de truffes ne se procurent les tubercules coûteux qu'en janvier et février (laissant les conserves hors de prix aux ignares). Au début de l'année, non seulement les truffes sont les meilleures, mais elles atteignent sur les marchés de Carpentras ou de Richerenches des prix maxima. Une foire aux truffes est même organisée en janvier dans l'église de Richerenches: les truffes, qui seront vendues ensuite pour le bien-être de la commune, remplacent la monnaie dans les paniers de la quête! A des prix avoisinant les 3 000 FF au kilo, il y a moyen de réunir une coquette somme pour réparer le toit de l'église...

Saucissons d'Arles – des souvenirs qui ne risquent pas de moisir dans un placard.

Lexique des spécialités

A

aïgo-boulido: soupe aux herbes
aïgo saou: soupe de poissons aux pommes de terre, tomates et oignons
aïoli: mayonnaise aillée, souvent servie avec la *bouillabaisse*; le *grand aïoli* est un plat de poisson, de viande ou de légumes servis avec de l'aïoli
anchoïade: pâte d'anchois à l'huile d'olive et à l'ail
artichauts à la barigoule: artichauts farcis au jambon et aux champignons, à l'ail ou au lard

B

bagna caoude: sauce chaude à base d'ail, d'huile d'olive et de purée d'anchois où l'on trempe du céleri; servie traditionnellement la veille de Noël
bajan de haricots verts: haricots verts cuits à l'ail et aux oignons
beignets: en Provence, les beignets sont souvent préparés avec des aubergines, de la cervelle d'agneau ou des fleurs de courgettes
berlingots: bonbons mentholés au goût de fruits de Carpentras
bouillabaisse: soupe de poissons traditionnelle du sud de la France à base de poissons de la Méditerranée plus ou moins nobles, selon les prix
bourride: ragoût de poisson, généralement un peu plus raffiné que la bouillabaisse
brandade: purée de morue mêlée d'huile d'olive, de purée de pommes de terre et d'ail
brassadéou: dessert provençal à base de pâte levée, de marc de Provence, d'huile d'olive et de zeste d'orange
brouillade: œufs brouillés
brousse: fromage frais de brebis ou de vache

C

cachat: fromage de chèvre ou de brebis mariné au marc de Provence
cade: galette sucrée à la pâte de pois chiches
calissons: confiseries glacées aux amandes d'Aix
catigot: ragoût d'anguilles aux oignons mijoté au vin rouge
crespèou: plat de fête provençal, crêpes farcies aux artichauts, aux olives, aux courgettes, aux tomates
crouisses: sorte de lasagnes à la sauce aux noix
crousets: pâtes servies dans un bouillon de viande ou de légumes

E

estévénoun: «petit pain de fête» à l'huile d'olive et au sucre glace; on le mange le deuxième jour de Noël

F

favouille: mot provençal pour crevette
fougasse: galette de pain cuite au four ou sous la cendre
fricot de taureau à la gardiane: marmite de taureau aux oignons, à l'huile d'olive, à l'ail et aux épices, parfois aussi aux anchois ou aux câpres; mets traditionnel d'Arles et de Camargue

L

limaçons à la suçarelle: escargots avec une sauce aux oignons, aux tomates, au persil et aux anchois

M

macaronade: macaronis mélangés à une daube ou à du gibier et gratinés au gruyère

O

oursinade: crème d'œufs d'oursins

P

pan bagnat: petit pain trempé d'huile d'olive coupé en deux et farci à la *salade niçoise*
pan coudoun: coings sucrés cuits dans une pâte à pain
panisse: galette à base de farine de pois chiches, parfois frite dans l'huile d'olive
petits farcis: petits légumes farcis
pieds et paquets: pieds d'agneau roulés dans des tranches d'agneau, mijotés au vin blanc ou à l'alcool
pignolats: gâteaux aux amandes et aux pignons de pin
pissaladière: sorte de pizza aux oignons, aux anchois et aux olives noires
pistou: pâte aromatique à base d'ail, de basilic et d'huile d'olive
poulinte: version provençale de la polenta (plat à la farine de maïs)

R

raite: pâte aromatique à base de coulis de tomates, d'ail, de laurier, de fenouil et de persil, cuite à l'huile d'olive; en accompagnement de la morue, un plat de Noël provençal
ratatouille: ragoût de légumes aux poivrons, tomates, courgettes, aubergines et oignons
rouille: mayonnaise aillée rouge avec du paprika, du safran, de l'huile d'olive, servie souvent avec la soupe de poissons

S

salade camarguaise: salade de riz, de crevettes, de poivrons assaisonnée d'une sauce à la moutarde et à l'huile d'olive
- *niçoise:* salade à base de tomates, œufs, anchois, poivrons verts, oignons, haricots, artichauts, ail, basilic, servie de nos jours avec du thon
socca: galette salée ou sucrée à base de farine de pois chiches
sou fassum: chou vert farci au riz, au lard, à la viande et aux oignons
soupe au pistou: soupe de légumes, minestrone provençal
stoquefiche à la nissarde: morue cuite avec des tomates, de l'ail, de l'huile d'olive, des pommes de terre et des olives noires
supion: petit calmar

T

tapenade: pâte à base d'olives, de câpres et d'anchois
tian: moule à soufflé; légumes gratinés, généralement des aubergines ou des courgettes
truffe en brouillade: œufs brouillés à la truffe
- *de St-Jean:* truffe d'été d'origine française

Artisanat et spécialités culinaires sont des souvenirs que l'on peut acheter en toute tranquillité en Provence. Sinon, il faut connaître les prix: financièrement parlant, la France n'est pas le pays rêvé pour faire des achats, mais la Provence constitue une exception.

Il est intéressant d'acheter surtout les choses que l'on trouve difficilement ou pas du tout chez soi. De beaux souvenirs de voyage, mais pas exactement bon marché, sont les **tissus** imprimés, les chemises, les chemisiers et les nappes comme en propose **Souleiado**, notamment. Les magasins Souleiado sont disséminés un peu partout, jusque dans les plus petits villages comme Lourmarin. Presque chaque propriétaire de boutique de souvenirs vous présentera une sélection de **santons**, ces petits personnages de la crèche provençale (santons de Provence, personnages traditionnels de la crèche, p. 288/289). Cette production de masse a généralement une valeur médiocre. Tout aussi belles et convoitées sont les **faïences** et les **poteries,** de Moustiers, par exemple. Si vous achetez non dans une boutique de souvenirs, mais à la fabrique même, vous aurez parfois la chance d'admirer en prime le travail de fabrication. La majorité des fabriques offre un choix pour toutes les bourses: du deuxième choix dévalué à la faïence sculptée individuellement, selon les désirs du client.
Nous vous recommandons aussi la visite d'un **moulin à huile** provençal traditionnel comme le moulin à huile de Flayosquet (hameau de Flayosquet, 83780 Flayosc, tél. 04 94 70 41 45).
Et les gourmandises de la région – **fruits confits** d'Apt, **berlingots** de Carpentras, **nougat** de Montélimar, **calissons** d'Aix ou **saucisson d'Arles** à base de viande de bœuf ou de porc – supportent en général bien le voyage de retour. Mais n'achetez jamais ces petites friandises au premier marchand venu; malheureusement, les vraies bonnes adresses sont rares.
Laissez les sachets d'**herbes de Provence** dans les rayons. La vraie cuisine provençale n'est bien évidemment pas fondée sur des herbes séchées mais fraîches.
Les amateurs de bon **vin** ne manqueront pas de faire une visite chez un viticulteur. La plupart des vignerons de la région ouvrent volontiers leur domaine aux visiteurs intéressés. Il est cependant préférable d'annoncer votre venue par téléphone: après tout, un domaine viticole n'est pas un musée. A l'achat, n'hésitez pas à dépenser un peu plus: la majorité des rosés bon marché souffrent en effet d'un mal mystérieux, à savoir qu'ils sont nettement moins bons sous le ciel gris de Paris ou de Bruxelles qu'à une terrasse ensoleillée d'Avignon...

Comparez les prix

Même les articles typiquement français comme le parfum ou les vêtements ne sont pas toujours plus avantageux sur place que dans les boutiques en Belgique. Quoi qu'il en soit, en Provence, soyez très vigilant sur les endroits où vous dépensez votre argent: les prix pratiqués sont manifestement excessifs dans des villages hyper-touristiques comme les Baux-de-Provence ou les Saintes-Maries-de-la-Mer. Une bouteille de pastis provenant des bonnes **Distilleries et Domaines de Provence,** par exemple, se vend quelque 80 pour cent plus cher dans certaines boutiques de souvenirs des Baux que dans une grande surface du centre d'Avignon.

Horaires d'ouverture

En Provence, les grands magasins ferment entre 18 h 30 et 19 h. Ils ouvrent fréquemment à 10 h. Les petits détaillants aiment bien faire une pause à midi. Le samedi est le jour normal des achats, certains magasins d'alimentation ouvrent même le dimanche matin; en compensation, le lundi est souvent jour de fermeture.
Les magasins, les viticulteurs et les marchés de chaque ville et village sont décrits au chapitre «La Provence et ses sites».

Dans les brocantes, les véritables trésors sont rares, mais il est toujours agréable de fouiner.

Les 10 meilleures adresses pour vos achats

Actes-Sud à Arles
■ b 2, p. 116
... parce que ce n'est pas seulement une librairie, mais un authentique centre culturel (→ p. 123).

L'Arlésienne à Arles
■ b 2, p. 116
... parce qu'on y trouve des souvenirs typiquement arlésiens faits sur mesure (→ p. 124).

L'Atelier de l'Observance à Aubagne ■ D 5, carte avant
... parce que les faïences aux décors des XVIIe et XVIIIe siècles sont un bonheur pour les yeux (→ p. 209).

Boutique les Arcenaulx à Marseille ■ d 4, carte arrière
... parce que l'attrayante cohabitation d'un restaurant, d'un magasin et d'une librairie mérite vraiment le détour (→ p. 202, 207).

Herboristerie provençale à Saint-Rémy-de-Provence
■ B 3, carte avant
... parce qu'on n'y vend pas que des «herbes de Provence», mais toutes sortes de plantes médicinales (→ p. 149).

L'Isle aux Brocantes ■ C 3, carte avant
... parce que ce marché de l'Isle-sur-la-Sorgue est représentatif des nombreux antiquaires et brocanteurs de Provence (→ p. 182).

Mouret à Avignon ■ b 2, p. 158
... parce que rien que l'intérieur de cette chapellerie traditionnelle a de quoi éblouir (→ p. 170).

Savonnerie Le Sérail à Marseille ■ D 5, carte avant
... parce qu'on y fabrique encore le **savon de Marseille** selon les bonnes vieilles recettes (→ p. 208).

Ségriès à Moustiers-Sainte-Marie ■ F 4, carte avant
... parce qu'on y trouve encore de vraies faïences de Moustiers (→ p. 83).

Souleiado ■ B 2, carte avant
... parce que ces tissus aux couleurs éclatantes font partie intégrante de la Provence et sont en vente dans toutes les villes provençales de quelque importance (→ p. 72, 124, 171, 208, 247).

Attention: en Provence, les horaires d'ouverture des petits magasins sont très variables.

La Provence et ses sites

Un paysage paisible du Midi dont le nom a fait le tour du monde: les vignobles de Châteauneuf-du-Pape, au sud d'Orange.

Les statistiques ont réponse à tout: à en croire les sondages, Aix-en-Provence est l'un des lieux de résidence les plus recherchés de France. Rien d'étonnant: avec sa vieille ville aux ruelles pittoresques et les fontaines de son cours Mirabeau, Aix (131 000 habitants) est l'une des villes les plus élégantes de la France.

■ D 4, carte avant

Paul Cézanne, enfant, a joué dans ces rues et toute sa vie, il s'est laissé inspirer par le décor de cette belle cité. Aujourd'hui, la ville natale de l'illustre peintre vit essentiellement du tourisme. Si vous visitez la Provence, ne manquez sous aucun prétexte de déambuler sous les platanes du cours Mirabeau. En été, le festival de musique est très coté auprès des amateurs de musique du monde entier, et l'université locale jouit également d'une bonne réputation. Et dans les rues d'Aix, on peut encore côtoyer le faste de la métropole royale.
L'histoire d'Aix-en-Provence a pourtant débuté dans le sang: quand les marchands grecs de Massalia (Marseille) se sentirent menacés par les Salyens celto-ligures alliés à douze autres tribus, ils appelèrent leurs voisins romains à l'aide. Les Grecs avaient tout lieu d'être inquiets. En effet, les Salyens avaient la réputation de clouer les crânes de leurs ennemis sur leurs huttes en guise de trophées. Le consul Sextius Calvinus finit par défaire les Salyens et détruisit leur capitale, située sur le territoire de l'actuel oppidum d'Entremont. A proximité des ruines, il fonda sa propre ville en 122 av. J.-C., qu'en toute modestie il baptisa de son nom et de celui des vaincus: Aquae Sextiae Salluvorium. Vingt ans plus tard, le consul Marius écrasa la tribu germanique des Teutons à l'ouest d'Aix au cours d'une terrible bataille: 100 000 barbares seraient tombés et quelque 100 000 autres auraient été faits prisonniers.

L'essor de la ville

Aix connut une période faste sous le règne du bon roi René (1409-1480), duc d'Anjou et comte de Provence, qui fut un mécène important pour les artistes de son temps. Mais il n'a pas toujours été le généreux mécène que les Provençaux citent volontiers en exemple de nos jours: ce n'est qu'au terme de lourdes défaites militaires et diplomatiques que le monarque a découvert son amour pour l'art au cours des neuf dernières années de sa vie.

La cathédrale Saint-Paul réunit les styles architecturaux de très nombreuses époques. Les sculptures gothiques sont remarquables.

Après 1486, un gouverneur représentant le roi s'installa à Aix et, à dater de 1501, la ville fut choisie comme siège du parlement de Provence. La présence de parlementaires, de conseillers et de mandataires royaux contribua, au fil du temps, au développement d'une vie de cour. Les XVIIe et XVIIIe siècles virent la naissance des hôtels particuliers, les résidences prestigieuses des puissants de cette époque. Si vous voulez traverser le Vieil Aix qui n'a rien perdu de sa splendeur, ne le faites pas en voiture: le dédale de ruelles du centre, au nord du cours Mirabeau, est réservé aux touristes aux nerfs d'acier.

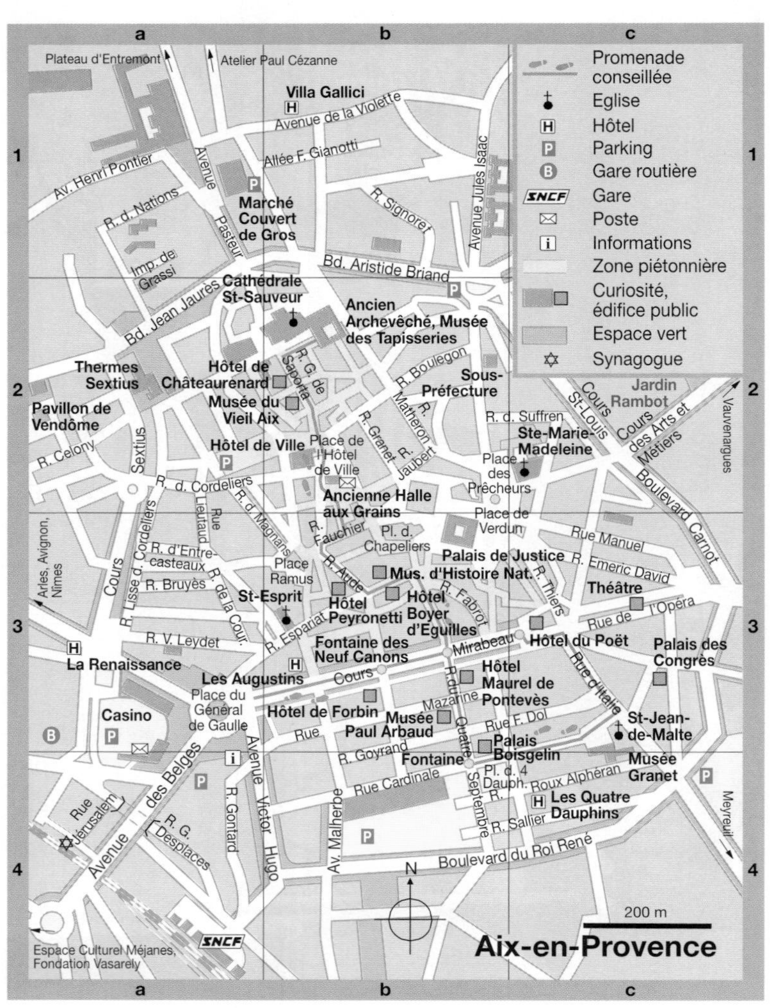

Les combinaisons de lettres et de chiffres dans le texte renvoient à cette carte.

Hôtels et logements

Les Augustins b 3, p. 58
Cette maison située au centre, à deux pas du cours Mirabeau, était autrefois un couvent des Augustins; quelques-unes des plus belles chambres donnent sur le jardin du cloître.
3, rue de la Masse, 13100
Tél. 04 42 27 28 59
Fax 04 42 26 74 87
29 chambres
Classe de luxe (AE, DC, EC, Visa)

Château de la Pioline
Ce château de belle allure est situé dans un faubourg d'Aix. Le quartier alentour est assez triste, mais une fois que l'on est entré dans la propriété, on n'a plus d'yeux que pour le jardin, les fontaines et les chambres luxueuses.
Quartier Pioline, 13290
Tél. 04 42 20 07 81
Fax 04 42 59 96 12
12 chambres
Classe de prix élevée (AE, EC, Visa)

Les Infirmeries du Roy-René
Ces «infirmeries» ne sont pas un hôtel, mais une **résidence hôtelière** avec des appartements pour les clients qui souhaitent un peu plus d'autonomie. Comme son nom l'indique, ce bâtiment était un hospice au XVIe siècle.
Chemin des Infirmeries, 13100
Tél. 04 42 37 83 00
Fax 04 42 27 54 40
66 chambres
Classe de prix moyenne (EC, Visa)

Le Nègre Coste b 3, p. 58
C'est l'hôtel le plus central d'Aix: une demeure du XVIIIe siècle située directement sur le cours Mirabeau. Sa situation au cœur de la ville se répercute toutefois sur son prix.
33, cours Mirabeau, 13100

Si vous voulez vous sentir comme un coq en pâte en France, la Villa Gallici à Aix-en-Provence comblera vos désirs.

Tél. 04 42 27 74 22
Fax 04 42 26 80 93
37 chambres
Classe de prix moyenne (AE, DC, EC, Visa)

Les Quatre Dauphins ■ c 4, p. 58
Etablissement agréable de style provençal situé près de la jolie place des Quatre-Dauphins.
54, rue Roux-Alphéran, 13100
Tél. 04 42 38 16 39
Fax 04 42 38 60 19
12 chambres
Classe de prix moyenne (EC, Visa)

La Renaissance ■ a 3, p. 58
Maison à prix modiques pour clients peu exigeants.
4, bd de la République, 13100
Tél. 04 42 26 04 22
Fax 04 42 27 28 76
34 chambres
Classe de prix inférieure (AE, DC, EC, Visa)

Villa Gallici ■ b 1, p. 58
Le meilleur hôtel de la ville gâte sa clientèle avec des chambres luxueuses, des baignoires de marbre, une terrasse idyllique et... une bonne table. Cette bastide du XVIIe siècle a été adaptée au goût du jour par le décorateur Gilles Dez.
8 bis, av. de la Violette, 13100
Tél. 04 42 23 29 23
Fax 04 42 96 30 45
15 chambres
Classe de luxe (AE, DC, EC, Visa)

Auberge de jeunesse
Auberge de jeunesse située un peu à l'écart avec une centaine de places à 70 FF la nuit.
3, av. Marcel-Pagnol, 13100
Tél. 04 42 20 15 99
Fax 04 42 59 36 12

Promenade

En regardant le **cours Mirabeau** depuis la place du Général-de-Gaulle, on comprend tout de suite ce qui fait le charme d'Aix: cette avenue bordée de platanes est l'une des plus élégantes artères de France. Jean Cocteau dédia à ces trois fontaines un poème dont la première phrase est: «Aix, un aveugle croit qu'il pleut».
Promenons-nous sur le côté gauche – le côté animé – du cours: un chapelet de terrasses de cafés invitent à une courte pause. Les façades somptueuses de l'**hôtel de Forbin** (n° 20) et de l'**hôtel Maurel de Pontevès** (n° 38) se trouvent sur le trottoir d'en face. Après la **fontaine des Neuf Canons** (1691), nous tournons à droite dans la rue du Quatre-Septembre: peu après surgit devant nous la **place des Quatre-Dauphins**, une place idyllique avec en son centre une fontaine du même nom du XVIIe siècle. A gauche, la rue Cardinale mène au **musée Granet** et à l'église **Saint-Jean-de-Malte** (XIIIe siècle) dont le croisillon nord abrite les tombeaux des comtes de Provence, et nous rejoignons le cours Mirabeau par la rue d'Italie qui est devant nous. Le père de Cézanne vendait des chapeaux au n° 55; tout à côté se trouve le café **Les Deux Garçons**, le rendez-vous du tout-Aix. Prenons à droite la rue Clemenceau, une des rues commerçantes de la vieille ville, puis de nouveau à gauche, vers la **place d'Albertas**: l'**hôtel Boyer d'Eguilles** (n° 6, de 1675) et l'**hôtel d'Albertas** (n° 10, de 1707) possèdent de belles façades. Dans la rue Aude, l'**hôtel Peyronetti** (n° 13) et l'**hôtel d'Arbaud** (n° 7), avec ses deux

atlantes, méritent qu'on les admire de plus près. L'ancienne halle aux grains orne la **place Richelme**. Chaque matin se tient ici un sympathique marché aux primeurs. Tout près, sur la **place de l'Hôtel de Ville,** à côté de l'hôtel de ville et de la **tour de l'Horloge**, on trouve de nombreuses terrasses de cafés où il fait bon perdre son temps. Poursuivons par la rue Gaston-de-Saporta: à gauche, vous avez le **musée du Vieil Aix** ainsi que trois hôtels particuliers: l'**hôtel de Châteaurenard** (n° 19) avec un escalier aux perspectives peintes en trompe-l'œil, l'**hôtel Boyer de Fonscolombe** (XVIIe/XVIIIe siècles) et l'**hôtel de Maynier d'Oppède** (n° 23) du XVIIIe siècle. La cathédrale **Saint-Sauveur** constitue le terminus de notre petite balade. Juste à côté se trouvent le cloître et l'**archevêché** qui accueille le musée des Tapisseries.
Durée: 2 h

Curiosités

Ancien archevêché

b 2, p. 58

L'archevêché fut édifié entre 1650 et 1730. Il abrite actuellement le musée des Tapisseries (p. 67) et accueille chaque été en juillet le festival d'Art lyrique et de Musique (voir p. 275).
Pl. des Martyrs-de-la-Résistance

Ancienne halle aux Grains

b 2, p. 58

Cette halle aux grains au superbe fronton était réservée à la vente de la farine depuis le XVIIIe siècle. La ville imposait les ventes en ce temps-là et de ce fait contrôlait le commerce. De nos jours, ce bâtiment abrite un bureau de poste.
Pl. Richelme

L'élégant cloître de la cathédrale Saint-Sauveur d'Aix a été créé à la fin du XIIe siècle et est l'un des plus beaux édifices romans de Provence.

Aller dans le Midi... c'est mon rêve le plus cher: peintres en Provence

Ce qu'Henri Matisse écrivait en 1903 à son ami Simon Bussy valait sans doute aussi pour Vincent Van Gogh. Car, quand il arriva en Provence, il fut comme pris sous le charme: «La nature ici est un vrai miracle. Le ciel est partout d'un bleu merveilleux, le soleil a un rayonnement de soufre pâle. Je ne peux pas peindre une telle beauté. Je me laisse simplement inspirer et j'oublie toute contrainte (lettres à son frère Théo, septembre 1888). Dans son enthousiasme, Van Gogh fusionna avec le rythme de la nature provençale: il peignit d'abord des amandiers et des poiriers en fleurs, puis une série de champs de blé dans des tons jaune orangé et des jardins dans les verts. Dans chaque motif, on perçoit une coloration exacerbée qui englobe même la boule de feu du soleil.

L'écrivain provençal Yvan Audouard écrit à propos de Van Gogh qu'il a «embrasé Arles dans ses propres flammes». Que ce soit dans «L'Arlésienne», «La Paysanne gerbant le blé» ou «Oliviers au ciel bleu clair», dans chaque tableau, Van Gogh a traité des êtres vivants, des objets et la luminosité provençale qui lui était si chère.

La montagne Sainte-Victoire est à Paul Cézanne, né à Aix-en-Provence en 1839, ce qu'étaient au Hollandais la lumière et les couleurs de la Provence: «Ce paysage m'induit en erreur. Quelle liberté!» La liberté de peindre cette montagne fascinante et d'appréhender la nature comme des visages ou des corps. Cézanne rend les paysages selon des rapports jamais usités avant lui. «Il peint avec une force et une sobriété qui trouvent sûrement leur origine dans la Provence retrouvée et l'horizon de la mer. Il ne se laisse influencer par rien... il est lui-même», disait de lui son ami Joachim Grasquet, un jeune poète d'Aix-en-Provence.

Lorsque Cézanne mourut à Aix

Provence extra

Comme presqu'aucun autre artiste, le Hollandais Vincent Van Gogh était fasciné par le soleil et les couleurs de Provence.

en 1906, il finit presque comme Molière, un malaise le saisit au milieu d'une phase de création.
Mais tous les artistes n'aimaient pas la Provence. Paul Gauguin trouvait que les paysages et les gens d'Arles étaient «bornés et mesquins». Durant les deux mois où il y vécut, y peignit et s'y disputa avec Van Gogh, il produisit cependant de grandes toiles comme le portrait de Vincent peignant des tournesols.
Georges Braque, par contre, était emballé par le Midi de la France: «Je me suis tourné vers la nouveauté, la joie, le fauvisme... Dans le Midi, j'ai trouvé mon bonheur, quand je songe aux sombres et tristes ateliers parisiens. Par comparaison, je suis comblé!» C'est ainsi qu'il revint chaque année à l'Estaque. Ses compositions trahissent l'influence de ses amis: Cézanne naturellement, Derain et Picasso, qu'il retrouva à Sorgues en 1912 et 1914. Matisse ne songeait déjà plus à peindre jusqu'à ce qu'il vînt à Saint-Clair et à Saint-Tropez grâce à ses amis Braque, Cross et Mariguin. Avant d'aller à Nice, il peignit lui aussi l'Estaque en 1915 et en 1917.
Pablo Picasso resta fidèle à la Provence d'une autre manière: il est inhumé sur la terrasse de son château de Vauvenargues.

Cathédrale Saint-Sauveur

b 2, p. 58

La cathédrale, située à la limite nord du Vieil Aix, a été modifiée à plusieurs reprises du Ve au XVIIIe siècle. La nef centrale est de style gothique (1471-1513), des parties du baptistère en revanche sont du Ve siècle. Il faut voir les tapisseries représentant des scènes de la vie du Christ et de la Vierge Marie (1511) ainsi que le triptyque du Buisson Ardent, œuvre réalisée en 1476 par Nicolas Froment pour le «bon roi» René.
Rue Jacques-de-la-Roque
Tous les jours 8 h – 12 h et 14 h – 18 h

Cours Mirabeau

b 3, p. 58

La plus belle artère de la ville est bordée de chaque côté de vieux arbres et merveilleusement décorée de trois fontaines. Outre la multitude de cafés, les façades des hôtels particuliers méritent le coup d'œil. L'**hôtel d'Isoard de Vauvenargues** (n° 10) fut construit en 1710, l'**hôtel de Forbin** (n° 20) date de 1656, l'**hôtel Maurel de Pontevès** (n° 38) de 1660. L'**hôtel du Poët** (1730) clôt le cours derrière la **fontaine du roi René**. Cette fontaine représente le souverain tenant du muscat à la main; René aurait également cultivé la vigne et introduit ce cépage dans la région. Au n° 55, le père de Paul Cézanne a tenu une chapellerie; le peintre y a passé son enfance et a dû jouer maintes fois sur le cours Mirabeau. Quand le père de Cézanne changea de métier pour devenir banquier, la famille déménagea. Le

Les passants qui flânent sur le cours Mirabeau savent-ils que le comte de Mirabeau a combattu farouchement les privilèges féodaux? C'est ici à Aix, pendant la Révolution française, qu'il fut élu aux états généraux par le Tiers Etat.

café **Les Deux Garçons** (n° 53) fascine depuis 1792 par son décor de style Empire.

Espace culturel Méjanes
Ce bâtiment de la fin du XIXe siècle servait de manufacture de tabac et d'allumettes et abrite aujourd'hui la **fondation Saint-John-Perse** consacrée à l'œuvre du poète, diplomate et prix Nobel du même nom, ainsi que la **bibliothèque Méjanes**. Le fonds d'origine de cette riche collection de livres est constitué par le legs du marquis de Méjanes (1729-1786). La bibliothèque comporte aujourd'hui environ 300 000 livres et documents, dont certains manuscrits rares.
8, rue des Allumettes, à l'ouest de la gare
Saint-John-Perse: ma, me, ve, sa 14 h – 18 h; bibliothèque: ma, me, ve 12 h – 18 h, sa 10 h – 18 h

Pavillon de Vendôme
■ a 2, p. 58
Cette splendide maison de campagne fut construite en 1667 pour Louis de Mercœur, cardinal de Vendôme. Rien que le portail encadré par deux atlantes supportant un petit balcon sur leurs épaules vaut le détour. Ce fut la résidence du peintre Van Loo de 1730 à sa mort en 1745. Ce n'est qu'au XVIIIe siècle que la demeure fut surélevée d'un étage, pour apparaître aujourd'hui sous des formes harmonieuses. Le pavillon accueille le **musée d'Ambiance** présentant des meubles des XVIIe et XVIIIe siècles et des faïences de Moustiers.
34, rue Celony
Tous les jours sauf ma 8 h 30 – 12 h et 14 h – 18 h, fin oct. - début avril jusqu'à 17 h
Entrée 14 FF

Place des Quatre-Dauphins
■ b 4, p. 58
Cette place bien proportionnée, délicieusement ancienne, date de 1667. Elle tire son nom de sa fontaine au centre – les quatre poissons fantaisistes seraient en réalité des dauphins. De belles demeures sont regroupées autour de la place.

Plateau d'Entremont
Les scientifiques ont appelé la capitale des Salyens celto-ligures «oppidum d'Entremont». Du IVe au Ier siècle av. J.-C., époque de la destruction de l'oppidum par les Romains, les Salyens y pratiquaient des échanges très actifs sur la voie reliant l'Espagne à l'Italie. Le produit des fouilles archéologiques du plateau d'Entremont, qui comprend une «ville haute», une «ville basse» et une enceinte, est exposé au musée Granet. Du plateau, on a une belle vue sur le bassin d'Aix.
3 km au nord d'Aix, direction Puyricard sur la D 14
Tous les jours sauf ma 9 h – 12 h et 14 h – 18 h; fermé 1er janv.- 1er mai, 1er et 11 nov. et 25 déc.
Entrée libre

Rue Gaston de Saporta
■ b 2, p. 58
L'une des plus belles rues commerçantes du Vieil Aix: admirez les façades de l'**hôtel de Château-renard** (n° 19, construit vers 1650), de l'**hôtel Boyer de Fonscolombe** (n° 21), remanié au XVIIIe siècle et de l'**hôtel Maynier d'Oppède** (n° 23) qui fut également remanié au XVIIIe siècle.

Sainte-Marie-Madeleine ■ c 2, p. 58
L'église paroissiale actuelle remonte au XVIIe siècle; mais elle comporte des parties plus anciennes. Le jeune Paul Cézanne y fut baptisé en 1839. Cette église est connue pour son «triptyque de l'Annonciation» du XVe siècle.
Pl. des Prêcheurs

Saint-Jean-de-Malte ■ c 3, p. 58
Cette église gothique était l'ancienne chapelle de la «Commanderie des Hospitaliers de Saint-Jean-de-Jérusalem».
Rue Cardinale

Thermes Sextius ■ a 2, p. 58
Cet établissement thermal bâti en 1704 se trouve à l'endroit des thermes Sextius romains. Les eaux (32°) de la source thermale sont censées traiter notamment les rhumatismes.
Bd. Jean-Jaurès/cours Sextius

Tour de l'Horloge ■ b 2, p. 58
Cette tour de l'hôtel de ville arbore une cloche dans sa cage de ferronnerie, la **cloche du Ban**, de même qu'une horloge du XVIIe siècle et une horloge astronomique de la même époque. Les quatre personnages représentent les quatre saisons.
Pl. de l'Hôtel-de-Ville

Musées

Atelier Paul-Cézanne
C'est ici que Cézanne a créé ses dernières œuvres comme «Sainte-Victoire» et les «Grandes Baigneuses». Le peintre fit construire ce pavillon en 1900; à l'époque, c'était encore la campagne et non une banlieue laide. Y sont exposés quelques dessins originaux, des aquarelles et des objets personnels et l'on peut aussi visiter le jardin.
9, av. Paul-Cézanne, au nord du centre-ville
Oct.-mai tous les jours sauf ma et jours fériés 10 h – 12 h et 14 h 30 – 18 h
Entrée 15 FF

Fondation Vasarely
Ce centre architectural noir et blanc fut édifié en 1975 d'après des plans originaux de Victor Vasarely. Une quarantaine de créations (de huit mètres sur six!) traduisent les conceptions architecturales et picturales de Vasarely.
1, av. Marcel-Pagnol, à l'ouest de la gare
Jas-de-Bouffan
Tous les jours sauf ma 10 h – 13 h et 14 h – 18 h
Entrée 35 FF

Musée Granet ■ c 3/c 4, p. 58
Une grande partie des tableaux, aujourd'hui exposés dans l'ancien prieuré des Chevaliers de Malte, provient d'un legs du peintre aixois François Granet (1775-1849). Au rez-de-chaussée, on peut admirer des sculptures celto-ligures provenant de l'oppidum d'Entremont, comprenant les spécimens les plus anciens de l'art statuaire pré-romain de France. Sont également exposés des

On voit au premier coup d'œil que le bâtiment de la Fondation Vasarely a été édifié sur les plans personnels du maître, qui a transposé à l'architecture la géométrisation de l'espace iconographique.

mosaïques, des chapiteaux à colonnes, de la monnaie et de la céramique issues de l'Aquae Sextiae romaine. La collection de peintures comporte de nombreuses toiles des écoles flamande, italienne, française et provençale (XVe au XIXe siècle), dans laquelle l'œuvre de Granet et les portraits de Granet par Ingres sont bien représentés. Une salle est même consacrée à Cézanne, le fils illustre de la ville. Bien sûr, cette collection n'est en rien comparable à une exposition parisienne. Elle reflète néanmoins tous les stades de création du peintre, depuis la «Nature morte» jusqu'aux «Baigneuses».
Pl. Saint-Jean-de-Malte
Tous les jours sauf ma 10 h – 12 h et 14 h – 18 h
Entrée 18 FF

Musée Paul Arbaud ■ b 3, p. 58
Si vous vous intéressez à la faïence provençale, ne manquez pas la collection de Paul Arbaud. Cette collection léguée en 1911 à la ville d'Aix comprend de belles pièces en provenance de Moustiers et de Marseille, ainsi que des peintures (dont un autoportrait du peintre aixois Granet) et une bibliothèque contenant des manuscrits, des incunables et des lettres de Marie de Médicis et de René d'Anjou.
2a, rue du Quatre-Septembre
Tous les jours sauf di et jours fériés 14 h – 17 h
Fermé mi-sept. - mi-oct.
Entrée 10 FF

Musée des Tapisseries
■ b 2, p. 58
Don Quichotte est le héros du musée des Tapisseries installé dans

l'archevêché: neuf tapisseries, créées de 1735 à 1744, relatent l'histoire du chevalier à la Triste Figure. Les autres tapisseries sont un exemple très impressionnant de l'image idyllique et idéalisée que les nobles de la Renaissance et de l'époque baroque se faisaient de la vie rurale.
Pl. des Martyrs-de-la-Résistance
Tous les jours sauf ma 10 h – 12 h et 14 h – 18 h; fermé 10 jours début janv.
Entrée 14 FF, 18 FF lors d'expositions

Musée du Vieil Aix ■ b 2, p. 58
Ce musée installé dans le prestigieux **hôtel d'Estienne de Saint-Jean** (1661-1680) présente l'histoire locale et les traditions d'Aix et ses environs: parmi les objets exposés, on trouve des **santons**, ces personnages de crèche typiquement provençaux, des poupées et des marionnettes. A remarquer aussi les gravures anciennes et le mobilier.
17, rue Gaston-de-Saporta
Avril-sept. tous les jours sauf lu 10 h – 12 h et 14 h 30 – 18 h; nov.-mars tous les jours sauf lu 10 h – 12 h et 14 h – 17 h
Entrée 15 FF

Muséum d'Histoire naturelle ■ b 3, p. 58
Il présente des collections de minéralogie et de paléontologie, avec entre autres des œufs de dinosaure trouvés près d'Aix. Le bâtiment, l'**hôtel Boyer d'Eguilles,** est au moins aussi remarquable que les collections qu'il renferme.
6, rue Espariat
Tous les jours sauf di 10 h – 12 h et 14 h – 18 h; di 14 h – 18 h
Entrée 15 FF, sauf pendant les expositions

Manger et boire

Le Clos de la Violette ■ b 1, p. 58
Dans le meilleur restaurant de la ville, on mange sur une jolie terrasse. Le chef cuisinier Jean-Marc Banzo a logiquement modernisé les spécialités provençales traditionnelles. Le résultat est un répertoire d'un bel «ensoleillement», comme un gâteau de petites sardines fraîches à la brandade. Le déjeuner est à prix plus doux.
10, av. de la Violette
Tél. 04 42 23 30 71
Tous les jours sauf di et lu midi 12 h – 14 h et 19 h – 22 h
Classe de prix élevée (AE, DC, EC, Visa)

Côté Cour ■ b 3, p. 58
Pour manger un morceau à la faveur d'une balade en ville: dans la cour intérieure d'une vieille demeure donnant directement sur le cours Mirabeau, on déguste une cuisine au goût du terroir comme la **soupe au pistou** et les tomates farcies à la morue. Mais en raison de sa situation, on y sert aussi parfois de la cuisine pour touristes.
19, cours Mirabeau
Tél. 04 42 26 32 39
Tous les jours sauf di soir et lu 12 h – 14 h et 19 h – 23 h
Classe de prix moyenne (AE, DC, EC, Visa)

A proximité de l'hôtel de ville d'Aix-en-Provence, le salon de thé A la Cour de Rohan et sa jolie terrasse vous invitent à interrompre un moment votre balade en ville.

A la Cour de Rohan ■ b 2, p. 58
Ce ravissant salon de thé se trouve dans une demeure du XVIIe siècle. Sur l'élégante terrasse, on sert d'appétissantes salades fraîches, divers gâteaux et tartes, des thés et des infusions d'herbes fraîches. Des animations musicales ont parfois lieu en soirée.
Pl. de l'Hôtel-de-Ville
Tél. 04 42 96 18 15
Tous les jours 11 h – 22 h, fermé di en août
Classe de prix inférieure (EC, Visa)

Les Deux Garçons ■ b 3, p. 58
Les **Deux Garçons** sont à Aix ce que les **Deux Magots** sont à Paris: un café pour voir et être vu. On peut y manger à la rigueur, si l'on trouve porte close ailleurs.
53, cours Mirabeau
Tél. 04 42 26 00 51
Classe de prix inférieure (EC, Visa)

Le Grillon ■ b 3, p. 58
Cette brasserie populaire située dans un endroit panoramique stratégique est idéale pour boire un verre en passant.
49, cours Mirabeau
Tél. 04 42 27 58 81
Tous les jours 12 h – 14 h et 19 h – 23 h
Classe de prix inférieure (EC, Visa)

Chez Maxime ■ b 3, p. 58
Pour les grosses faims: le patron, Maxime, vous sert d'épais steaks de bœuf et de l'agneau avec des accompagnements régionaux.
12, pl. Ramus
Tél. 04 42 26 28 51
Tous les jours sauf di et lu midi
12 h – 14 h et 19 h – 22 h
Classe de prix inférieure (DC, EC, Visa)

Achats

Antiquités

Michel Bianchi ■ b 2, p. 58
A côté des meubles antiques de style provençal, on trouve aussi de l'argenterie et des faïences.
3, rue Granet
Fermé 3 semaines en août

Franck-Marcellin ■ b 2, p. 58
Tout ce qui touche au maritime, des vieilles cartes aux marines, et des antiquités du XVIe au XVIIIe siècle.
7, rue Jaubert

Galerie Georges Morel ■ b 2, p. 58
Mobilier de Thonet à Le Corbusier, ainsi que des antiquités des XVIIe et XVIIIe siècles.
6, rue Jaubert

Robert Reyre ■ b 2, p. 58
Ce spécialiste du mobilier provençal du XVIIIe siècle propose aussi des vases et des statues.
7, rue Granet

Livres

Vents du Sud ■ b 3, p. 58
Librairie bien approvisionnée avec de nombreux titres sur l'art et l'architecture.
7, rue Maréchal-Foch

Alimentation

Bacchus ■ c 3, p. 58
On y vend les meilleurs vins de la région et une belle sélection de magnums.
27, rue d'Italie

Serge Bianco ■ b 2, p. 58
Les gourmets et les gourmands ont ici l'embarras du choix entre les jambons vigoureux, les terrines rustiques et quelques spécialités de la région.
18, rue Matheron

Brémond ■ b 4, p. 58
Toujours frais sont les **calissons d'Aix** de fabrication traditionnelle, comme l'exige la recette originale de cette confiserie aux amandes.
2, rue Cardinale

Les Calissons du Roy René ■ b 3, p. 58
Le Roy René est la grande marque de la spécialité de la ville, les **calissons**. La fabrique située à La Pioline fournit la moitié de la France en calissons. Avantage de ce magasin: on y sert des **calissons** frais, et ils sont mille fois meilleurs que leurs frères desséchés vendus en paquets.
7, rue Papassaudi

Le Gibassié ■ b 3, p. 58
La bonne adresse pour des spécialités de pain comme la **fougasse**.
46, rue Espariat
Fermé en août

Jacquèmes ■ b 2, p. 58
Vous y trouverez tout ce qui est bon et cher: saumon fumé, truffes, thé, épices et confitures de la région.
9, rue Méjanes

Richart ■ c 3, p. 58
Les chocolats des frères Richart de Lyon sont délicieux.
8, rue Thiers

La chaîne des boutiques Souleiado propose un très vaste choix de cotons légers imprimés, appelés indiennes; ci-dessous à Aix-en-Provence.

Riederer ■ c 3, p. 58
En plus de beaux chocolats de fabrication artisanale, il y aussi des **calissons.**
4 et 6, rue Thiers

Lithographies

Arcades ■ b 3, p. 58
Kandinsky, Cézanne, Doisneau – si les originaux ne sont pas dans vos moyens, tournez-vous donc vers les lithographies.
58, cours Mirabeau

Marchés

Marché de la place des Prêcheurs ■ b 2, p. 58
Olives, salades, fruits: toute la richesse de Provence vous tend les bras.
Entre le Palais de Justice et l'église Sainte-Marie-Madeleine
Ma, je et sa matin

Marché de la place Richelme ■ b 2, p. 58
Ce marché est une fête pour tous les sens. Vous y trouverez les fruits et les légumes les plus frais, du miel des ruches des environs, des volailles de ferme et bien davantage. Les mardi, jeudi et samedi, le choix est encore plus grand.
Tous les matins devant la poste

Parfums

L'Occitane ■ b 3, p. 58
L'Occitane, avec ses savons et ses parfums aux extraits végétaux, est un prestigieux ambassadeur de la région depuis ces 15 dernières années.
10, rue Fauchier
Fermé en août

Tissus

Souleiado ■ b 3, p. 58
Souleiado est partout et naturellement Aix ne pouvait pas se passer d'une boutique (très belle) du fournisseur le plus connu de tissus imprimés provençaux.
8, pl. des Chapeliers

Le soir

La terrasse des **Deux Garçons** sur le cours Mirabeau est encore presque plus fréquentée le soir que le jour.
Les jeunes se retrouvent au bar du **Jungle Café** (4, bd. Carnot) où ont parfois lieu des concerts.

Adresses utiles

Office de tourisme ■ a 4, p. 58
2, pl. du Général-de-Gaulle
13100 Aix-en-Provence
Tél. 04 42 16 11 61
Fax 04 42 16 11 62

Gare SNCF ■ a 4, p. 58
Pl. de la Gare
Tél. 04 42 26 02 89, 04 42 89 09 79

Réservations pour le festival
Tél. 04 42 17 34 34

Gendarmerie
Tél. 04 42 26 31 96

Qui voudrait encore aller au supermarché quand faire ses courses quotidiennes au marché de la place Richelme est un vrai plaisir des sens?

BRASSERIE
PRODUCTEUR
AIX

Excursions

Abbaye du Thoronet

■ F 5, carte avant

Avec Sénanque et Silvacane, ce joyau de pierre est l'une des trois grandes abbayes romanes de Provence. Elle fut fondée par l'ordre des Cisterciens au XIIe siècle. Le site niché au creux d'un vallon fut choisi à l'époque pour opposer la modestie à la morgue et à la richesse des moines de Cluny qui ne bâtissaient leurs abbayes que «vers le ciel», au sommet de montagnes ou de collines.
A l'inverse, l'église romane et le cloître sont dans leur dépouillement un témoin impressionnant de l'idéal cistercien. Mais même les Cisterciens ne restèrent pas toujours fidèles à leur mode de vie austère et ascétique: des documents du XVe siècle attestent qu'au Thoronet, la table monastique était bien garnie. Elle ployait sous le poids des viandes, des poissons, des volailles et du gibier, des melons, des figues, du raisin et des oranges. Les Cisterciens allaient même jusqu'à employer des cuisiniers, des chasseurs et des jardiniers.
Avril-sept. tous les jours 9 h – 19 h; sinon 9 h – 12 h et 14 h – 17 h

Bouc-Bel-Air

■ D 5, carte avant

Ce ravissant hameau se situe au sud d'Aix. Non loin de là se trouvent les **Jardins d'Albertas**, le jardin idéal de Jean-Baptiste d'Albertas qui, au XVIIIe siècle, fut président de la Cour des comptes de Provence. A l'origine, ces jardins devaient servir d'écrin à un château. Or, même quand le marquis d' Albertas dut interrompre les travaux du château, on poursuivit l'aménagement des jardins. Résultat? Un très beau jardin à la française avec des fontaines, des terrasses et des bassins.

Jardins d'Albertas
13320 Bouc-Bel-Air, Domaine d'Albertas, N 8
Mai-sept. et oct. sa, di et jours fériés tous les jours 14 h – 18 h; juil. et août tous les jours 15 h – 19 h
Entrée 20 FF

Château Vignelaure

■ E 4, carte avant

Ce château viticole situé à **Rians**, au nord-est d'Aix, mérite un détour. Son Coteaux d'Aix-en-Provence rouge est l'un des meilleurs vins de la région pour le pape américain du vin, Robert Parker.
Routes de Jouques
83560 Rians
Tél. 04 94 80 31 93

Cotignac

■ F 4, carte avant

Ce petit paradis provençal à l'écart des sentiers battus est juché sur un piton en tuf haut de 80 mètres, truffé de cavernes et de grottes. Deux beffrois et les restes d'un château médiéval veillent sur les ruelles pittoresques bordées de maisons du XVIe au XVIIIe siècle. Ce village remarquable mérite vraiment le déplacement.

Pour grimpeurs confirmés, un plaisir à couper le souffle: la descente dans les profondeurs du Grand Canyon du Verdon.

Les vins de Provence

Provence égale rosé? Dans chaque café, on vous sert au pichet des vins de vacances d'ordinaire légers et sans caractère. Or, la région entre Orange et Marseille a mieux à offrir et il faut bien se garder de mettre tous les vins de Provence dans un même panier.

D'un point de vue purement œnologique, les vins produits par les vignobles situés au nord de la Durance ne sont pas des **vins de Provence** au sens propre. Ce sont encore des **Côtes du Rhône**, ou plus précisément des **Côtes du Rhône méridionales**. C'est de là que viennent la plupart des vins rouges faits avec les cépages grenache, syrah, mourvèdre et cinsault. Quatre cinquièmes d'entre eux portent la simple appellation **Côtes du Rhône**; il s'agit souvent de vins de table ordinaires. Les crus vendus sous l'appellation **Côtes du Rhône Villages** se situent un cran au-dessus en qualité. Deux appellations sont «reines» dans cette partie des Côtes du Rhône: le vin traditionnel des papes, le **Châteauneuf-du-Pape** (voir Le vignoble de Châteauneuf, p. 252/253) et le **Gigondas**, un vin rouge charnu, puissant et capiteux qui égale souvent en qualité son illustre voisin de Châteauneuf.

Mais il ne faut pas négliger pour autant les petites régions viticoles peu connues: n'ayez pas peur de goûter un **Coteaux du Tricastin** rouge fruité, un **Côtes du Luberon** ou un **Côtes du Ventoux**.

Il existe deux rouges doux dont la réputation a franchi les frontières régionales: d'une part le **muscat de Beaumes-de-Venise** qui est proposé avec le dessert par les cuisiniers des restaurants étoilés parisiens. De l'autre, le précieux **Rasteau** rouge qui, avec ses 15 pour cent d'alcool, constitue également une douce surprise à la fin d'un menu.

Sept appellations, qui s'étendent de l'est d'Arles jusqu'à l'arrière-pays niçois, forment les **vins de Provence** proprement dits. Près de 95 pour

Provence extra

cent de la production sont issus des **Côtes de Provence**, des **Coteaux Varois** et des **Coteaux d'Aix-en-Provence**. La majorité d'entre eux sont de simples rosés de vacances; fins et rafraîchissants sous le soleil d'Aix-en-Provence, il perdent une bonne partie de leur charme quand on les rapporte chez soi; ce qui ne veut pas dire qu'il n'existe pas d'exceptions intéressantes. C'est précisément parmi les petites appellations comme Palette, Cassis, Bandol ou Bellet qu'il n'est pas rare de trouver de réelles bonnes surprises. Essayez par exemple le **Château Simone** provenant de la minuscule région viticole de Palette, au pied de la montagne Sainte-Victoire. Goûtez un des crus de premier ordre de la petite région de **Cassis**, à l'est de Marseille. Osez faire une escapade au curieux **Château Romanin**, la «cathédrale du vin», et laissez-vous expliquer par le maître de chais la manière dont la «culture biodynamique» lutte contre les parasites au moyen de minéraux ou dont les astrologues déterminent le moment des vendanges. Ou bien allez visiter le célèbre **Domaine de Trévallon** dans les coteaux des Baux: en Provence, les domaines de première importance côtoient fréquemment les producteurs de vin de troisième ordre produit en quantité industrielle.

Alors, si la première gorgée ne tient pas ses promesses, allez donc goûter le vin du viticulteur d'à côté.

Les fûts dans lesquels le noble breuvage parfait sa maturité dépassent la hauteur d'un homme.

Grand Canyon du Verdon

■ F 3, carte avant

Un miracle naturel provençal: même si le «grand canyon» européen n'est pas tout à fait aussi vaste que son cousin d'Amérique, ses falaises abruptes et l'étroit cours d'eau tout au fond sont cependant extrêmement impressionnants. Le canyon long de 21 kilomètres sert de frontière entre la Provence et les Alpes et, curieusement, est une découverte relativement récente: ce n'est qu'en août 1905 qu'il fut exploré pour la première fois par les spéléologues Martel et Blanc.

Le sentier menant au fond des gorges est réservé aux randonneurs chevronnés qui ignorent le vertige. Il va de **La Maline** au **Point sublime** (près de La Palud). Pour parcourir ses dix kilomètres, il faut en tout cas compter cinq à six heures. Comme il faut franchir un tunnel creusé dans la roche, n'oubliez pas d'emporter une lampe de poche.

Si vous voulez explorer le canyon en voiture, prenez au départ de **Moustiers** la D 957, la D 19 et enfin la D 71 à **Aiguines**. Même au volant, les frissons sont garantis, puisqu'à gauche de la route étroite, la paroi plonge verticalement de 250 à 700 mètres, et de nombreux points d'observation, les **belvédères**, sont signalés. Ce n'est pas pour rien que la plupart des cartes routières françaises appellent cette superbe route taillée dans le roc la **corniche sublime**.

Jouques

■ E 4, carte avant

Le village de Jouques est blotti à l'ombre du château de l'archevêque d'Aix. Même si on ne visite pas le château de 1630, le site vaut le déplacement, ne fût-ce que pour les portails historiques (XVIIe siècle) de la rue de l'Horloge.

Achats

Château Revelette
Peter Fischer, l'héritier des colles allemandes «Uhu», y produit un **grand rouge** à base de cabernet sauvignon et de syrah.
Tél. 04 42 63 75 43

Lorgues

■ F 4, carte avant

Ce village typiquement provençal semble avoir résisté au temps depuis sa fondation au XVe siècle. Certes, le contournement du centre avec ses supermarchés est neuf, de même que son attrait principal, un restaurant très particulier.

Manger et boire

Chez Bruno
Il faut y être allé au moins une fois: Bruno, le patron poids lourd, ex-chanteur et ex-agent immobilier converti à la gastronomie, est le dernier aubergiste authentique de France. Quelqu'un qui accueille encore ses clients d'une poignée de main et qui ne leur sert que ce qu'il aime. C'est-à-dire le plus souvent des truffes, du **foie gras**, des cèpes et des plats de gibier. Il n'y a pas de

carte; on mange ce qui vient sur la table et pour le vin, on choisit simplement entre «rouge, rosé ou blanc». Tout est franchement savoureux, le service est agréable, et par-dessus le marché, on n'est pas ruiné. Une auberge qui a du cœur.
Campagne Mariette
83510 Lorgues
Tél. 04 94 73 92 19
Tous les jours sauf di soir et lu
12 h – 14 h et 19 h – 21 h 30
Classe de prix moyenne (AE, DC, EC, Visa)

Meyreuil ■ D 5, carte avant

Le **Château Simone** est la véritable attraction du lieu. C'est l'un des domaines viticoles les plus célèbres de la région: les vins rouges et rosés issus des cépages grenache, mourvèdre et cinsault sont très appréciés dans les meilleurs restaurants des environs.

Château Simone
13590 Meyreuil
Tél. 04 42 66 92 58
Pour la visite et une dégustation, mieux vaut téléphoner à l'avance pour s'enquérir des heures d'ouverture.

Montagne Sainte-Victoire ■ E 4, carte avant

Cézanne était si fasciné par ce paysage qu'il immortalisa la montagne Sainte-Victoire dans de nombreuses toiles. Mais aujourd'hui encore, les petits villages à l'est d'Aix n'ont rien perdu de leur beauté. Si quelques-uns de ces sites étaient autrefois les «campagnes» de la noblesse aixoise, d'autres en revanche n'étaient que des villages viticoles. En parcourant cette montagne haute de plus de 1 000 mètres et longue de quelque douze kilomètres, il ne faut pas s'attendre à voir des curiosités exceptionnelles. Car au milieu des oliveraies et des terrains maraîchers, des champs et des vignes, une visite dans une petite auberge ou une dégustation chez un vigneron seront aussi attrayantes, même en l'absence de ruines romaines.
Le hameau endormi de **Beaurecueil**, non loin d'Aix-en-Provence, est une base de départ idéale pour parcourir la montagne Sainte-Victoire. De la **bâtisse seigneuriale**, une masure du XVIIe siècle, on jouit d'un ravissant panorama sur les environs. En voiture, on rallie très vite **Le Tholonet**, l'un des buts d'excursion des Aixois, qui aiment se promener dans le parc ou visiter le **barrage Zola**. Cet ouvrage a une tradition: on peut y admirer à proximité les vestiges d'une digue romaine.
Le plus beau panorama de la montagne Sainte-Victoire est la **Croix de Provence** (1 010 mètres): la bifurcation du **chemin des Venturiers** (porté sur les cartes routières comme le GR 9) se trouve à l'est du village des **Cabassols**. Il conduit d'abord à l'abbaye Notre-

Dame-de-Sainte-Victoire (1656) et ensuite à la Croix, une croix métallique de 19 mètres de haut. Par cette croix, les Provençaux voulurent en 1871 remercier le ciel de la non-occupation de leur région lors de la guerre franco-allemande. Par temps clair, le regard se perd sur le massif du Luberon et presque jusqu'en Camargue.
Il vaut surtout la peine de pousser jusqu'au petit village de **Trets**, où une partie du mur d'enceinte et du château du XVe siècle sont encore debout, pour acheter du vin (voir Château Ferry-Lacombe, p. 82).
Le village viticole de **Puyloubier** est dominé par un château féodal restauré. Il faut néanmoins renoncer à la visite du château, car c'est là que travaillent aujourd'hui les invalides de la Légion étrangère. En compensation, sautez sur l'occasion pour manger aux **Sarments**, l'une des dernières auberges authentiques de la région (voir p. 82).

Il n'est pas nécessaire de s'appeler Paul Cézanne pour puiser son inspiration artistique dans le superbe paysage de la montagne Sainte-Victoire.

Hôtels et logements

La Galinière
Ici, le bonheur est en selle, car une école d'équitation est rattachée à cet établissement avec piscine aux chambres de style provençal.
13790 Châteauneuf-le-Rouge
Tél. 04 42 53 32 55
Fax 04 42 53 33 80
17 chambres
Classe de prix inférieure (AE, DC, EC, Visa)

Mas de la Bertrande
Cette petite maison nichée dans un parc jouit d'une situation tranquille et n'est pas trop chère.
Chemin Beaurecueil
Tél. 04 42 66 75 75
Fax 04 42 66 82 01
10 chambres
Classe de prix moyenne (EC, Visa)

Relais Sainte-Victoire
Sympathique affaire de famille aux environs d'Aix: les chambres (à deux exceptions près) sont très sobres, mais la cuisine compense largement ce petit inconvénient: terrine d'agneau aux aubergines confites et coulis de tomates, fleurs de courgettes à la ratatouille et dés de homard, carré d'agneau grillé au miel, jus de thym et croquettes d'ail...
13100 Beaurecueil
Tél. 04 42 66 94 98
Fax 04 42 66 85 96
10 chambres
Classe de prix moyenne
Restaurant ouvert tous les jours sauf di et lu 12 h – 14 h et 19 h – 21 h 30
Classe de prix élevée

Manger et boire

Les Sarments
Cette auberge simple et originale, aux murs crépis et aux meubles rustiques, mérite le détour. Gabrielle Jugy, dont les enfants exploitent le Relais Sainte-Victoire à Beaurecueil, reste très attachée à une cuisine traditionnelle.
4, rue qui Monte
13114 Puyloubier
Tél. 04 42 66 31 58
Tous les jours sauf lu et ma
12 h – 14 h et 19 h – 21 h 30
Classe de prix inférieure (EC, Visa)

Achats

Château Crémade
La bonne adresse pour une **Cuvée Antoinette** élaborée dans de nouvelles barriques de chêne. Le domaine dispose de seulement six hectares de vignes.
13100 Le Tholonet
Tél. 04 42 66 92 66

Château Ferry-Lacombe
La star du domaine est la **Cuvée Lou Cascai** qui existe en rouge, rosé et blanc.
Route de St-Maximin
13530 Trets
Tél. 04 42 29 33 69

Domaine Richeaume
Le domaine du Dr. Henning Hoesch (l'un des nombreux Allemands de Provence) est un domaine modèle: des architectes connus ont conçu les installations, les vignes sont fertilisées strictement avec du compost biologique issu d'un troupeau d'ovins.
13114 Puyloubier
Tél. 04 42 66 31 27

Sur simple rendez-vous, vous pouvez acheter ici d'excellents vins: le château Crémade au Tholonet.

Moustiers-Sainte-Marie

F 3, carte avant

Au temps de madame de Pompadour, c'était l'un des villages les plus importants de Provence; les nobles de toute la France remplissaient jadis les carnets de commande des quelque 50 maîtres faïenciers.
A l'heure actuelle, Moustiers affiche un double visage: en haute saison, les piétons se bousculent dans ce petit village pittoresque, dont les maisons se pressent frileusement dans son berceau rocheux, quand une colonne de touristes internationaux monte vers la chapelle. Dans l'arrière-saison, par contre, ce village adossé à la montagne semble pratiquement abandonné.

Hôtel/Manger et boire

La Bastide de Moustiers
Même le chef d'un restaurant trois étoiles doit parfois pouvoir se détendre: Alain Ducasse, du fameux «Louis XV» de Monaco, a créé ici une auberge campagnarde idéale.
La Grisolière, Quartier St-Michel
04360 Moustiers-Ste-Marie
Tél. 04 92 74 62 40, fax 04 92 74 62 41
Tous les jours 12 h – 14 h et 19 h – 21 h 45
Classe de prix moyenne (AE, EC, Visa)

Curiosité

Notre-Dame-de-Beauvoir
Cette chapelle du XIIIe siècle (transformée au XVIe siècle) n'est accessible que par un chemin très escarpé. Mais vous serez récompensé de vos efforts par une vue incomparable sur la région. A l'intérieur se trouve un sarcophage qui remonte au Ve siècle.

Musée

Musée de la Faïence
Marcel Provence a créé ce musée en 1929. Dans la gracieuse salle médiévale d'un ancien couvent, on apprend les rudiments des techniques de fabrication des précieuses assiettes et on peut admirer de belles pièces produites par des ateliers célèbres comme Clérissy, Laugier et Olérys, aux XVIIe et XVIIIe siècles.
Pl. du Presbytère
04360 Moustiers-Ste-Marie
Tous les jours sauf ma 9 h – 12 h et 14 h – 18 h; fermé fin nov.-fin mars
Entrée 10 FF

Achats

Ségriès
Ségriès est aujourd'hui l'un des principaux ateliers de céramique de ce village de montagne. En plus de reproduire des décors traditionnels du XVIIIe siècle, les faïenciers inventent régulièrement de nouveaux motifs.
Route de Riez
Tél. 04 92 74 66 69
Visite guidée gratuite sur demande en août; fermé à Noël et à Pâques

Adresse utile

Office de tourisme
Hôtel-Dieu
Rue Bourgade
04360 Moustiers-Ste-Marie
Tél. 04 92 74 67 84
Fax 04 92 74 60 65

Le Puy-Sainte-Réparade

■ D 4, carte avant

La production de vin et de fruits fait encore vivre de nos jours ce petit village regroupé autour d'une église du XVIIe siècle. A l'intérieur de l'église se trouve un exquis retable baroque de l'artiste aixois Claude Routier.
Le **château de Fonscolombe** (domaine viticole) du XIXe siècle et son joli parc sont célèbres dans la région.

Achats

Château de Fonscolombe
La Cuvée Spéciale rouge des Coteaux d'Aix-en-Provence de ce château riche de traditions mérite toujours une dégustation.
Sur la D 13
Tél. 04 42 61 89 62

Domaine des Bastides
De bonnes cuvées à base de raisins de culture biologique avec en plus une petite rareté: du **vin cuit** dont le moût est réchauffé pendant six heures sur un feu.
St-Canadet
Tél. 04 42 61 97 66

Puyricard

■ D 4, carte avant

Comme chaque site provençal qui se respecte, Puyricard possède lui aussi son château. Le cardinal Grimaldi le fit construire en 1651, mais il était si grandiose et pompeux que ses héritiers furent bien incapables de l'entretenir: c'est pourquoi ils firent démolir le château en 1709. Quelques ruines sont encore debout.

Achats

Antiquités

Les Antiquaires de Lignane
20 antiquaires se sont réunis sous la devise «Nous réprouvons les copies, nous n'achetons et vendons que des originaux.»
Sur la N 7, Lignane

Le Village des Antiquaires
Onze commerçants exposent ici leurs trésors sur quelque 600 mètres carrés, sous forme de tableaux, de curiosités, de meubles et de bien d'autres choses.
Sur la N 7, Lignane

Vins

Château de Seuil
Ce château des XIIIe et XVIIe siècles produit de beaux **Coteaux d'Aix-en-Provence**.
Chemin vicinal
Tél. 04 42 92 15 99

Adresses utiles

Office de tourisme
Pl. du Général-de-Gaulle
13540 Puyricard
Tél. 04 42 16 11 61
Fax 04 42 16 11 62

Gare SNCF
Av. Jean-Perrin
Tél. 04 42 39 76 79

Tourtour

■ F 4, carte avant

«Le village dans le ciel», tel est le slogan de Tourtour, qui mérite le détour. De la place de l'Eglise, on découvre un panorama exceptionnel sur le golfe de Saint-Raphaël et jusqu'au mont Ventoux: incontournable.

Hôtel

La Bastide de Tourtour
Ce charmant hôtel campagnard a gardé le style d'une vieille bastide provençale. Laurent, son propriétaire, qui est en même temps le maire de Tourtour, a décoré son hôtel avec toutes sortes de curieuses machines du siècle dernier. La véritable attraction de la maison est toutefois la vue: de nombreuses chambres offrent un panorama royal sur les environs; par temps clair, on peut voir jusqu'à 100 kilomètres.
A la sortie du village
83690 Tourtour
Tél. 04 94 70 57 30
Fax 04 94 70 54 90
Restaurant ouvert tous les jours sauf lu midi et ma soir 12 h – 14 h et 19 h – 21 h 30; fermé nov.- févr.
25 chambres
Classe de prix moyenne (AE, DC, EC, Visa)

Vauvenargues

■ D 4, carte avant

Les amis de Picasso ne manqueront pas de visiter ce lieu: le maître y acquit le château local en 1958, vint souvent à Vauvenargues jusqu'en 1961 et y peignit ses «Déjeuners sur l'herbe. Picasso est inhumé sur la terrasse du château.

Parmi les 20 commerces des Antiquaires de Lignane à Puyricard, vous trouverez certainement votre bonheur: ne serait-ce que quelques idées intéressantes...

Les fruits confits attirent le visiteur à Apt, et son marché affairé du samedi matin est une attraction supplémentaire. Cette petite ville au bord du Calavon est un bon point de départ pour explorer le massif du Luberon et le plateau du Vaucluse. Si vos centres d'intérêt sont purement d'ordre touristique, laissez Apt de côté. Mais si vous voulez connaître plus avant la vie quotidienne provençale, c'est là qu'il faut aller.

■ D 3, carte avant

La «capitale mondiale du fruit confit», telle qu'Apt (12 000 habitants) se désigne elle-même, fut jadis fondée par les Romains en l'honneur de Jules César sous le nom d'Apta Julia. A l'heure actuelle, Apt vit de la production des douceurs que sont les **fruits confits**. Par ailleurs, deux entreprises extraient annuellement 2 000 tonnes de colorant dans les carrières d'ocre situées aux environs de la ville. Rien qu'à cause de cela, Apt n'est guère engageante de prime abord. Seul le minuscule centre-ville possède le caractère d'un bourg provençal. Un après-midi suffit amplement à le visiter à l'aise dans ses moindres détails.

A travers le massif du Luberon

Il faut prendre tout son temps pour explorer le cœur de la Provence, le **massif du Luberon** long d'environ 60 km et culminant à 1 125 mètres. Quantité de Français sont convaincus que la Provence n'explose dans toute sa beauté que dans le Luberon et ses villages perchés.
Les fouilles dans les grottes attestent que cette partie de la France était déjà habitée au paléolithique (environ 10 000 ans av. J.-C.). Les artistes et les Parisiens fortunés soupirent après une résidence secondaire dans le Luberon «photogénique». Albert Camus avait un faible pour cette contrée – et même le marquis de Sade y travailla à ses œuvres.
Les curiosités classiques de la région sont **Gordes** et l'**abbaye de Sénanque**. Mais ne traversez surtout pas le Luberon (qui est divisé en «Petit» Luberon à l'ouest et en «Grand» Luberon à l'est) sans découvrir ses villages: **Pertuis, Cucuron, Saignon, Ménerbes** ou **Bonnieux** illustrent l'art de vivre des Provençaux mieux que n'importe quel musée.

Un paysage de tableau: les environs d'Apt sont une invitation à la promenade et aux excursions pour faire connaissance avec un coin de la Provence rurale.

Hôtel

Auberge du Presbytère
Les chambres de cette auberge sont réparties dans trois bâtiments. Tout est très simple (si sobre en fait que certaines chambres ne disposent même pas d'une salle de bains), mais le tout a du charme.
Pl. de la Fontaine
Saignon, 3 km au sud-est d'Apt
Tél. 04 90 74 11 50
Restaurant tous les jours sauf me 9 h – 12 h et 14 h – 21 h 30
Classe de prix inférieure (AE, EC, Visa)

Curiosités

Aptunion
On peut assister à la production des fruits confits. Par exemple, des cerises comme en ont déjà goûté le pape Clément VI et madame de Sévigné sont chauffées pendant une dizaine de jours et recouvertes de sirop, jusqu'à ce que les fruits aient rendu toute leur eau. Bien sûr, cela n'a plus grand-chose à voir avec la tradition: Aptunion produit en effet 14 000 tonnes de **fruits confits** par an et emploie 400 personnes.
Route d'Avignon
Tél. 04 90 76 31 31 (annoncer sa visite par téléphone)
Visites guidées en août et sept. tous les jours sauf sa et di 10 h 30 et 15 h 30
Entrée libre

Cathédrale Sainte-Anne
Anne d'Autriche était désespérée: cela faisait déjà 23 années de mariage qu'elle attendait, en vain, un héritier au trône. Dans cette situation critique, il ne lui restait plus qu'un seul espoir: un pèlerinage à Sainte-Anne d'Apt, une église romano-gothique (édifiée du XIIe au XVIIe siècle) qui abritait les reliques de sainte Anne, la mère de la Vierge Marie. Peu après, un robuste héritier au trône vit effectivement le jour dans les appartements royaux: Louis XIV, le futur Roi-Soleil.
En 1660, Anne revint à Apt, cette fois aux côtés de son fils. En signe de gratitude envers sainte Anne, elle fonda la chapelle royale qui renferme jusqu'à ce jour le trésor de l'église: le suaire de la sainte qui, dit la légende, a été rapporté en France lors de la première croisade par Rambaud de Simiane, des châsses de Limoges ainsi que le livre d'heures de Delphine de Sabran.
La nef romane du XIIe siècle ne conserve que quelques vestiges de cette époque, même les fenêtres ont été murées au XVIIIe siècle. Le chœur se distingue par une stalle épiscopale, une chaire du XVIIIe siècle et de magnifiques vitraux (XIVe siècle) ayant notamment pour motifs sainte Anne et la Vierge à l'Enfant.
Les visiteurs doivent également voir la crypte: alors que la crypte supérieure est contemporaine de l'église (XIIe siècle), la crypte inférieure date de l'époque mérovingienne.
Pl. de la Cathédrale
Ma-ve 10 h – 12 h et 16 h – 18 h, di 11 h – 12 h
Visites guidées gratuites 1 juil.-15 sept. 11 h et 17 h

Musées

Musée archéologique
Produit de fouilles de l'époque romaine, sculptures et céramiques gallo-romaines, ex-voto de la cathédrale d'Apt (XVIIe et XVIIIe siècles), faïences d'Apt et de Moustiers, dont de nombreuses œuvres de Léon Sagy, illustre potier-céramiste aptésien; balade amusante à travers l'histoire de la cité.
27, rue de l'Amphithéâtre
Juin-sept. lu, me-ve 10 h – 12 h et 14 h – 17 h, sa, di et jours fériés 14 h – 17 h
Entrée 10 FF, gratuite pour les enfants de moins de 16 ans

Parc naturel régional du Luberon
Dans la Maison du Parc naturel régional du Luberon sont organisées différentes expositions temporaires portant sur la flore et la faune de cet espace de 140 000 hectares. Il s'agit de protection de la nature, parfois de produits du terroir ou de sentiers de randonnée. Un musée de paléontologie présente au visiteur la préhistoire à Apt.
1, pl. Jean-Jaurès
Entrée libre
Musée de paléontologie
Tous les jours 8 h 30 – 12 h et 13 h 30 – 18 h, en été jusqu'à 19 h
Entrée 10 FF

Manger et boire

Auberge du Luberon
Dans cette belle maison au bord du Calavon, la spécialité locale, les fruits confits, se retrouve également dans les casseroles. Un conseil: évitez tout ce qui ressemble à de la haute cuisine et tenez-vous-en aux simples spécialités régionales.
17, quai Léon-Sagy
Tél. 04 90 74 12 50
En saison tous les jours sauf lu midi 12 h – 14 h et 15 h – 21 h 30, hors saison tous les jours sauf di soir et lu
Classe de prix inférieure (EC, Visa)

Bernard Mathys
Qu'il s'agisse de lapereau mariné au vinaigre d'échalotes ou de pieds d'agneau farcis avec des raviolis aux herbes, Bernard Mathys est le meilleur cuisinier de la ville.
Le Chêne, 3 km en dehors d'Apt
Tél. 04 90 04 84 64
Tous les jours 12 h – 14 h et 15 h – 21 h 30
Classe de prix moyenne (AE, DC, EC, Visa)

Achats

Céramique

Atelier Bernard
C'est déjà la troisième génération qui y vend des céramiques et des faïences, à des prix élevés, il est vrai.
12, av. de la Libération

Alimentation

César Apiculteur
Du délicieux miel provençal pour tous les goûts et dans toutes les variantes.
23, av. Philippe-de-Girard

La Cave du Septier
Quatre-vingts mètres carrés qui réservent des surprises: les meilleurs vins de tous les coins de France! A côté d'une riche sélection de bordeaux et de bourgognes, on y trouve bien évidemment aussi de bons crus régionaux.
16, pl. du Septier

Les 10 adresses gourmandes les plus authentiques

Bataille à Marseille
■ e 3, carte arrière
... parce qu'on y trouve de bons fromages et des spécialités provenant de tous les coins de France (→ p. 206).

André Boyer à Sault
■ D 2, carte avant
... parce que chez monsieur Boyer, on peut découvrir le fameux nougat de Sault (→ p. 108).

Brémond à Aix
■ b 4, p. 58
... parce qu'on peut encore y goûter de vrais **calissons** au sortir du four (→ p. 71).

Les Caves Gambetta à Montpellier ■ a 3, p. 216
... parce que ce marchand de vins propose les meilleurs crus de la région à côté des grands vins français (→ p. 221).

Le Four des Navettes à Marseille ■ e 4, carte arrière
... parce qu'on fabrique ici depuis 1781, de décembre à Pâques, d'après une recette maison, les seules authentiques **navettes,** biscuits aromatisés à la fleur d'oranger (→ p. 207).

Pierre Milhau à Arles
■ b 2, p. 116
... parce qu'on peut encore y déguster les véritables **saucissons d'Arles** (→ p. 124).

Moulin Jean-Marie Cornille – Coopérative oléicole de la Vallée des Baux
■ B 4, carte avant
... parce qu'ici, à Maussane-les-Alpilles, on peut acheter l'une des meilleures huiles d'olive de France (→ p. 137).

Gérard Pinto à Montpellier
■ c 3, p. 216
... parce qu'on peut encore faire de réelles découvertes dans ce bazar colonial (→ p. 221).

André Rastouil – Confiserie Saint-Denis à Apt
■ D 3, carte avant
... parce que cette confiserie vend encore des **fruits confits d'Apt** originaux de fabrication artisanale (→ p. 92).

La Roumanière à Robion
■ C 3, carte avant
... parce qu'on peut rapporter chez soi un morceau de Provence dans un bocal de confiture (→ p. 107).

Beaucoup de ces boutiques ferment à l'heure du déjeuner ou ont des heures d'ouverture irrégulières.

Epicerie du Luberon
Saumon fumé, épices, thés, spécialités du terroir – et parce que la patronne est originaire d'Alsace, il y a aussi du kouglof à l'occasion.
8, rue René-Cassin

La Fromagerie – Daniel Enksézian
Vous y trouverez les meilleurs fromages de la région provenant de la propre cave d'affinage de la maison.
28, rue de la Sous-Préfecture

André Rastouil – Confiserie Saint-Denis
Les fruits confits d'Apt de fabrication maison sont hauts en couleur et font des souvenirs de Provence sucrés.
Gargas

Une fois que l'on a jeté un regard sur les spécialités de la Fromagerie à Apt, il est difficile de passer son chemin.

Marché

Marché provençal
Ce marché haut en couleur s'étend dans tout le centre d'Apt: un mélange bariolé de livres, de bric-à-brac, de vêtements et bien entendu de produits alimentaires.
Tous les sa entre la cathédrale et la place de la Bouquerie

Adresses utiles

Office de tourisme
Pl. de la Bouquerie/av. Philippe-de-Girard
84400 Apt
Tél. 04 90 74 03 18

Gendarmerie
Tél. 17

Excursions

Ansouis ■ D 4, carte avant

Le hameau d'Ansouis est situé au sud du massif du Luberon. Les maisons se pressent contre les terrasses du château comme si elles y cherchaient refuge. C'est le lieu de résidence de la famille Sabran depuis le XIIe siècle, et le propriétaire actuel du château est naturellement un monsieur de Sabran-Pontevès.

Curiosité

Château d'Ansouis
Ce château massif du XVIe siècle (façade du XVIIe siècle) avec ses superbes jardins suspendus mérite une visite. La cuisine est décorée d'une cheminée Renaissance et de meubles provençaux; des tapisseries flamandes ornent la salle à manger. Dans la chambre à coucher, le jeune époux Elzéar de Sabran fit vœu de chasteté en 1299.
Tous les jours sauf ma 14 h 30 – 18 h; fermé le 1er nov. et pendant les vacances de Pâques
Entrée 30 FF

La Bastide-des Jourdans ■ D 3, carte avant

Autrefois, ce village de l'est du Luberon possédait des fortifications impressionnantes du XVIe siècle. Aujourd'hui, il ne reste que deux portes d'entrée défensives. Mais les tours du château féodal (remanié aux XVIe et XIXe siècles, on ne visite pas) continuent à veiller sur La Bastide-des-Jourdans.

Manger et boire

Auberge du Cheval Blanc
Dans cette sympathique auberge, installée dans un ancien relais de poste, on vous servira une cuisine traditionnelle comme du ragoût d'agneau et des rognons de veau à la crème d'ail.
Tél. 04 90 77 81 08
Tous les jours sauf me soir et je 12 h – 14 h et 19 h – 21 h 30
Classe de prix inférieure (EC, Visa)

Bonnieux ■ D 3, carte avant

Bonnieux a dû être autrefois une petite ville prospère. Les rues de ce gros village sont bordées d'hôtels particuliers des XVIe et XVIIIe siècles. Le **belvédère** offre une jolie vue sur la campagne. L'**église vieille**, l'ancienne église des XIIe et XVe siècles, possède encore des parties romanes et gothiques. L'église neuve fut érigée en 1870; à l'intérieur, on peut voir quatre tableaux primitifs du XVe siècle (!).

Hôtel

La Bouquière
Cette **maison d'hôte** à la splendide vue sur le mont Ventoux possède un caractère très provençal. Chacune de ses quatre chambres a son entrée particulière.
Quartier Saint-Pierre
84480 Bonnieux
Tél. 04 90 75 87 17
4 chambres
Classe de prix moyenne (EC, Visa)

Curiosité

Fort de Buoux
Au XIIIe siècle, ce poste stratégique sur la liaison nord-sud servait déjà à des fins défensives. Au XVIe siècle, les protestants y trouvèrent refuge. Louis XIV fit raser le fort en 1660. Actuellement il ne reste plus que les ruines des enceintes défensives et d'une chapelle romane ainsi que des vestiges du village du XIIIe siècle. Les silos datent des XVIIIe et XIXe siècles.
Vallon de l'Aiguebrun
Tous les jours 8 h 30 – 18 h 30
Entrée 10 FF

Avec ses belles maisons anciennes, le village de Bonnieux est un but d'excursion populaire en été, surtout parce que l'on a une vue de rêve sur les villages environnants depuis la terrasse panoramique.

Musée et galerie

Musée de la Boulangerie
L'une des principales attractions de ce musée est la reconstruction en l'état d'un fournil de 1920.
12, rue de la République
Avril-fin sept. tous les jours sauf ma
10 h – 12 h et 15 h – 18 h 30
Entrée 10 FF

Galerie de la Gare
Cette galerie installée dans une cave historique présente des tableaux, des sculptures et des photos à la faveur de diverses expositions thématiques.
Pl. de la Gare
Tél. 04 90 75 91 29
Tous les jours sauf ma 14 h 30 – 18 h; fermé de nov.-Pâques

Achats

Décoration

L'Aire d'Eté
Mobilier d'inspiration provençale dans une demeure du XVIIe siècle avec en plus du linge, des couverts et des poteries.
13, rue de la République
Fermé de nov.-avril

Les Balcons du Luberon
Source inépuisable d'objets provençaux, des lampes en ferronnerie à la verrerie et aux couverts.
6, pl. Carnot
Fermé nov. et janv.

Alimentation

Le Mas des Abeilles
On y vend toutes sortes de miels.
Colle Pointu

Pâtisserie au Chocolat Chaud
La spécialité de la maison n'est pas le chocolat chaud, comme on pourrait le penser, mais bien la galette provençale: une pâte sablée aux oranges et à la crème d'amandes que l'on peut également déguster au salon de thé.
7 et 9, rue de la République

Vins

Château la Canorgue
Les vins biologiques respectent le cahier des charges comparativement sévère de l'association Nature & Progrès. Tout ce qui est chimique est banni, les vendanges se font manuellement. Et le château avec sa fontaine de Neptune est une véritable curiosité.

Adresse utile

Office de tourisme
7, pl. Carnot,
84480 Bonnieux
Tél. 04 90 75 91 90
Tél./fax 04 90 75 92 94

Cadenet

■ D 4, carte avant

A l'époque pré-romaine, cette petite bourgade du Luberon était déjà très peuplée. De nos jours, un charmant ensemble de maisons des XVIIe et XVIIIe siècles invite à la flânerie. Il ne reste que quelques vestiges du château du XIIe siècle jadis si altier.

Musée

Musée de la Vannerie
Ce petit musée présente les traditions et techniques de l'activité vannière.
Av. Philippe-de-Girard
Avril-sept. tous les jours sauf ma
10 h – 12 h et 14 h – 18 h
Entrée 20 FF

Château de Mille

■ D 3, carte avant

Cette belle bâtisse ancienne près d'Apt est non seulement le plus vieux, mais aussi l'un des plus appréciés des châteaux viticoles du Luberon. La centaine d'hectares de vignes appartenait autrefois au pape Clément V et aux évêques d'Apt.
Tél. 04 90 74 11 94

Cucuron

■ D 3, carte avant

Alphonse Daudet a déjà décrit ce village dans les «Lettres de mon moulin»: son «Cucugnan» n'était en fait autre que Cucuron. Un établissement romain au cœur du Luberon en marqua le début, suivi d'une forteresse médiévale avec un petit village, dont il ne reste plus aujourd'hui qu'un donjon carré. En compensation, on peut admirer l'église **Notre-Dame-de-Beaulieu** (XIVe au XVIe siècle) ou jeter un coup d'œil au **musée régional Marc Deydier**.

Dans le Luberon, le mode de vie rural est présent un peu partout: fontaine dans la cour intérieure d'une ferme.

Gordes

■ C 3, carte avant

Le plus beau village de Provence? Du moins ce petit bourg à la limite du plateau du Vaucluse est-il l'un des buts d'excursion favoris de Haute-Provence.
Des rangées de maisons ocre visibles de très loin s'étagent sur un promontoire escarpé. Tout en haut, un château Renaissance (voir Musée Vasarely, p. 99) et une église sobre de 1704 dominent les maisons, en surplomb des oliviers et des amandiers.
Le peintre Victor Vasarely trouva l'inspiration ici et fit installer dans le château de Gordes une exposition permanente de ses œuvres. De nombreux artistes connus et moins connus suivirent son exemple et achetèrent une maison à Gordes, à la recherche d'idées neuves. Le grand capital finit par imiter les esprits créatifs: de nos jours, il est de bon ton pour les Parisiens aisés de posséder une maison de campagne dans une authentique **borie** provençale (voir Village des bories, p. 99).
Que Gordes soit ou non le plus beau village provençal, c'est à chacun de décider. Rien que pour cela, il mérite le déplacement.

Hôtels et logements

Les Bories
Vivre dans une **borie**: dans cet hôtel, on peut passer la nuit dans quelques-unes de ces habitations de pierre, l'emblème du site, sans pour autant renoncer à la piscine ou au court de tennis.
2 km au nord-ouest par la D 177
Rte de l'Abbaye de Sénanque
84220 Gordes
Tél. 04 90 72 00 51
Fax 04 90 72 01 22
18 chambres
Classe de prix élevée (AE, DC, EC, Visa)

Ferme de la Huppe
Ici, le cadre au cœur de la verdure est simple. La maison comporte aussi un bistrot.
2 km au sud-est par la D 2 et la D 156
Les Pourquiers
84220 Gordes
Tél. 04 90 72 12 25
Fax 04 90 72 01 83
8 chambres
Fermé de nov.-mars
Classe de prix moyenne (DC, EC, Visa)

Mas du Loriot
Toute petite affaire familiale avec tout juste cinq chambres et une piscine. Les pensionnaires profitent d'une bien jolie vue sur le massif du Luberon et d'une bonne table.
Rte de Joucas
84220 Murs, près de Gordes
Tél. 04 90 72 62 62
Fax 04 90 72 62 54
5 chambres
Classe de prix inférieure (EC, Visa)

Curiosités

Abbaye de Sénanque
On n'oublie pas de sitôt le spectacle magique de l'abbaye de Sénanque qui surgit posée sur son écrin de lavande. Dans cette abbaye cistercienne du XIIe siècle, on ressent aujourd'hui encore (excepté peut-être en haute saison) l'atmosphère de recueillement qui s'est dégagée pendant des siècles de ce site austère, même si elle sert occasionnellement de cadre à des expositions et à des concerts.
A l'apogée de l'abbaye, une bonne trentaine de moines y travaillaient quotidiennement. En 1544, Sénanque fut victime de l'insurrection vaudoise, un mouvement de prédicateurs laïcs fondé à Lyon au XIIe siècle qui rejetait la hiérarchie de l'Eglise et les sacrements, incendiant les bâtiments et pendant les ecclésiastiques. Après la révolution, l'abbaye fut respectueusement rénovée par un acquéreur privé avant que l'abbé Baroin la rachète en 1854 pour le compte des Cisterciens. Les derniers moines quittèrent Sénanque en 1969.
Vous remarquerez surtout le cloître (XIIe-XVIIIe siècles) avec ses voûtes en berceau et ses colonnes à chapiteaux décorés. La salle des moines (chauffoir) était la seule pièce de l'abbaye que l'on pouvait chauffer. Les pieux moines s'y réunissaient pour copier des ouvrages.
L'église (1160 au XIIIe siècle) est étonnamment semblable à celle du Thoronet.
5 km au nord-ouest de Gordes
Mars-nov. tous les jours sauf di matin 10 h – 12 h et 14 h – 18 h, le reste de l'année 14 h – 17 h
Entrée 20 FF

Village des bories
Il n'y a pas qu'en Provence que l'on trouve ces cabanes de pierres plates assemblées sans mortier; elles existent aussi en Espagne, dans les Pyrénées, en Sardaigne et aux Baléares.
Si, à Gordes, vous souhaitez en savoir plus sur les **bories**, vous serez étonné: on y dit parfois que ces petites cabanes de pierres sèches en forme de ruche seraient les témoins d'une culture datant de l'âge de la pierre.
En fait, les bories les plus anciennes autour de Gordes remontent au XVIe siècle; nombre d'entre elles ne furent construites qu'au siècle dernier.
Nous ne chercherons pas à savoir si les maîtres d'œuvre de l'époque avaient réellement utilisé une technique de construction datant du néolithique, ainsi qu'on le prétend parfois, ou s'ils avaient simplement voulu employer des matériaux bon marché et aisément disponibles. Une chose est sûre: la majorité des bories étaient des bâtiments agricoles.
Certaines ont trouvé depuis lors une nouvelle destination: elles servent à Gordes de chambres d'hôtel (→ p. 97).
Tous les jours de 9 h au coucher du soleil
Entrée 25 FF

L'abbaye de Sénanque fondée en 1148, dont la sobriété témoigne encore de l'esprit cistercien, présente de grandes similitudes avec les abbayes de Silvacane et du Thoronet; d'ailleurs on les appelle toutes trois les «sœurs provençales».

Musées

Musée du Moulin des Bouillons
La bastide du "Moulin des Bouillons" date des XVIe-XVIIIe siècles; elle ne fut que par la suite transformée en musée.
Ce petit musée est une mine de renseignements sur la fabrication de l'huile d'olive.
La pièce maîtresse du musée est le pressoir à olives qui a été fait à partir d'un chêne entier de 7 tonnes.
Vous y verrez également des lampes à huile, des outils pour la culture de l'olivier...
Route de St-Pantaléon
Mai-mi-déc. tous les jours sauf ma 10 h – 12 h et 14 – 18 h; févr. à mai jusqu'à 17 h
Entrée 20 FF

Musée de l'Histoire du Verre et du Vitrail
Ce musée, à l'architecture moderne qui s'intégre bien au paysage, retrace l'histoire du vitrail. L'exposition met l'accent sur les œuvres du maître verrier Frédérique Duran.
Route de St-Pantaléon
Dans le même parc que le musée du Moulin des Bouillons
Mai-mi-déc. tous les jours sauf ma 10 h – 12 h et 14 h – 18 h; févr.-avril jusqu'à 17 h

Manger et boire

Comptoir du Victuailler
Ce bistrot simple à l'ombre du château n'ouvre que sur réservation.
Tél. 04 90 72 01 31
Classe de prix inférieure (EC, Visa)

Un fils de Provence: le marquis de Sade

En France, on l'appelle respectueusement «le divin marquis»... Son nom complet est Donatien Alphonse François de Sade. Il est connu comme le marquis de Sade et le «père» du sadisme, ce goût pervers de faire souffrir autrui. Il naquit en 1740 à Paris, à l'hôtel de Condé. Le jeune Donatien semblait avoir un bel avenir devant lui; après tout, les Sade étaient une famille noble très ancienne. Il reçut une partie de son éducation chez son oncle, un abbé du château de Saumane, à six kilomètres de Fontaine-de-Vaucluse.

Le jeune marquis montra très tôt une prédilection pour la vie dissolue, au grand dam de son dévot oncle. Son mariage avec mademoiselle de Montreuil rassura peu de temps la famille. Mais le marquis de Sade n'était décidément pas taillé pour mener une vie paisible: il trompa sa femme et fréquenta des cercles libertins. Le jour de Pâques 1768, il accosta une mendiante et finit par l'enfermer dans une maison du faubourg d'Arcueil. La pauvre femme, dégoulinante de sang, réussit à s'enfuir par une fenêtre et avertit les autorités. Le scandale fut total, Donatien Alphonse François de Sade décida de se retirer dans son château de Lacoste.

Or, ses noirs fantasmes continuèrent à le tourmenter dans ce hameau du Luberon: avec son valet, en juillet 1772, il invita quatre prostituées dans une chambre au n° 15 de la rue d'Aubagne à Marseille. Une fois accompli ce qui a lieu habituellement entre des dames de petite vertu et leurs clients, ces messieurs offrirent à leurs compagnes des bonbons très spéciaux, dont l'ingrédient principal était la «mouche espagnole» de sinistre réputation.

Au lieu de produire l'effet aphrodisiaque escompté, ils rendirent les dames très malades. Sade et son valet fuirent

Provence extra

Le marquis de Sade naquit à Paris, mais il passa le plus clair de sa vie mouvementée en Provence.

à nouveau à Lacoste, mais l'affaire n'en resta pas là: le parlement de Provence condamna le marquis à mort par contumace. Prévoyant, ce dernier se mit à l'abri en Italie, en la compagnie piquante de la sœur de sa femme, une chanoinesse. A son retour, la peine fut commuée: Sade paya une somme d'argent et promit de mettre de l'ordre dans sa vie, tâche à laquelle il faillit complètement. Il vécut dans le village de Lacoste jusqu'en 1778.
Puis s'ensuivit une longue série de séjours en prison, dont cinq années dans la célèbre Bastille.
Comme le marquis de Sade n'était pas un prisonnier ordinaire, il ne fut jamais dans le besoin mais subit une peine tout à fait humaine: son vin était mis au frais dans la cave du gouverneur de la prison et son menu carcéral typique se composait de plusieurs mets de choix. Pendant ces années, Sade écrivit, en plus de ses célèbres œuvres *Juliette, Justine* et *Les 120 Journées de Sodome*, des réflexions sur la politique et la morale de la France de son temps. Il mourut le 2 décembre 1814 à l'hospice de Charenton, un asile pour malades mentaux. «Malade de corps et d'esprit», comme on disait à l'époque...

Le Mas Tourteron
Elisabeth Bourgeois perpétue à sa manière la tradition des «mères provençales aux fourneaux»: terrine de pintade à la confiture de nectarines et à la cardamome, légumes farcis ou gigot de chevreau rôti à la mousseline de petits pois. Le jardin est ravissant.
Chemin St-Blaise
Tél. 04 90 72 00 16
Fax 04 90 72 09 81
Tous les jours sauf lu 12 h – 14 h et 19 h – 21 h 30
Classe de prix moyenne (AE, DC, EC, Visa)

Adresse utile

Office culturel et de tourisme
Pl. du Château
84220 Gordes
Tél. 04 90 72 02 75

Joucas

■ C 3, carte avant

Une aimable «annexe» de Gordes: ce petit bourg perché sur une colline n'a rien de bien sensationnel, mais c'est une base de départ idéale pour explorer le Luberon. Parmi les nombreux hôtels, nous recommandons tout particulièrement celui qui suit:

Hôtel

Le Mas des Herbes Blanches
Dans ce mas paradisiaque à la manière des bories avec jardin, l'accueil est chaleureux. Les deux chambres avec terrasse sur le toit sont tout à fait remarquables et il faut les réserver une bonne année à l'avance.
Route de Murs
84220 Joucas-Gordes
Tél. 04 90 05 79 79
Fax 04 90 05 71 96
19 chambres
Classe de prix élevée (AE, DC, EC, Visa)

Lacoste

■ C 3, carte avant

Le marquis de Sade (voir Un fils de Provence: le marquis de Sade, p. 100/101) vous salue... C'est ici en effet que vécut le «divin marquis», comme ses admirateurs appelaient respectueusement monsieur de Sade, de 1771 jusqu'à son arrestation en 1778, au château de son grand-père, dans un petit village du Luberon. Le château lui-même tomba en ruine après que Sade fut embastillé, mais cela fait maintenant 40 ans qu'il est partiellement rénové. Les amateurs de frissons chic peuvent chercher dans cette vieille bâtisse pourquoi le «divin» succombait toujours à ses fantasmes pervers dans ce petit village provençal...

Hôtel

Bonne Terre
Si vous voulez vivre à la campagne dans de petites chambres simples ouvrant sur le mont Ventoux, vous êtes à la bonne adresse.
Route de St-Véran
84480 Lacoste
Tél. 04 90 75 85 53
6 chambres
Classe de prix moyenne (EC, Visa)

Le charmant village de Lacoste dans le Petit Luberon vaut le détour, et pas seulement pour marcher sur les traces du marquis de Sade.

Lourmarin

■ D 3, carte avant

En dehors de la saison, c'est presque le prototype du village provençal: maisons brunes s'ordonnant autour d'une place de village, cordes à linge tendues au-dessus des rues et, à l'ombre d'un vieux moulin à huile, se dresse un château lugubre et puissant qui semble être habité par un cousin provençal du comte Dracula. Et pourtant, hélas trois fois hélas: les apparences sont trompeuses. Le moulin à huile est en réalité un hôtel design, le château un conservatoire et même l'incontournable boutique Souleiado avec ses tissus imprimés provençaux ne fait pas défaut.
Au cimetière du village est enterré l'écrivain et prix Nobel Albert Camus (1913-1960). Son ancienne maison, au n° 5 de la rue qui porte son nom, ne se visite pas.

Hôtels et logements

Domaine de la Lombarde
Chacune des quatre chambres de cette petite hostellerie avec piscine et jardin dispose d'une entrée séparée.
B.P. 32
84160 Lourmarin
Tél. 04 90 08 40 60
Fax 04 90 08 40 64
4 chambres
Classe de prix moyenne
(pas de cartes de crédit)

Le Moulin de Lourmarin
A l'extérieur un vieux moulin, à l'intérieur un décor design moderne et high-tech: la lumière de la salle de bains s'allume automatiquement.
Rue du Temple
84160 Lourmarin
Tél. 04 90 68 06 69
Fax 04 90 68 31 76
22 chambres
Classe de prix élevée (AE, DC, EC, Visa)

Villa Saint-Louis
Les chambres élégantes de ce relais de poste du XVIIe siècle sont décorées en meubles de style et modernes. Charmant et à prix tendres.
35, rue Henri-de-Savornin
84160 Lourmarin
Tél. 04 90 68 39 18
Fax 04 90 68 10 07
5 chambres
Classe de prix moyenne
(pas de cartes de crédit)

Curiosité

Château
Ce château massif se dresse en face de Lourmarin. La partie la plus ancienne, appelée château Vieux, date des années 1475-1525 et fut édifiée par la famille d'Agoult sur les ruines d'une forteresse du XIIe siècle. Il comprend aussi une partie Renaissance, le château Neuf, bâtie en 1540 par Blanche de Levis. L'industriel lyonnais Robert Laurent-Vibert restaura et meubla le château dans les années vingt, afin de le léguer à l'Académie des Sciences et des Arts d'Aix-en-Provence.
A noter l'escalier à vis et les cheminées monumentales.
Visites guidées oct-avril 11 h, 14 h 30, 15 h 30, 16 h 30, sinon 10 h 30, 11 h 30, 14 h 30, 15 h 30, 16 h 30 et 17 h 30; en hiver, fermé ma
Entrée 30 FF

Manger et boire

La Fenière
Le restaurant de Reine Sammuts est un mélange d'auberge provençale et de temple grec. Elle vous régale de plats comme du risotto safrané au jus de crustacés et langoustines. Il est vrai que la cuisine a parfois tendance à loucher un peu trop vers la haute cuisine.
9, rue du Grand-Pré
Tél. 04 90 68 11 79
Tous les jours sauf di soir et lu
12 h – 14 h et 19 h – 22 h; juil.-août fermé lu et ma midi
Classe de prix élevée (AE, DC, EC, Visa)

Adresse utile

Office de tourisme
17, av. Philippe-de-Girard
84160 Lourmarin
Tél. 04 90 68 10 77

Ménerbes-en-Vaucluse

C 3, carte avant

Il n'y a pas un lecteur de Peter Mayle qui ne passe un jour par Ménerbes. Ce village aux ruelles étroites est effectivement l'un des plus beaux de Provence. Certes, la majorité des villageois en voudraient plutôt à M. Mayle: c'est par cars entiers que se déversent les touristes dans leurs bistrots favoris.
Un château et une citadelle défendent le lieu. Dans la rue Sylvestre et la rue du Portail-Neuf, le regard embrasse le Ménerbes historique avec son campanile (XVIIe siècle), son vieil hôtel de ville et son église du XIVe siècle.

Tout en haut du Petit Luberon est perché le village de Ménerbes, longtemps inexpugnable. Aujourd'hui pourtant, il subit les assauts des touristes du monde entier.

Hôtel

Hôtellerie le Roi Soleil
Hôtel tranquille avec piscine situé dans une demeure du XVIIIe siècle.
8, route des Beaumettes
84560 Ménerbes
Tél. 04 90 72 25 61
Fax 04 90 72 36 55
14 chambres
Classe de prix moyenne (AE, DC, EC, Visa)

Musée

Musée du Tire-Bouchon
Plus de 1 000 tire-bouchons du XVIIe siècle à nos jours.
Domaine de la Citadelle
Tous les jours 10 h – 12 h et
14 h – 19 h
Entrée 20 FF

Achats

Sacha Antiquités Décoration
Tissus de Souleiado, antiquités du XVIIIe siècle, poteries: ici et dans «La Provence de Sacha» d'à côté, on est certain de trouver un joli souvenir de voyage.
Pl. Albert-Roure
Fermé nov.-mars

Oppède

C 3, carte avant

Enfin un village qui a profité du tourisme et de la «découverte du Luberon» qui lui est liée: il y a 40 ans, Oppède était pratiquement abandonné, puis des «immigrés» ont commencé à restaurer peu à peu les maisons du village couronné par les ruines d'un château du XIIIe siècle.

Achats

Moulin Mathieu
Acheter tout en se divertissant dans un moulin à huile vieux de 200 ans: après la projection d'un film sur le thème de l'huile d'olive, on peut visiter la vieille bâtisse et acquérir des produits provençaux dans la boutique.
Route du Moulin à l'Huile
Tél. 04 90 76 90 66

Pertuis

D 4, carte avant

Ce petit village situé entre Apt et Aix-en-Provence était un lieu d'échanges important au XVIe siècle: divers ordres religieux se sont installés ici; les maisons des riches marchands donnèrent à ce site un charme qui ne s'est jamais démenti.

Achats

Château Val Joanis
Ce domaine viticole, qui ne manque pas de pittoresque, est l'un des plus grands de la région. Même si quantité n'est pas toujours synonyme de qualité: le Château Val Joanis Les Griottes de Jean-Louis Chancel se laisse boire.
Tél. 04 90 79 20 77

Adresses utiles

Office de tourisme
Pl. Mirabeau, 84 120 Pertuis
Tél. 04 90 79 15 56

Gare SNCF
Tél. 04 90 09 02 46

Puget-sur-Durance

■ D 3, carte avant

Une chapelle romane, une fontaine et les restes d'un château du XIIIe siècle: voilà les ingrédients typiquement provençaux d'un village du Luberon comme Puget.

Achats

Château de la Verrière
En tant que directeur général du groupe français André (magasins de chaussures), Jean-Louis Discours n'a pas lésiné pour son domaine: il a investi environ 37 millions de FF (220 millions de FB) dans ses chais modernes qui produisent aujourd'hui un **Grand Deffand Rouge**, qui mérite une dégustation.
Tél. 04 90 08 32 98

Une promenade dans les rues d'Oppède ne révèle pas de grandes curiosités, mais une foule de beaux détails.

Robion

■ C 3, carte avant

Ce petit village mérite le détour rien que pour ses succulentes confitures.

Achats

La Roumanière
Tous les jardins de Provence capturés dans un bocal de confiture.
Sur la place de l'Eglise

Roussillon

■ D 3, carte avant

S'il était question d'attribuer le titre de «plus beau village de Provence», Roussillon aurait de bonnes chances d'emporter la palme en dehors de Gordes. L'ensemble des maisons est toujours de couleur ocre – les carrières d'ocre étaient toutes proches. Un sentier dénommé **sentier des Ocres** part du cimetière (à droite à l'entrée du village) et dévoile les secrets de l'extraction et de la géologie de l'ocre.

Hôtel

Mas de Garrigon
Ce charmant hôtel tout récemment rénové est situé dans un joli coin du Vaucluse. Il y a une piscine.
Route de St-Saturnin-d'Apt, D 2
84220 Roussillon
Tél. 04 90 05 63 22
Fax 04 90 05 70 01
9 chambres
Classe de luxe (AE, DC, EC, Visa)

Adresse utile

Office de tourisme
Pl. de la Poste
84220 Roussillon
Tél. 04 90 05 60 25

Saignon

■ D 3, carte avant

Ce pittoresque site perché dominant la vallée du Calavon n'est qu'à un jet de pierre d'Apt. Les ruines d'un château et la belle église romane du XIIe siècle ajoutent au charme du village.

Sault

■ D 2, carte avant

Ce petit village de la frange nord-est du plateau de Vaucluse est l'occasion de goûter une spécialité alimentaire: le nougat de Sault n'est certes pas aussi connu que son «cousin» de Montélimar, mais il vaut tout de même le détour. On le trouve le mercredi au marché ou chez André Boyer (voir Achats).

Achats

André Boyer
Vous pourrez goûter le délicieux nougat de Sault chez monsieur Boyer.
Rue Porte-des-Aires

La Tour-d'Aigues

■ D 4, carte avant

Ce bourg de 3 328 habitants fut fondé aux Xe et XIe siècles.
Un château en ruine orne ce village situé sur les bords du Lèze. Le château du XVIe siècle fut ravagé par les flammes sous la Révolution française et est en voie de restauration prudente.
En été, vous pourrez assister au festival du Sud Luberon.

Musée

Musée de l'Histoire du Pays d'Aigues et musée des Faïences
On peut y voir la vie de la région à l'aide d'un montage audiovisuel et une collection de faïences.
Le Château
Juil.-août tous les jours 10 h – 12 h et 15 h 30 – 19 h 30; avril-juin et sept. 9 h 30 – 11 h 30 et 15 h – 18 h, fermé ma après-midi, sa et di matin
Entrée 25 FF

A voir les falaises ocre de Roussillon éclairées par le soleil, on pourrait se croire soudain transporté dans l'Arizona.

Les 10 villages les plus pittoresques

Bonnieux ■ D 3, carte avant
... parce que les rues de la vieille ville attestent encore de nos jours de la richesse passée de ce lieu (→ p. 93).

Cotignac ■ F 4, carte avant
... parce que ce village perché possède encore des maisons pittoresques datant du XVIe au XVIIIe siècle (→ p. 74).

Gordes ■ C 3, carte avant
... parce que ce village de montagne était autrefois une communauté d'artistes et qu'avec ses **bories** de pierres, il est intéressant et beau à la fois (→ p. 96).

Lourmarin ■ D 3, carte avant
... parce que ce village campagnard à l'ombre d'un château dégage encore un authentique charme provençal en dehors de la haute saison (→ p. 104).

Ménerbes ■ C 3, carte avant
... parce qu'il n'y a pas que les lecteurs de Peter Mayle qui aiment l'atmosphère chargée d'histoire de ce petit site du Luberon (→ p. 105).

Moustiers-Sainte-Marie ■ F 3, carte avant
... parce que ce village évoque une crèche provençale dans son berceau rocheux (→ p. 83).

Pernes-les-Fontaines ■ C 2, carte avant
... parce que ce site est agrémenté de non moins de 37 fontaines (→ p. 185).

Roussillon ■ D 3, carte avant
... parce que les maisons habillées d'ocre sont si typiques de la Provence (→ p. 107).

Tourtour ■ F 4, carte avant
... parce que le «village dans le ciel» révèle une vue superbe sur la région (→ p. 85).

Venasque ■ C 2, carte avant
... parce que malgré les touristes, ce hameau perché garde un caractère rural et ensommeillé (→ p. 185).

Tous ces villages ne sont pas facilement accessibles par les transports publics.

Merveilleuse petite ville, comme Alphonse Daudet appelait Arles en 1869 dans son livre «Les lettres de mon moulin». En compagnie de Frédéric Mistral et de Théodore Aubanel, le jeune poète arpentait les ruelles étroites de la «Rome gauloise» sise à l'embouchure du Rhône.

■ B 4, carte avant

La petite communauté de poètes (voir Mistral et Daudet – écrivains d'un paysage très particulier, p. 114/115) s'exprimait en provençal et était attirée par la magie de la nécropole des Alyscamps et les vestiges romains. Peut-être ont-ils discuté à l'époque dans l'un des cafés de la place du Forum de la manière dont l'histoire de la ville a débuté: comment Jules César a dépêché ses navires mouillés dans le port de l'Arelate romaine afin d'assiéger Marseille et, une fois la campagne gagnée, a ordonné d'y fonder une colonie pour les vétérans de sa sixième légion. Et comment Arles devint une ville de pèlerinage après la christianisation...
Mais Arles n'a pas inspiré que Mistral et Daudet. Au cours du siècle dernier, les dames d'Arles dans leur costume traditionnel avec leur coiffe et leur fichu de dentelle ont fait fantasmer les messieurs de la France entière. Dans son journal intime, Edmond de Goncourt les appelait les «nonnettes de l'amour» et Georges Bizet leur consacra carrément tout un opéra, l'«Arlésienne».

Van Gogh à Arles

Si Vincent Van Gogh s'était plus intéressé aux Arlésiennes et moins à son art, il se serait peut-être évité une fin aussi solitaire. Le peintre vint à Arles en février 1888 pour «voir une autre lumière», vécut d'abord dans un petit hôtel de la rue de la Cavalerie avant de s'installer dans la **maison jaune** sur la place Lamartine (les deux maisons n'existent plus aujourd'hui). Van Gogh, qui rêvait d'une colonie d'artistes à Arles, y fit venir son ami Gauguin. Ce dernier, par contre, ne partagea pas son enthousiasme pour la «Rome gauloise»; il s'ensuivit des discordes entre les deux peintres (voir Aller dans le Midi... c'est mon rêve le plus cher: peintres en Provence, p. 62/63). Aujourd'hui encore, ceux qui visitent Arles se rangent soit à l'avis de Van Gogh, soit à celui de Gauguin. Pour les uns, c'est une ville pittoresque du Midi, pleine de joie de vivre, petite et intime. Si, à l'inverse, vous raffolez des grands boulevards d'Aix et d'Avignon, vous souffrirez face aux maisons sombres et aux ruelles étroites. A vous de voir...

De magnifiques chapiteaux romans ornent le cloître de l'église Saint-Trophine à Arles.

Mistral et Daudet – écrivains d'un paysage très particulier

Vous aimez la Provence, bien sûr. Mais quelle Provence? Il y en a plusieurs...
En effet, les géographes distinguent au moins trois Provence: les plaines qui entourent le Rhône et son delta, les plateaux, collines et massifs de l'arrière-pays et la Provence maritime des régions côtières. Et même en littérature, la Provence n'est pas singulière: «Celle de Mistral est bucolique, celle de Giono est magique, celle de Pagnol est malicieuse et amicale...» (Jacques Bens).
Frédéric Mistral surtout, qui est né et décédé dans le petit village de Maillane, croyait déjà quand il était jeune homme devoir défendre la culture et la langue provençales. Avec six autres poètes, dont Roumanille et Aubanel, il fonda le mouvement du **félibrige** en mai 1854. Dès cet instant, ils publièrent année après année un almanach du nom de «l'armana provençau», qui devint la lecture vespérale préférée des Provençaux et qui, d'après Mistral, avait 50 000 lecteurs et lectrices. Mais le chef-d'œuvre du félibrige est le poème épique de Mistral **Mireille** (Mirèio) qui, depuis cette époque, est un prénom cher à la région...
«Canto uno chato de Prouvènço
Dins lis amour de sa jouvènço,
A travès de la Crau, vers la mar, dins li bla,
Umble escoulan dóu grand oumèro,
Iéu la vole segui...»
Voilà le texte original où Mistral chante «une jeune fille provençale» et son amour de jeunesse, et se nomme lui-même «modeste élève du

Provence extra

grand Homère».
L'histoire de la belle et du vannier Vincent fit le tour du monde.

Alphonse Daudet, dont l'œuvre «Les lettres de mon moulin» relate le quotidien provençal au XIXe siècle, est né à Nîmes.

Des dizaines d'années plus tard, elle valut le prix Nobel de littérature à Mistral. Charles Gounod créa un opéra sur ce thème; petit à petit, la langue provençale revint à la mémoire des Français.
Mistral est en outre l'auteur d'un important ouvrage de référence appelé **Lou Tresor dóu félibrige**, qui reste encore de nos jours un trésor irremplaçable pour les amoureux de la langue d'oc.
Même les poètes et penseurs «purement français» trouvaient leur inspiration dans la tradition populaire provençale. **Les lettres de mon moulin** d'Alphonse Daudet, par exemple, ne furent pas écrites dans le moulin de Daudet mais bien à Paris et dans un château près de Fontvieille. Elles rendirent immortel le personnage du vieux meunier «Maître Cornille».
Toute une fête populaire est dédiée aujourd'hui encore au personnage romanesque de Tartarin de Tarascon, le plus grand «vantard» de la région. Après la publication du roman, les citoyens de Tarascon avaient protesté, parce qu'ils se sentaient ridiculisés par Daudet; aujourd'hui, ils sont tout disposés à montrer à qui veut «la troisième maison sur la gauche de la route qui mène à Avignon», à savoir la **maison de Tartarin**.

Hôtels et logements

D'Arlatan ■ b 2, p. 116
L'un des plus beaux endroits pour jouir d'Arles: entre des murs du XVIIe siècle. Les chambres ouvrent sur le Rhône ou sur la cour intérieure.
26, rue du Sauvage, 13200
Tél. 04 90 96 56 66, fax 04 90 49 68 45
40 chambres
Classe de prix élevée (AE, DC, EC, Visa)

Calendal ■ c 2, p. 116
Cet établissement simple sis entre les arènes et le théâtre antique n'est pas un temple de confort, mais il est à prix d'ami et possède un jardin.
22, pl. Pomme, 13200
Tél. 04 90 96 11 89
Fax 04 90 96 05 84
27 chambres
Classe de prix inférieure (AE, EC, Visa)

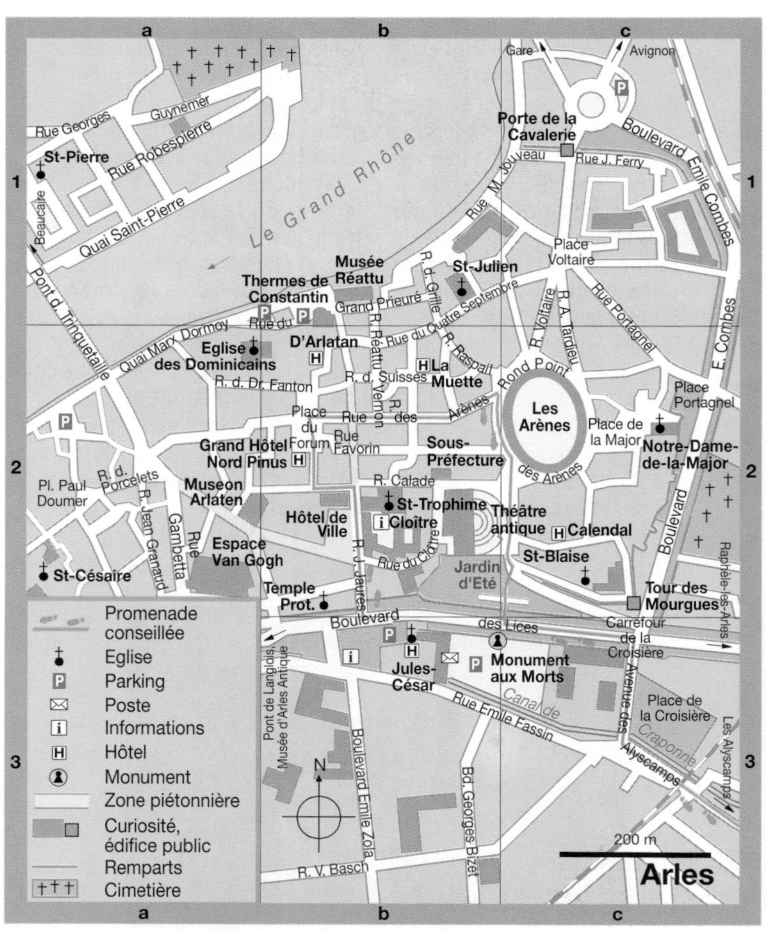

Les combinaisons de lettres et de chiffres dans le texte renvoient à cette carte.

Grand Hôtel Nord Pinus

■ b 2, p. 116

Depuis 1865, ce Grand Hôtel est une adresse convoitée par les artistes et autres VIP de passage.
14, pl. du Forum
Tél. 04 90 93 44 44
Fax 04 90 93 34 00
23 chambres
Classe de prix moyenne (AE, DC, EC, Visa)

Jules-César ■ b 3, p. 116

Cet ancien couvent est très cher pour ce qu'il propose. Nombreuses petites chambres, un jardin idyllique et une piscine. Le service est parfois débordé. Si vous y logez, faites-vous absolument montrer l'ancienne chapelle.
79, bd des Lices, 13200
Tél. 04 90 93 43 20
Fax 04 90 93 33 47
16 chambres
Fermé 2 nov.-31 déc.
Classe de prix élevée (AE, DC, EC, Visa)

Mireille

Hôtel aux chambres modernes et avec piscine.
Quartier de Trinquetaille
2, pl. St-Pierre, 13200
Tél. 04 90 93 70 74
Fax 04 90 93 87 28
34 chambres
Classe de prix moyenne (AE, DC, EC, Visa)

La Muette ■ b 2, p. 116

Chambres sobres dans une maison typique de la vieille ville avec parking.
15, rue des Suisses, 13200
Tél. 04 90 96 15 39
19 chambres
Classe de prix inférieure (EC, Visa)

Auberge de jeunesse

75 FF y compris les draps et le petit déjeuner.
20, av. Maréchal-Foch
Tél. 04 90 96 18 25
Fax 04 90 96 31 26

Promenade

Le **boulevard des Lices**, où se tient le marché hebdomadaire, est le point de départ de notre promenade. C'est une suite de cafés et de magasins de souvenirs. Nous pénétrons dans la vieille ville par la rue Jean-Jaurès. Derrière la place de la République avec l'**église Saint-Trophime** (elle porte le nom du saint patron d'Arles), nous tournons à gauche et tout de suite à droite vers la **place du Forum** avec la statue de Mistral. Cette place entourée de nombreux cafés – Van Gogh a peint l'un d'entre eux – est considérée comme typique d'Arles. Nous quittons la place du côté nord par la rue des Arènes et nous aboutissons directement aux **Arènes** romaines: c'était là que s'affrontaient jadis les gladiateurs; actuellement leurs murs historiques voient se dérouler régulièrement des corridas et des **courses camarguaises** (voir Corridas et joutes taurines – courses camarguaises, p. 138/139).
Les vestiges du **Théâtre antique** sont attenants au sud; alors que les arènes sont remarquablement bien préservées, il n'en reste que quelques ruines et des colonnes tronquées. En empruntant le petit **Jardin d'Eté**, nous rejoignons le boulevard des Lices. Ceux qui se sentent ingambes peuvent poursuivre jusqu'aux **Alyscamps**.
Durée: environ 1 h (sans les Alyscamps)

Curiosités

Les Alyscamps

Les Romains furent les premiers à édifier leurs tombes là où la via Aurelia mène à Arles. Plus tard, les premiers chrétiens «adoptèrent» cette nécropole: dès le VIIIe siècle on dénombre 19 églises et chapelles à cet endroit. Les reliques mortuaires de saint Trophime – le premier missionnaire chrétien de la ville – furent également inhumées aux Alyscamps et contribuèrent à l'extraordinaire popularité du lieu au Moyen Age: un foule de fidèles demanda à reposer en Arles. Une petite minorité était originaire d'Arles, mais les héritiers en deuil se contentaient d'expédier les cadavres de leurs parents morts au fil du Rhône dans des barriques ou des cercueils. Les morts étaient munis d'une pièce d'or destinée à payer le **droit de mortellage**, ou d'ensevelissement à Arles. Les citoyens qui se risquaient à voler l'obole destinée aux fossoyeurs étaient sévèrement punis. Les Alyscamps furent bientôt archipleins: en de nombreux endroits, cinq cercueils (qui à l'époque n'étaient pas encore enterrés) s'empilaient les uns sur les autres. Au XIIe siècle, le transfert des reliques de saint Trophime mit un terme au succès macabre de la nécropole.
Son aspect actuel, avec des sarcophages couverts de mousse, l'ombre des grands cyprès et l'**église Saint-Honorat** du XIIe siècle, n'est qu'un pâle reflet de cette nécropole d'antan au sud-est du centre-ville. La mélancolie des Alyscamps a malgré tout inspiré Van Gogh et son ami Gauguin. A propos: le nom Alyscamps vient de Elysii Campi, «Champs Elysées».

La place de la République, avec le somptueux portail ouest de l'église Saint-Trophime, est l'une des plus belles places d'Arles.

Les arènes ■ c 2, p. 116

Cet amphithéâtre est le symbole d'Arles, le pendant provençal du Colisée romain. Ce théâtre elliptique (136 mètres sur 107) construit au Ier siècle est un peu plus grand que celui de Nîmes; à l'époque romaine, 20 000 personnes au moins assistaient aux combats de gladiateurs. L'arène mesure à elle seule 69 mètres sur 39.
L'amphithéâtre résista aux siècles parce qu'il servit de lieu d'habitation. A l'intérieur de ses murs vivaient non moins de 200 familles, et même deux chapelles y avaient trouvé «refuge». Au XIXe siècle, ces «squatters» durent céder; à l'heure actuelle, les arènes renouent avec la tradition des **corridas** et des **courses camarguaises** (sans mise à mort) (voir Corridas et joutes taurines – courses camarguaises, p. 138/139).

Espace Van Gogh ■ a 2, p. 116

Vincent Van Gogh se fit soigner en 1888 dans cet ancien **Hôtel-Dieu** et peignit la cour intérieure avec ses arcades. Dans une lettre à sa sœur, il décrivait les espèces florales dans tous les détails botaniques.
Aujourd'hui, le bâtiment abrite notamment des archives et des salles d'exposition.
Rue du Président-Wilson
Tous les jours sauf di et jours fériés 9 h – 19 h
Entrée libre

Place du Forum ■ b 2, p. 116

L'un des cœurs du Vieil Arles, même si le vrai forum des Romains se trouve non là, mais quelques mètres plus au sud.
Sur cette place, on croit pouvoir détecter encore, les jours calmes, le souvenir de Van Gogh.
Sur la place du Forum se trouve le café que peignit déjà Van Gogh (voir Aller dans le Midi... c'est mon rêve le plus cher: peintres en Provence, p. 62/63), et une statue de Mistral par Rivière (1909).

Pont de Langlois

En 1888, Van Gogh a pris ce pont comme modèle pour son tableau «Le Pont de Langlois avec des lavandières». On ne jouit - malheureusement plus de la même perspective que le grand peintre: depuis, le pont a été déplacé de 800 mètres en raison de travaux au canal.
Accès: quitter Arles par le bd des Lices et le bd Georges Clemenceau, continuer par l'av. du Plan du Bourg et la D35, suivre les panneaux

Saint-Trophime ■ b 2, p. 116

Le saint patron de cette belle église romane est littéralement omniprésent dans l'histoire de la ville d'Arles: saint Trophime serait peut-être le premier évêque de la ville (historiquement contesté) de même que le cousin et le disciple de l'apôtre Paul, et il aurait accueilli Lazare et les trois Maries en Camargue.
L'église date des XIe et XIIe siècles et fut remaniée au XVe siècle. Elle est réputée pour le décor sculpté de son portail ouest représentant des scènes du Jugement dernier sur le tympan.
Le **cloître,** avec ses statues de pierre, est admirable. La galerie nord est la plus ancienne; elle remonte au XIIe siècle.
Juin-sept. tous les jours 8 h 30 – 19 h, sinon heures d'ouverture variables en fonction de la saison
Entrée 20 FF

Théâtre antique ■ b 2, p. 116
Si vous avez commencé par visiter les arènes bien conservées, vous serez légèrement déçu par l'apparence du théâtre: comparé à l'amphithéâtre qui le jouxte, c'est un champ de ruines jonché de colonnes entières et tronquées en piteux état. L'édifice construit au Ier siècle av. J.-C. mesurait 102 mètres de diamètre et pouvait contenir 12 000 spectateurs.
En 1683, à l'emplacement du théâtre, on découvrit la «Vénus d'Arles» (aujourd'hui au Louvre).
Actuellement, il sert de cadre tous les étés au **festival d'Arles**.

Thermes de Constantin
■ b 1, p. 116
Ces thermes, connus aussi sous le nom de **thermes de la Trouille**, datent de Constantin (IVe siècle). Seule une petite partie des ruines est visible, le reste des grands thermes de 98 mètres sur 45 (les plus grands de Provence) se trouve sous les rues d'Arles.

Musées et galeries

Fondation Vincent Van Gogh
■ c 2, p. 116
A l'ombre des arènes, dans le **palais de Luppé** du XVIIIe siècle, sont rassemblées les œuvres réalisées en hommage au peintre hollandais qui créa environ 400 toiles à Arles: musique, photos, sculptures.
Expositions thématiques occasionnelles.
26, rond-point des Arènes
Tous les jours 10 h – 12 h 30 et 14 h – 19 h
Entrée 30 FF

Galerie Aréna ■ b 2, p. 116
L'Ecole nationale supérieure de la photographie sponsorise cette galerie installée dans un hôtel particulier du XVIe siècle.
Nombreuses expositions dont des œuvres de jeunes talents français.
16, rue des Arènes
Lu-ve 9 h – 12 h et 14 h – 18 h, sa 14 h – 18 h, di 10 h – 12 h et 15 h – 18 h; juin et sept. fermé sa et di

Musée de l'Arles antique
Ce musée ouvert en 1995 réunit la collection du **musée lapidaire d'Art chrétien** et celle du **musée lapidaire d'Art païen**. Le premier a apporté une collection unique de sarcophages des années 330 à 395. Après la collection du musée du Latran à Rome, elle passe pour être la plus complète en son genre.
L'«art païen» est celui de l'époque romaine païenne. Parmi les objets autrefois exposés dans l'église Sainte-Anne (1621-1629) se trouvent entre autres des sarcophages (à signaler: le **sarcophage dit d'Hippolyte et de Phèdre**), des sculptures (dont une statue d'Auguste prove-

L'écrivain Frédéric Mistral a financé lui-même le museon Arlaten, afin de préserver l'art et la vie quotidienne de Provence.

nant du théâtre), des mosaïques, ainsi qu'une copie de la Vénus d'Arles. L'original est, comme souvent, conservé au Louvre.
Avenue de la 1re Division française libre (direction Barriole)
Tous les jours sauf ma 10 h – 18 h
Entrée 35 FF

Musée Réattu ■ b 1, p. 116
Les maîtres des XVIIe et XVIIIe siècles sont au centre de la collection rassemblée dans l'ancien grand prieuré des Chevaliers de Malte. Les salles I à IV sont presque entièrement consacrées aux œuvres du peintre arlésien Jacques Réattu (1760-1833). Le musée possède en outre 57 dessins de Picasso ainsi que des œuvres d'autres artistes contemporains qui à un moment de leur vie ont travaillé en Provence ou sur la Côte d'Azur: Zadkine, Arman, César et Vasarely. A ceci s'ajoute une collection de photos d'art et quelques souvenirs de l'Ordre de Malte.
10, rue du Grand-Prieuré
Avril-sept. 9 h – 12 h 30 et 14 h – 19 h, le reste de l'année 10 h – 12 h et 14 h – 16 h 30
Entrée 15 FF

Museon Arlaten ■ a 2, p. 116
Ce n'est rien de moins que le prix Nobel de littérature Frédéric Mistral qui décida en 1896 de rendre hommage à la vie quotidienne ancestrale de Provence. L'écrivain investit plusieurs années de travail ainsi que l'argent de son prix Nobel dans cette collection. Aujourd'hui, le museon Arlaten, installé dans l'**hôtel de Laval-Castellane** (XVIe siècle), qu'il faut voir absolument, est en quelque sorte un panthéon de la tradition

régionale: costumes traditionnels du XVIIIe siècle à nos jours, meubles, tableaux et documents, masques, poteries et faïences et scènes de la vie quotidienne en Provence. Quelques salles traitent de thèmes comme «La Révolution française à Arles» ou «La vie intellectuelle à Arles à l'époque de l'Ancien Régime».
29, rue de la République
Juil. et août tous les jours 9 h – 12 h et 14 h – 19 h; nov.-mars jusqu'à 17 h; avril, mai, sept., oct. jusqu'à 18 h; oct.-juin fermé lu
Entrée 15 FF

Lors de son séjour en Arles, Van Gogh était déjà fasciné par l'atmosphère nocturne de la place du Forum avec ses cafés, et l'a fixée sur la toile.

Manger et boire

Bodega La Cueva a 2, p. 116
Dans ce bar à tapas bon marché, on sert aussi quelques plats du jour à côté de succulentes petites choses.
13, rue Tour-du-Fabre
Tél. 04 90 93 91 11
Tous les jours sauf di et lu midi
12 h – 14 h et 19 h – 23 h
Classe de prix inférieure (EC, Visa)

Brasserie du Nord Pinus b 2, p. 116
Millefeuille d'aubergines, brandade de morue, agneau à la sarriette; c'est Jean-André Charial, le propriétaire de l'illustre **Oustaù de Baumanière** des Baux, qui est aux commandes.
Grand Hôtel Nord Pinus
Pl. du Forum
Tél. 04 90 93 02 32
Tous les jours 12 h – 14 h et 19 h – 22 h, avant la saison fermé di midi et me
Classe de prix inférieure (AE, EC, Visa)

Le Café de la Nuit ■ b 2, p. 116
Ce café est une reconstruction à l'identique d'après le tableau du même nom de Van Gogh et (pas seulement pour les initiés) un bel endroit pour se rafraîchir sur la terrasse.
11, pl. du Forum
Tél. 04 90 49 83 30
Tous les jours 10 h – 23 h
Classe de prix inférieure (EC, Visa)

L'Olivier ■ b 2, p. 116
Dans ce charmant établissement avec terrasse près du musée Réattu, la cuisine est un heureux compromis entre cuisine classique et cuisine créative, le tout agrémenté d'une touche provençale.
1, rue Réattu
Tél. 04 90 49 64 88
Tous les jours sauf di et lu midi
12 h – 13 h 30 et 19 h – 21 h 15
Classe de prix moyenne (EC, Visa)

La Paillotte ■ b 2, p. 116
Poisson grillé ou steak de taureau à la moelle, ici on mise tout sur des plats provençaux simples et savoureux à petits prix.
28, rue du Docteur-Fanton
Tél. 04 90 96 33 15
Tous les jours sauf je 12 h – 14 h et 19 h – 22 h
Classe de prix inférieure (AE, DC, EC, Visa)

Le Vaccarès ■ b 2, p. 116
Sur la terrasse, on peut jouir à la fois d'une cuisine provençale classique et de la vue sur la jolie place du Forum. L'établissement se trouve au-dessus du **Café de la Nuit** qu'a immortalisé Vincent Van Gogh en 1888.
Pl. du Forum, entrée par la rue Favorin
Tél. 04 90 96 06 17
Tous les jours sauf di soir et lu 12 h – 14 h et 19 h – 21 h 30; en été jusqu'à 22 h
Classe de prix inférieure à moyenne (AE, DC, EC, Visa)

Achats

Antiquités

Dervieux ■ b 2, p. 116
Le plus vieil antiquaire d'Arles vend des meubles régionaux du XVIIe au XIXe siècle.
5, rue Vernon

Raymond Maurin ■ b 1, p. 116
On y trouve du mobilier du XVIIe siècle aux années trente.
4, rue Grille

Livres

Actes-Sud ■ b 2, p. 116
Pour rats de bibliothèque: en plus d'un vaste choix de littérature, Actes-Sud organise aussi des lectures de poésie et de petites expositions. Cinéma et salle de concert sont attenants.
Passage du Méjan
47, rue du Docteur-Fanton
Tél. 04 90 49 86 91

Librairies du Palais ■ b 2, p. 116
La librairie possède de nombreux ouvrages sur la région, de Mistral et Daudet à Pagnol.
10, rue du Plan-de-la-Cour

Alimentation

Le Cravenco ■ B 4, carte avant
Quantité de grands cuisiniers se fournissent ici en huile d'olive.
Route d'Eyguières, dans la banlieue de Raphèle-les-Arles

Guy Leblanc ■ b 1, p. 116
Ceci n'est pas une adresse pour gens soucieux de leur ligne: chocolats fins, pâtisseries et tartes sucrées.
37, rue du Quatre-Septembre

Pierre Milhau ■ b 2, p. 116
On y trouve encore des saucissons d'Arles à base de viande de bœuf et de porc et d'herbes de Provence, de fabrication artisanale. Et parce qu'Arles est depuis toujours une ville vouée à la tauromachie, on y mijote parfois une daube de taureau marinée pour les clients.
11, rue Réattu
Tous les jours sauf lu 7 h – 13 h et 15 h 30 – 20 h

Poissonnerie d'Arles ■ a 2, p. 116
Pour une pincée d'air marin en plein centre d'Arles: poisson frais de la Méditerranée, des rougets aux soles.
12, rue des Porcelets

Marché

Boulevard des Lices ■ b 3/c 3, p. 116
Le plus beau marché de la ville: le samedi matin, on peut y remplir son cabas de pain de campagne tout frais, de saucissons de Milhau, de poissons frais ou de savoureux fromages de chèvre. A l'époque des corridas, on vend régulièrement de la viande de taureau.

Mode

L'Arlésienne ■ b 2, p. 116
Vêtements de style typiquement provençal (à savoir, fortement inspirés de la corrida), faits à la main et sur mesures. Pour environ 7 000 FF (40 000 FB), on reçoit deux mois plus tard un souvenir de voyage qui, il est vrai, vous accompagnera toute la vie.
8, rue de l'Hôtel-de-Ville

Bijoux

Bijouterie Pinus ■ b 2, p. 116
Depuis cinq générations, on propose des bijoux à la provençale.
6, rue Jean-Jaurès

Tissus

Carcassonne Etoffes ■ b 3, p. 116
Les tissus imprimés de l'atelier de Jacqueline Carcassonne sont d'inspiration provençale.
10, bd des Lices

Souleiado ■ b 3, p. 116
Bien entendu, Arles possède aussi sa filiale Souleiado où l'on trouve tout ce qui est en tissu. Les décors typiques chatoyants ne sont malheureusement pas bon marché.
4, bd des Lices
Tous les jours sauf di 8 h 15 – 12 h et 14 h – 19 h

Poteries

Poteries Méditerranéennes
■ a 2, p. 116
Poteries faites à la main provenant de diverses régions de France et d'Espagne.
Vous y trouverez aussi le **tian**, ce plat à gratin traditionnel de Provence qui a donné son nom à tous les gratins de la région.

Le soir

Arles n'est pas exactement réputée pour sa vie nocturne tapageuse: on se retrouve simplement aux terrasses des cafés de la place du Forum, même en dehors de la feria. En fin de semaine, les jeunes fréquentent la grande discothèque **Le Krystal**.

Le Krystal ■ B 4, carte avant
Moules, Raphèle-les-Arles
Ma, ve et sa à partir de 22 h

Adresses utiles

Office de tourisme ■ b 3, p. 116
35, place de la République
13200 Arles
Tél. 04 90 18 41 20
On peut obtenir une carte d'entrée valable pour toutes les curiosités et de nombreux musées au tarif spécial de 55 FF.

Gare SNCF
Avenue Paulin-Talabot
Tél. 04 90 93 03 97

Gendarmerie
Tél. 04 90 96 02 04

Un plus pour la table de la salle à manger: des assiettes et des plats provençaux faits à la main.

Excursions

Abbaye de Montmajour

■ B 4, carte avant

Vue de loin, cette abbaye ressemble un peu à une petite forteresse. Des moines bénédictins se sont installés ici au Xe siècle sur une butte entourée de marécages.
De vieilles légendes provençales rapportent cependant que Montmajour était déjà un lieu sacré du temps des Celtes. Les braves moines asséchèrent les marais environnants; grâce à de nombreux dons, Montmajour se transforma en un couvent riche et florissant, si florissant même qu'au XVIIe siècle, l'archevêque d'Arles envoie des moines de la congrégation de Saint-Maur pour restaurer la discipline parmi les frères de l'ordre devenus décadents. Les anciens moines sont expulsés – pour revenir peu après saccager leur propre couvent.
Finalement, la dissolution complète de l'abbaye fut prononcée en 1786 à la suite de l'«affaire du Collier»: à l'époque, le cardinal de Rohan, abbé de Montmajour, avait fait présent à la reine Marie-Antoinette d'un collier un peu trop onéreux. Il fut incapable de payer son cadeau et le scandale fit grand bruit.
Le cloître et l'église Notre-Dame datent du XIIe siècle. La tour de l'Abbé de 1369 a des allures de **donjon** médiéval. Si vous arrivez au bout de ses 124 marches, vous aurez droit à un beau panorama sur la région.
Route de Fontvieille, à 3 km d'Arles
Avril-sept. tous les jours 9 h – 19 h; sinon 9 h – 12 h et 14 h – 17 h
Entrée 27 FF

Les Alpilles ■ B 4, carte avant

Les montagnes à plateaux des environs des Baux: formations rocheuses spectaculaires, entourées de vignes, d'oliviers et d'amandiers. L'ensemble du massif des Alpilles mesure environ 25 kilomètres de long et six à huit kilomètres de large. Les différents **belvédères** disséminés dans les ruines des Baux offrent le plus beau panorama sur cette région.

Aqueduc de Barbegal

■ B 4, carte avant

Les vestiges d'un aqueduc et d'un moulin à eau remontent au IIIe siècle.
Plateau du Castellet, sur la D 33

Aureille ■ C 4, carte avant

Ce hameau avec château en ruine est sis en bordure de la Via Aurelia romaine, dans les contreforts des Alpilles, cette chaîne de montagnes blanches et arides à l'est d'Arles.

Achats

Moulin à l'huile Pérignon et Albert
Vous n'avez jamais assisté à l'extraction de l'huile d'olive par pression? C'est l'occasion ou jamais. Tous les samedis.

En haute saison, difficile de s'isoler, aux Baux-de-Provence, devant la chapelle des Pénitents Blancs sur le parvis de l'église Saint-Vincent.

Les Baux-de-Provence

B 4, carte avant

Au Moyen Age, le fief des seigneurs des Baux comptait plus de 3 000 âmes et attirait tous les troubadours grâce à sa «cour d'amour». La ville, un bastion huguenot, tomba en ruine après que Louis XIII eut fait raser le château fort en 1632 et établir la population au pied de la montagne. Aujourd'hui, le site fortifié romantique d'antan situé dans les Alpilles est devenu une sorte de foire touristique: les visiteurs de Provence avides de culture font déjà patiemment la queue quelques kilomètres avant la montée vers l'éperon rocheux haut de 245 mètres au sommet duquel trône le village. Il est plus difficile qu'à Paris de trouver une place de stationnement. Les foules de visiteurs défilent devant les nombreuses boutiques de souvenirs dans la rue du village historique, en contrebas des remparts. Différents musées «agrémentent» le site, et même l'intérieur de la **chapelle des Pénitents Blancs** du XIIe siècle a été défiguré par des fresques exécutées à la va-vite par Yves Brayer lors de la dernière rénovation en date. Pourtant, dès qu'on a franchi le portillon d'accès aux ruines de la citadelle, il fait plus calme; il est vrai que la visite coûte quelques francs.
Mais la magie de ce vieux village fortifié agit encore en certains recoins: juste avant la fermeture, faufilez-vous dans le petit cimetière à droite derrière l'entrée des ruines. Suivant une ancienne coutume, des photos et des images des disparus ornent quelques-unes des tombes – maintes d'entre elles datent encore des années vingt.
Ou bien allez visiter à la tombée de la nuit le lieu dit **vallon de la Fontaine** en contrebas de l'éperon fortifié: le **pavillon de la Reine Jeanne** (1581) n'a pas laissé Frédéric Mistral indifférent.

Hôtels/Manger et boire

Auberge Benvengudo
On aperçoit très bien les Baux de cette jolie bastide qui disparaît sous le lierre. Les chambres sont meublées en styles Louis III et Louis XIV.
D 78, route d'Arles
Tél. 04 90 54 32 54
Fax 04 90 54 42 58
20 chambres
Classe de prix élevée (AE, DC, EC, Visa)

Mas d'Aigret
Etonnant mais vrai: il existe aux Baux un hôtel charmant avec une bonne table, des chambres ravissantes et des prix relativement doux, une piscine, un personnel avenant.
D 27a
Tél. 04 90 54 33 54
Fax 04 90 54 41 37
17 chambres
Classe de prix moyenne (AE, DC, EC, Visa)

Oustaù de Baumanière
Demeure légendaire directement au pied du château des Baux: le chef Raymond Thuilier, anciennement dans les assurances, a décroché trois étoiles sur ses vieux jours et a régalé tout le gratin des années soixante. Aujourd'hui, son petit-fils, Jean-André Charial, s'applique à adapter graduellement la maison aux exigences de notre époque moderne. Les plus belles chambres se trouvent dans l'annexe, le Manoir. L'hôtel comprend un restaurant réputé, une

piscine et une boutique de produits gastronomiques.
13520 Les Baux-de-Provence
Tél. 04 90 54 33 07
Fax 04 90 54 40 46
20 chambres
Classe de luxe (AE, DC, EC, Visa)

La Riboto de Taven
Jouer à l'homme des cavernes: ici, les chambres sont taillées dans le roc – mais le confort est bien présent. Vue sur les Baux depuis le joli jardin.
13520 Les Baux-de-Provence
Val d'Enfer
Tél. 04 90 54 34 23
Fax 04 90 54 38 88
3 chambres
Classe de prix élevée (AE, DC, EC, Visa)

Curiosités

Cathédrale d'images
Les carrières de pierre du Val d'Enfer et leurs salles aux dimensions imposantes, hautes de dix à douze mètres, furent en 1949 le lieu de tournage d'**Orphée** de Jean Cocteau. Les parois rocheuses de cette cathédrale d'images servent d'écran (4 000 mètres carrés) à la projection pompeuse de diapositives avec décor sonore musical.
Route de Maillane
Fin févr.-sept. 10 h – 19 h, oct.-mi-nov. 10 h – 18 h
Entrée 40 FF

Saint-Vincent
Dans cette église du XIIe siècle, on célèbre tous les 24 décembre le **pastrage** ou la messe de minuit des bergers.

Ville Morte et château
La ville morte est la partie la plus paisible des Baux: le champ de ruines du site fortifié détruit en 1632 sur l'ordre de Louis XIII ne fait pas forte impression pour des yeux non avertis. De l'entrée dans la **maison de la Tour du Brau**, un sentier circulaire fléché passe d'abord devant la **chapelle Saint-Blaise** et son «musée de l'Olivier» et conduit au buste du poète provençal Charles Rieu. Un peu plus au sud, on arrive à un panorama fascinant: par temps clair, la vue porte jusqu'en Camargue. En direction du nord, on passe devant les vestiges de la **tour Sarrasine** avant d'aboutir aux ruines du château (citadelle) où le donjon et la **tour Paravelle** offrent de beaux panoramas. Malheureusement, des générations de visiteurs ont couvert de graffitis la moindre parcelle de mur aisément accessible. Même les marches d'escalier qui donnent accès aux différents monuments sont tout à fait «usées» et penchent dangereusement. C'est pourquoi nous recommandons la prudence aux personnes âgées.
La Citadelle
En hiver tous les jours 9 h – 17 h, au printemps 8 h 30 – 19 h, en été 8 h 30 – 21 h
Entrée 20 FF

Musées

Fondation Louis-Jou
L'atelier de l'imprimeur et graveur Louis Jou (1882-1968) présente quelques pièces de choix, dont les «Essais» de Montaigne.
Grand-Rue
Avril-fin sept. tous les jours 10 h – 13 h et 14 h – 19 h
Entrée 20 FF

Christian Lacroix – le couturier d'Arles

De Beverly Hills à Tokyo, l'élégance française a toujours été représentée par les lignes claires d'Yves Saint-Laurent, les créations hardies de Coco Chanel ou le luxe d'Hermès. Or, le 26 juillet 1987, Arles devint soudain le point de mire de l'univers de la mode: le couturier Christian Lacroix présentait alors dans les salons de l'hôtel Intercontinental une collection dédiée à sa Provence natale. Les réactions ne se firent pas attendre: «Lacroix, l'audacieux, Lacroix, le provocateur...»

Or, ce couturier n'est pas si provocateur que cela. Ses principales sources d'inspiration sont son enfance et sa jeunesse en Arles: «Je me souviens de ma fascination pour les camps des gitans, de la façon dont les femmes s'habillaient, dont les couleurs se mêlaient avec un bel **esprit de liberté**... Et je me souviens du reste, du rituel des corridas, de l'hôtel Nord-Pinus, un temple du culte tauromachique, dans lequel Dominguin descendait dans son costume or et blanc, du museon Arlaten avec les explications écrites de la main de Mistral...»

Personnellement, il aurait presque voulu devenir conservateur d'un musée parisien après ses études d'histoire de l'art; au lieu de cela, il débuta sa carrière auprès du couturier de luxe Hermès, mais ses réminiscences juvéniles devinrent son meilleur fonds de roulement.

Dans son livre «Histoire de l'art occitan», Joan Larzac célèbre le grand Vincent Van Gogh: «Il peint le Midi de manière superlative. Le soleil n'écrase pas les couleurs,

Provence extra

mais les souligne avant tout...»

Les costumes provençaux ont influencé Christian Lacroix et, par conséquence, toute la mode française.

Lacroix a lui aussi une palette de couleurs superlative, et ce n'est pas un hasard si l'un de ses ouvrages se nomme «Arles, la lumière de Vincent», un hommage à ses deux «maîtres», la ville et le peintre.

Les tissus et les matériaux de ses créations représentent son art de capter la lumière: taffetas rouge, madras citron, cuir fuschia; et chez lui, même le noir redevient une couleur, contredisant le proverbe français et les paroles de Clemenceau.

La vision fugitive de l'Arlésienne, adaptée librement de Bizet et de Daudet, devient chez Lacroix le modèle de la féminité. A partir de là, toutes les inspirations sont permises: tradition et modernisme, pudeur et excès, tauromachie et religion, fêtes et faste provençal. Les dentelles des costumes d'Arles ont elles aussi enchanté le maître couturier: on les retrouve aussi bien dans la sortie de bain «Mogambo» que dans le lumineux drap de plage dénommé «Frou-Frou». Et Lacroix contribua même dans son modèle «Bazar» à la renaissance de la croix d'or de la Jeannette, le collier traditionnel de velours noir qui, garni d'une croix d'or, est transmis de mère en fille le jour du mariage.

Hôtel de Manville
Musée d'art contemporain dans un hôtel particulier érigé en 1571.
Grand-Rue
Mars-nov. 8 h – 19 h 30 (en été jusqu'à 21 h), déc.-févr. 9 h – 18 h
Entrée 32 FF (couplée avec tous les musées et la Ville Morte)

Maison de la Tour du Brau
C'est l'entrée de la Ville Morte. Dans un petit musée, on peut voir entre autres une maquette des Baux à l'époque de leur gloire. Le livre d'or est au moins aussi intéressant: on y apprend les «réflexions profondes» des visiteurs des quatre coins du monde, que «le restaurant X est un scandale pour la ville» ou que «la balustrade des ruines de la citadelle est branlante»...
Mai à mi-oct. 8 h 30 – 20 h 30, sinon 9 h – 18 h
Entrée 20 FF (couplée avec la montée à la Ville Morte)

Adresse utile

Office de tourisme
30, Grand-Rue
13520 Les Baux-de-Provence
Tél. 04 90 54 34 39
Fax 04 90 54 51 15

Beaucaire ■ B 3, carte avant

Ce site en bordure du Rhône était l'un des principaux marchés du Moyen Age en Europe. Depuis le XIIIe siècle, la **foire de Beaucaire** en juillet était un grand lieu de rassemblement des marchands. Au XVIIIe siècle, cette foire drainait jusqu'à 300 000 personnes.
Les rues de Beaucaire s'en souviennent encore.

Curiosité

Château
Belle vue du haut de la **Tour polygonale**, vestige du château du XIe au XIIIe siècle.
Pl. du Château
Nov.-mars tous les jours sauf ma 10 h 15 – 12 h et 14 h – 17 h 45, fin mars-début nov. tous les jours 10 h – 12 h et 14 h – 17 h 45, juil./août jusqu'à 18 h 45
Entrée libre

Musée

Musée Auguste-Jacquet
Nombreux documents relatifs à la foire de Beaucaire.
Château de Beaucaire
Avril-sept. 9 h 30 – 11 h 30 et 14 h 15 – 18 h 45; le reste de l'année 10 h 15 – 12 h et 14 h – 17 h 45; fermé ma et jours fériés

Adresses utiles

Office de tourisme
24, cours Gambetta
30300 Beaucaire
Tél. 04 66 59 26 57

Gare SNCF
Route de St-Gilles
Tél. 04 66 59 10 27

Les ruines des châteaux de Beaucaire et de Tarascon, sur les rives droite et gauche du Rhône, attestent des siècles de rivalité entre les deux localités qui gardaient la frontière entre le Languedoc et la Provence.

Camargue

■ A 4/B 5, carte avant

Cette immense plaine marécageuse qui s'étend entre le Grand et le Petit Rhône est un ensemble de dunes, de lagunes, de bancs de sable et de canaux. Des troupeaux de chevaux sauvages blancs et de taureaux – encadrés par des **gardians**, ces «cow-boys camarguais» – passent à gauche et à droite de la route. De temps à autre, on assiste à un envol de flamants roses. C'est la Camargue des cartes postales, telle qu'on peut encore la voir quand il fait beau dans le **Parc naturel régional de Camargue** créé en 1970. C'est encore un vrai paradis. Sur les 13 500 hectares du parc, la faune et la flore sont protégées.

Le littoral de Camargue est resté imprévisible, malgré ses quarante kilomètres de digue, la **Digue de la mer**, édifiée en 1860. **Aigues-Mortes** (voir p. 224) était autrefois le port des croisés, à l'heure actuelle la ville est éloignée de onze kilomètres environ de la mer, au nord. Ailleurs, aux Saintes-Maries-de-la-Mer par exemple, la mer a gagné sur la terre en compensation.

Malheureusement, le monde sauvage de Camargue n'est plus tout à fait comme avant: environ 60 pour cent des rizières ont disparu au cours des trente dernières années. Beaucoup d'éleveurs de taureaux et de chevaux ont dû jeter l'éponge ou convertir leurs **manades**, ainsi que se nomment les fermes d'ici, en exploitations touristiques. Et pourtant: si vous visitez la Provence, ne manquez sous aucun prétexte une excursion en voiture ou à cheval dans la région du sud d'Arles (voir p. 304).

Les chevaux blancs en liberté symbolisent la Camargue, au même titre que les taureaux noirs et les flamants roses.

Musées

Musée Camarguais
Il retrace toute l'histoire de la Camargue, depuis la formation du delta du Rhône (5 000 ans av. J.-C.) jusqu'à la vie rurale au XIXe siècle en passant par l'Antiquité romaine.
Un sentier pédestre de 3,5 kilomètres fait découvrir la physionomie agricole de Camargue.
Mas du Pont de Rousty sur la D 570
Juil./août tous les jours
9 h 15 – 18 h 45, avril-juin et sept. tous les jours 9 h 15 – 17 h 45, sauf lu et me-ve 10 h 15 – 16 h 45
Entrée 25 FF

Riz de Camargue – Domaine du Petit Manusclat
Ce musée est voué à la riziculture.
Route D 36, Le Sambuc
Tous les jours 10 h – 12 h et 14 h – 18 h
Entrée 25 FF

Eygalières ■ C 4, carte avant

L'un des villages les plus sympathiques de la région des Alpilles, aux ravissantes maisons adossées à la roche dans la rue de l'Eglise ou dans la Grand-Rue. La chapelle des Pénitents accueille un petit musée.

Hôtel

Mas de la Brune
Cette luxueuse hostellerie du XVIe siècle offre un parc-roseraie, une piscine à deux pas d'un champ de lavande et de superbes chambres.
13810 Eygalières
Tél. 04 90 95 90 77
Fax 04 90 95 99 21
10 chambres
Classe de luxe (DC, EC, Visa)

Fontvieille ■ B 4, carte avant

Alphonse Daudet a rendu l'endroit célèbre dans le monde entier – alors qu'il n'a jamais vécu dans le moulin de Daudet.

Curiosité

Moulin de Daudet
A l'intérieur du moulin (voir Mistral et Daudet – écrivains d'un paysage très particulier, p. 114/115), on peut voir le système de meules utilisé pour moudre le grain.
Juin-sept. tous les jours 9 h – 12 h et 14 h – 19 h; sinon 10 h – 12 h et 14 h – 17 h; fermé en janv.
Entrée 10 FF

Manger et boire

La Regalido
Maison luxueuse, bon restaurant.
Rue Frédéric-Mistral
Tél. 04 90 54 60 22
Tous les jours sauf lu 12 h – 14 h et 19 h – 21 h 15; juil.-sept. tous les jours sauf lu et ma midi
Classe de prix élevée (AE, DC, EC, Visa)

Achats

La Cave de Baumanière
Une «filiale» du légendaire **Oustaù de Baumanière** des Baux qui vend des produits du terroir.
17, rue des Plumelets

Adresse utile

Office de tourisme
Pl. Marcel-Honorat
13990 Fontvieille
Tél. 04 90 54 67 49

MUSÉE

Maussane-les-Alpilles

■ B 4, carte avant

Ce petit village bucolique est situé derrière Les Baux. Parce que la communauté touristique internationale préfère le village fortifié, on y trouve encore, les jours où il fait calme, un vrai décor champêtre provençal. L'huile d'olive de Maussane est célèbre dans toute la France.

Hôtels et logements

L'Oustaloun
Auberge du centre.
Pl. de l'Eglise
Tél. 04 90 54 32 19
Fax 04 90 54 45 57
10 chambres
Classe de prix inférieure

Le Pré des Baux
Hôtel moderne.
Rue du Vieux Moulin
Tél. 04 90 54 40 40
Fax 04 90 54 53 07
10 chambres
Classe de prix moyenne

Manger et boire

La Petite France
Dans cet établissement sans prétention, situé sur la route nationale, la façade n'est pas en harmonie avec la cuisine. Il faut dire que le chef, Thierry Maffre-Bogé, a été à bonne école: Baumanière aux Baux-de-Provence, Martinez à Cannes et Enoteca Pinchiorri à Florence.
15, av. de la Vallée des Baux
Tél. 04 90 54 41 91
Tous les jours sauf me et je midi
12 h – 14 h et 19 h – 21 h 15
Classe de prix inférieure (DC, EC, Visa)

Il a été immortalisé par Alphonse Daudet: le moulin de Daudet à Fontvieille.

Au Ravi Provençau
Cette maison toute remplie de verdure avec un joli jardin intérieur est un ravissement. Ici, même le pain est cuit dans la maison et la cuisine est de franche tradition provençale.
34, av. de la Vallée des Baux
Tél. 04 90 54 31 11
Tous les jours sauf ma 12 h – 14 h et 19 h – 21 h 30, en été jusqu'à 22 h
Classe de prix moyenne (EC, Visa)

Achats

Antiquités

Bastide Saint-Bastien
Meubles des XVIIe et XVIIIe siècles ainsi que tableaux et tapisseries.
99, av. de la Vallée

Alimentation

Moulin Jean-Marie Cornille – Coopérative oléicole de la Vallée des Baux
L'huile d'olive de Maussane passe selon beaucoup de cuisiniers pour être la meilleure de France.
Rue Charloun-Rieu

Adresse utile

Office de tourisme
Pl. Joseph-Laugier-de-Monblan
13520 Maussane-les-Alpilles
Tél. 04 90 54 52 04

Corridas et joutes taurines – courses camarguaises

Grande novillada, peut-on lire sur les affiches qui fleurissent sur les murs des centres d'Arles et de Nîmes entre mars et octobre. Il s'agit d'une course de taureaux espagnole, où le torero a affaire à un taureau qui vient tout juste d'avoir trois ans.

Les corridas sont un événement majeur dans le sud de la France; en période de feria, les arènes affichent rapidement complet et les vrais aficionados connaissent toutes les légendes franco-espagnoles de la tauromachie: celle du taureau Azuleio, par exemple, qui le 24 juin 1857 a tué 9 chevaux dans l'arène et qui est resté debout avec 23 piques dans le corps; ou celle du taureau Almendrito que seule la 43e pique a terrassé le 22 août 1876. De nos jours, la plupart des taureaux vont encore très jeunes dans l'arène; les chevaux du picador sont protégés par un caparaçon, les animaux d'élevage faibles s'effondrent dès la deuxième ou la troisième pique. Un spectacle bref, mais sanglant.

Les corridas provençales ou **courses camarguaises**, où l'animal n'est pas mis à mort, sont essentiellement sportives: les **razeteurs** vêtus de blanc doivent simplement arracher les attributs du taureau à l'aide d'un peigne métallique: un ruban rouge de deux centimètres de large, la **cocarde**, et deux pelotes de laine blanche à la base des cornes. Il n'y a ni banderilles ni piques, le razeteur ne peut compter que sur l'aide du **tourneur** qui détourne l'attention du taureau pour faciliter la prise de la cocarde à son collègue. Il n'y arrive pas toujours: souvent, le taureau poursuit le razeteur à travers la moitié de l'arène, jusque derrière l'enceinte de protection soi-disant sûre après un saut valeureux. Les taureaux choisis pour par-

Provence extra

Dans la corrida provençale, le razeteur est souvent ridiculisé.

ticiper aux courses camarguaises ont de trois à quinze ans et sont élevés dans les **manades**, les élevages de taureaux de Camargue. A la fin de chaque saison, on décerne un trophée, le **biòu d'or**, au meilleur taureau. Dans certains villages, on a même érigé des statues aux bêtes particulièrement combatives comme Le Sanglier, Le Clairon, Goya ou Pascalet. Les razeteurs légendaires comme Le Pissarel, Pellegrin, Volle ou Jouanet ne bénéficient pas des mêmes honneurs.

Les courses camarguaises ont toutes les apparences d'une corrida dont les rôles sont inversés: les taureaux s'en sortent pour ainsi dire toujours indemnes – cela étant dit, plus d'une douzaine de razeteurs ont été mortellement blessés dans l'arène depuis 1883.

Dans la région, on fait fièrement observer que cette tradition plonge ses racines dans le Moyen Age; à cette époque, le taureau était chassé par les nobles à cheval.

Les premiers toreros sont apparus en Navarre espagnole. La première corrida sur le sol français eut lieu en août 1853. Une manifestation qui fut suivie par beaucoup d'autres: jusqu'à aujourd'hui, 29 communes françaises ont une «licence de corrida».

Saintes-Maries-de-la-Mer

A 5, carte avant

Lorsque les Gitans portent la statue de Sara la Noire en procession jusqu'à la mer le 24 mai, cet ancien village de pêcheurs est envahi par des foules de visiteurs venant du monde entier. Le petit village romantique d'antan est parfaitement équipé pour fournir un toit à chaque visiteur.

Sa situation photogénique directement en bordure de la Méditerranée est au demeurant un fait récent: au Moyen Age, cette localité se trouvait à l'intérieur des terres, et au XIXe siècle, les Saintes-Maries étaient éloignées de la mer de 600 mètres environ. A l'heure actuelle, des milliers de vacanciers profitent en été de l'immense plage qui s'étire le long du golfe de Beauduc.

Lors de la ferrade, on imprime la marque de la ferme au fer rouge sur les taureaux.

Selon la légende, des chrétiens chassés de Palestine se seraient échoués ici en 40 apr. J.-C. Parmi eux se trouvaient Marie-Salomé et Marie-Jacobé, apparentée à Jésus, et leur servante noire, Sara, qui devint plus tard la patronne des Tziganes. Les reliques des trois femmes sont conservées dans l'église Notre-Dame-de-la-Mer.

Hôtels et logements

Auberge Cavalière
Cet hôtel ressemble aux cabanes des **gardians**, les «cow-boys de Camargue», le confort en plus. Chaque client dispose d'une terrasse individuelle; en outre, il y a une piscine et un court de tennis.
N 570, route d'Arles
Tél. 04 90 97 88 88
Fax 04 90 97 84 07
Classe de prix moyenne (AE, DC, EC, Visa)

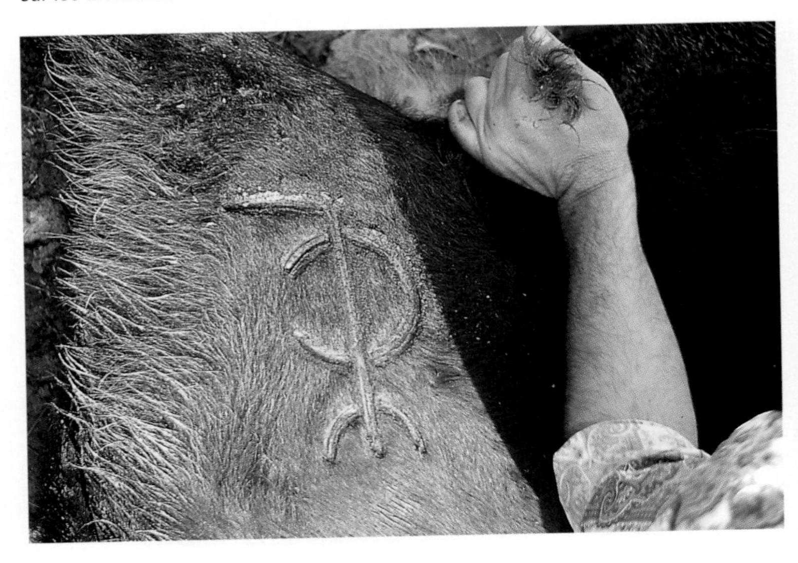

Lou Mas du Juge
Vie rurale en Camargue: outre des chambres dans le style Souleiado, l'atout de cet hôtel est une cuisine d'auberge franche de goût (et chère), avec entre autres de la daube de taureau et le **trou camarguais**, un mélange maison de liqueur de poire, de jus de citron et d'herbes.
Quartier Pin-Fourquat
Tél. 04 66 73 51 45
Fax 04 66 73 54 42
Classe de prix moyenne

Le Mas de Peint
Habiter dans une noble demeure privée: du repas pris en commun dans la cuisine aux jolies chambres.
Le Sambuc
Tél. 04 90 97 20 62
Fax 04 90 97 22 20
8 chambres
Classe de luxe (EC, Visa)

Curiosités

Centre d'Information de Gines
Informations relatives à la Réserve nationale de Camargue, avec entre autres des dioramas sur les thèmes des «Chevaux sauvages» ou des «Espèces d'oiseaux de Camargue».
Au lieu-dit Pont de Gau
Avril-sept. tous les jours sauf ve 9 h – 18 h, oct.-mars 9 h 30 – 17 h
Entrée libre, diorama 5 FF

Château d'Avignon
Ce magnifique château de l'industriel marseillais Louis Prat-Noilly n'ouvre ses portes qu'à la demande. L'ouverture au public serait en projet.
Au lieu-dit Pont de Gau
Route d'Arles près des Saintes-Maries-de-la-Mer
Tél. 04 90 97 86 32

Eglise forteresse
L'édifice du XIIe siècle possède un chemin de ronde et des mâchicoulis ainsi que des murs aveugles massifs. L'église servait de rempart contre les Sarrasins et disposait même d'une source d'eau douce à l'intérieur. Et parce que les Saintes-Maries sont un haut lieu touristique, on peut faire illuminer le chœur ou le transept pour un franc. Le toit de l'église passe pour être le point culminant de Camargue.
Pl. de l'Eglise
Mai-sept. tous les jours 8 h – 12 h et 14 h – 19 h; mars, avril, oct. 8 h – 19 h, sinon 8 h – 18 h
Entrée 11 FF

Le Parc ornithologique du Pont de Gau
Sur douze hectares, vous pouvez voir les espèces d'oiseaux de Camargue dans leur environnement naturel. Les oiseaux difficiles à observer sont bien entendu présentés en volières.
Avril-sept. tous les jours 9 h – 18 h, oct.-mars 9 h 30 – 17 h
Entrée 30 FF

Musée

Musée Baroncelli
Folco de Baroncelli (1869-1943), dit «lou Marquès», manadier, collectionnait des documents sur la vie agropastorale en Camargue et était un ami intime de Frédéric Mistral. Ils ont essayé ensemble de fixer les us et coutumes d'Arles pour les générations futures.
Rue Victor-Hugo
Tous les jours 9 h 30 – 12 h et 14 h – 18 h, di et jours fériés à partir de 10 h; fermé ma en hiver
Entrée 11 FF

Adresse utile

Office de tourisme
5, av. Van-Gogh
13460 Saintes-Maries-de-la-Mer
Tél. 04 90 97 82 55
Fax 04 90 97 71 15

Saint-Gilles ■ A 4, carte avant

La porte de la Camargue présente un joyau historique de par la façade de son abbatiale. La localité elle-même a une histoire en dents de scie: le pape Clément IV y est né en 1265 dans la **maison romane**. Et Raymond VI, comte de Toulouse, fit pénitence en 1209 devant le portail de l'église pour l'assassinat d'un mandataire papal perpétré par un membre de sa cour. Ce geste n'était pas tout à fait spontané: le pape avait d'abord excommunié Raymond – au Moyen Age, c'était une arme puissante contre les fidèles récalcitrants.

Curiosité

Eglise Saint-Gilles
La façade romane de Saint-Gilles (milieu du XIIe siècle) passe pour être la plus belle en son genre. Ses sculptures montrent Caïn et Abel, les trois rois mages et des scènes de la vie du Christ. A l'intérieur, les restes de la **vis de Saint-Gilles**, escalier en spirale du XIIe siècle. Les **compagnons du Tour de France**, une société d'ouvriers itinérants à la formation extrêmement stricte, viennent aujourd'hui encore à Saint-Gilles afin d'admirer ce chef-d'œuvre. La crypte, salle voûtée de 50 mètres sur 25, contient les restes de saint Gilles. Au Moyen Age, jusqu'à 50 000 pèlerins faisaient la file devant l'entrée de la crypte pour apercevoir le tombeau.
Pl. de l'Eglise
Juil./août tous les jours 9 h – 12 h et 15 h – 19 h, sinon 9 h – 12 h et 14 h – 17 h

Adresse utile

Office de tourisme
Pl. Frédéric-Mistral
30800 Saint-Gilles
Tél. 04 66 87 33 75
Fax 04 66 87 16 28

Saint-Martin-de-Crau ■ B 4, carte avant

La «capitale de la Crau» – plaine alluviale de galets laissés par la Durance à l'époque glaciaire – est réputée pour sa grande **foire aux moutons** de février.

Hôtel

Château de Vergières
Cet hôtel particulier du XVIIIe siècle est aujourd'hui une hôtellerie au mobilier historique.
Tél. 04 90 47 17 16
Fax 04 90 47 38 30
6 chambres
Classe de prix élevée (AE, EC, Visa)

Curiosité

Manade Chapelle
Quelque 350 taureaux, pesant entre 300 et 400 kilos, peuplent les pâtures de cette **manade** (élevage de taureaux). Les **gardians** surveillent du haut de leurs chevaux blancs ces

splendides bovins. Les visiteurs sont gratifiés de spectacles taurins dans l'arène et parfois d'une **ferrade** – c'est ainsi qu'en Provence on appelle le marquage au fer des jeunes taureaux.
Mas de Pernes
Tél. 04 90 47 16 23
Fax 04 90 47 41 33
Ouvert uniquement aux groupes ou sur réservation

Musée

Ecomusée de la Crau
La Crau est une sorte de paysage de steppe au cœur de l'Europe, célèbre pour son élevage ovin. Le musée fait découvrir la géologie, la faune et la flore de la région.
Bd de Provence
Avril-sept. tous les jours 9 h – 12 h et 15 h – 19 h; sinon 10 h – 12 h et 14 h – 18 h; fermé lu avant la saison
Entrée libre

Achats

Domaine du Trévallon
■ B 3, carte avant
Dans la région des Coteaux des Baux, incontestablement le numéro un. Un très bon rouge élaboré à 60 pour cent avec du cabernet-sauvignon et à 40 pour cent avec du syrah.
Chemin romain
13103 St-Etienne-du-Grès
Tél. 04 90 49 06 00

Adresse utile

Gare SNCF
Sur la D 24
Tél. 04 90 47 35 50

Saint-Rémy-de-Provence

■ B 3, carte avant

Les jours calmes, Saint-Rémy ressemble encore un peu au tout petit village qu'il était autrefois. Souvenirs de Van Gogh et de Nostradamus, ruines romaines, vieux hôtels particuliers et un couvent: Saint-Rémy-de-Provence, c'est tout cela.
Les Romains ont édifié leur **Glanum** le long de la voie commerciale, déjà ancienne à l'époque, qui reliait Marseille à Avignon. C'est en 1503 que le prophète Nostradamus (voir Nostradamus – guérisseur et prophète, p. 266/267) est né ici – bien qu'il ait mené sa carrière à Salon. Vincent Van Gogh peignit encore quelques toiles fabuleuses dans le monastère de Saint-Paul-de-Mausole avant de partir pour Paris. Actuellement, Saint-Rémy est certes nettement plus touristique qu'au temps du grand peintre, mais elle n'a pas tout à fait perdu son ancien charme.

Hôtels et logements

Les Antiques
Demeure bourgeoise rustique, sise au milieu d'un parc.
15, av. Pasteur
Tél. 04 90 92 03 02
Fax 04 90 92 50 40
27 chambres
Classe de prix moyenne

Château des Alpilles
Dans le parc de ce château du XIXe siècle se promenèrent Châteaubriand et Lamartine. Chambres vastes et luxueuses.
Sur la D 31
Tél. 04 90 92 03 33
21 chambres
Classe de prix élevée

Le provençal – dialecte régional

Quan tèn la lengo tèn la clau, quand tu connais la langue, tu possèdes la clé, disait déjà le prix Nobel Frédéric Mistral. C'est ainsi que des mots et des expressions qui ne figurent dans aucun dictionnaire dénotent l'identité provençale. Après la sieste de midi, les Provençaux sont un peu **ensuqués** (endormis); une belle jeune femme est dans leur dialecte une **belle nine**. Et maints pêcheurs sur le Vieux-Port de Marseille forment des phrases déviant de la grammaire française, du genre: «Je me la suis pêchée une rascasse.»
Voici plus de 2 000 ans que le latin est venu en Provence avec les vétérans romains. Non pas le haut latin de Cicéron, tel qu'il est encore enseigné de nos jours, mais une version populaire. Ce dernier, mélangé à la langue des habitants d'origine, forma un nouveau dialecte néolatin. Au fil des siècles, les langues du nord de la France influencées par le francique se différencièrent de plus en plus de celles du Sud anciennement romain.
Au XIVe siècle, Dante classifia les langues d'après leur manière de dire «oui». Il distingua la langue du «si» (italien, espagnol), la langue d'«oïl» (vieux français) et la langue d'«oc», l'occitan. Le provençal, tout comme les dialectes de Gascogne et d'Auvergne, est un dérivé de cette **langue d'oc**. Pour Dante, la langue d'oc était la plus belle et la plus parfaite des langues; au XIIe siècle, le provençal était après tout la langue des troubadours. Leurs poèmes parlent d'une époque où chaque dame était en même temps une reine et chaque chevalier un poète.
Quelques-unes de ces dames ne se contentèrent pas d'être honorées selon les idéaux de l'amour pur et romantique,

Provence extra

mais prirent elles-mêmes la plume: la comtesse de Die ou Azalais de Porcairagues embrassèrent la carrière de **trobairitz** (la forme féminine de troubadour).

Les pêcheurs provençaux emploient des expressions inconnues au dictionnaire...

Plus tard, les monarques français s'avisèrent de supprimer leur langue aux Provençaux: non seulement elle fut interdite, mais chaque élève qui était surpris à parler provençal en classe était humilié devant ses camarades et devait balayer plusieurs salles de classe. Pourtant, il y a toujours eu des écrivains pour raviver l'éclat de l'héritière de la langue d'oc. A cette fin, les poètes Frédéric Mistral, Théodore Aubanel et Joseph Roumanille fondèrent le **félibrige** en 1854. En 1904, Mistral reçut le prix Nobel de littérature pour ses poèmes en langue provençale.

Et aujourd'hui encore, la langue a ses inconditionnels: on entend parfois le provençal dans les petits villages de l'arrière-pays, quelquefois sous la forme d'une chanson populaire avec accompagnement de guitare. Les jeunes Provençaux veillent également à ce que leur dialecte ne s'éteigne pas: à Marseille, on rappe même dans la langue des troubadours.

Restaurant

Château de Roussan
Le marquis de Ganges fit ériger cet hôtel particulier au XVIIIe siècle. Bois noble, parquet et antiquités ornent les chambres, fontaines, statues et arbres centenaires du grand parc.
Sur la D 31
Tél. 04 90 92 11 63
Fax 04 90 92 50 59
21 chambres
Classe de prix moyenne (AE, DC, EC, Visa)

Le Mas des Carassins
Petit hôtel de style provençal à prix sages. Chaque chambre est meublée différemment et se prolonge par une terrasse.
1, chemin Gaulois
Tél. 04 90 92 15 48
10 chambres
Classe de prix moyenne (DC, EC, Visa)

Curiosités

Ancien monastère de Saint-Paul-de-Mausole
De 1889 à 1890, Van Gogh se fit volontairement interner dans la maison de santé de cet ancien monastère. Aujourd'hui, le peintre génial a donné son nom à la clinique neuropsychiatrique toujours existante. Un choix douteux: peu après avoir quitté le monastère, Van Gogh se suicida à Auvers-sur-Oise.
Quartier Saint-Paul
Visite de l'église et du cloître tous les jours 9 h – 12 h et 14 h – 18 h
Entrée libre

On sort les costumes traditionnels de l'armoire et on les porte avec fierté pour les occasions spéciales et les jours de fête.

Glanum et les Antiques
Les ruines romaines à gauche et à droite de l'avenue Vincent-Van-Gogh ont été fouillées à partir de 1921. Les monuments remarquables sont l'**arc municipal** (25 ans environ av. J.-C.), l'un des plus anciens de la région, et le spectaculaire **mausolée** des Julii de 18 mètres de haut, très bien conservé, dans les Antiques, de même que les **thermes**, la **maison des Antes** et la **maison de Cybèle et d'Atys** dans Glanum.
Pendant longtemps, l'arc romain et le mausolée furent les seuls vestiges apparents, du Glanum fondé par les Grecs au IIe siècle av. J.-C. La ville aurait atteint son apogée sous le règne d'Auguste. Elle vivota ensuite quelque temps encore sous le couvert paisible d'une ville commerçante située sur la voie domitienne qui reliait l'Italie à l'Espagne, avant d'être anéantie par les tribus germaniques vers 270.
Route des Baux-de-Provence
Avril-sept. 9 h – 19 h, sinon 9 h – 12 h et 14 h – 17 h
Entrée pour Glanum 32 FF (couplée avec le musée des Alpilles et le musée archéologique)

Mas de la Pyramide
La **maison troglodytique** est le nom que l'on donne à cette maison construite à l'intérieur d'une carrière romaine. Elle abrite actuellement un musée rural rassemblant toutes sortes d'outils agricoles.
Quartier Saint-Paul
Tous les jours 9 h – 12 h et 14 h – 19 h; jusqu'à 17 h en hiver
Entrée 15 FF

Musées

Hôtel Estrine – Centre d'Art – Présence Van Gogh
Ce musée installé dans l'hôtel du marquis de Pistoye (XVIIIe siècle) retrace le séjour de Van Gogh à Saint-Rémy, notamment à l'aide de diapositives et d'expositions thématiques occasionnelles.
8, rue Estrine
Mars-nov. tous les jours sauf lu 10 h – 12 h et 15 h – 19 h; déc. et jan. jusqu'à 18 h
Entrée 20 FF

Hôtel de Sade – Dépôt archéologique
Au musée archéologique sont exposés des vestiges du Glanum romain. Les stèles celto-ligures montrent que les peuples qui ont précédé les Romains pratiquaient un culte des crânes tout à fait macabre.
Pl. Favier
Visites guidées avril-juin et sept./oct. à 10 h, 11 h, 14 h, 15 h, 16 h, 17 h; juil./août à 10 h, 11h, 14 h 30, 15 h 30, 16 h 30, 17 h 30, 18 h 30; nov. à 10 h, 11 h, 14 h, 15 h, 16 h; déc. à 10 h, 11 h, 15 h, 16 h
Entrée 12 FF, 32 FF avec Glanum

Musée des Alpilles
Ce musée des traditions populaires est installé dans le bel hôtel Renaissance Mistral de Mondragon, datant de 1550.
Pl. Favier
Avril-juin et sept./oct. tous les jours 10 h – 12 h et 14 h – 18 h; juil./août 10 h – 12 h et 15 h – 20 h; nov./déc. 10 h – 12 h et 14 h – 17 h; fermé janv.- mars
Entrée 14,50 FF

Achats

Livres

Librairie Tétragramme
Toutes sortes de publications belles et informatives sur la Provence: histoire ou littérature, on trouve de tout.
12, bd Gambetta

Décoration

Le Grand-Magasin
Pas un grand magasin, mais une boutique remplie d'un curieux bric-à-brac: céramique, verres, sculptures en papier mâché, en partie des années trente.
24, rue de la Commune

Poivre d'Ane
On trouve des plats à tian (gratin) provençal chez ce spécialiste de la céramique.
25, bd Victor-Hugo

Alimentation

Figuerolles
Sympathique commerce d'épicerie fine vendant les gourmandises de tous les coins de France: du nougat de Sault, du miel des Cévennes, des thés de Mariage Frères de Paris, de la poire de Manguin en Avignon et bien d'autres encore.
Espace Van-Gogh
28, bd Mirabeau

La Fromagerie du Mistral
Le fromage de chèvre du Luberon est l'une des attractions de ce magasin. Les savoureux «fromages puants» mûrissent dans une cave du XIIe siècle.
1, pl. Joseph-Hilaire

Herboristerie provençale
Si vous tenez absolument à rapporter chez vous des «herbes de Provence», faites confiance à ce spécialiste: les cuisiniers et les naturopathes se fournissent dans cette herboristerie.

Au Petit-Duc
Pâtisserie traditionnelle avec quelques spécialités intéressantes. Goûtez par exemple le **pignolat de Nostradamus** aux pignons de pin grillés.
7, bd Victor-Hugo

Marché

Marché provençal
Il faut venir le mercredi matin à Saint-Rémy, à l'occasion du marché coloré avec tous les délices de la région: olives, confitures, anchois, huile d'olive, vinaigre, herbes de Provence.

Vin

Château Romanin
Jean-André Charial, le propriétaire de l'Oustaù de Baumanière aux Baux, s'est offert ce vignoble: «culture biodynamique» est la devise du Romanin. Pesticides et engrais chimiques sont non seulement bannis pour cette cuvée, mais la date des vendanges est déterminée par un astrologue! C'est peut-être pourquoi la qualité des vins est parfois très aléatoire. Par contre, les chais méritent toujours le détour.
Tél. 04 90 92 45 87

Domaine Hauvette
Dominique Hauvette exploite ses trois hectares de vignes comme une «entreprise de femme». A peine 120 hectolitres de **Hauvette** rouge sont produits par an. Olives et cerises, vendues parfois aux amateurs de vin, mûrissent autour du raisin.
Mas Cellier, chemin du Trou des Bœufs
Tél. 04 90 92 03 90

Adresse utile

Office de tourisme
Pl. Jean-Jaurès
13210 Saint-Rémy-de-Provence
Tél. 04 90 92 05 22
Fax 04 90 92 38 52

Salin-de-Giraud

B 5, carte avant

Ici, dans les marécages du delta du Rhône, la Compagnie des Salins du Midi produit environ 800 000 tonnes de sel de mer par an. L'eau est tout d'abord pompée dans des bassins où elle est saturée de chlore et de sodium. Le taux de sel passe de la sorte de 29 à 260 grammes au litre. Neuf dixièmes environ du sel s'évaporent au cours de ce processus avant que le sel, réparti sur 770 hectares de sol argileux, finisse par se cristalliser.
Pl. Péchiney
13129 Salin-de-Giraud
N 570, D 35, puis D 53b
Tél. 04 90 18 41 20
Tours guidés organisés par l'**office de tourisme** d'Arles sur demande

Les 10 marchés les plus colorés

Marché de l'allée des Platanes ■ C 2, carte avant
... parce qu'à Carpentras, on trouve tous les vendredis matin les marchandises les plus délicates de la région et qu'en hiver ce marché se double d'un marché aux truffes (→ p. 175).

Marché du boulevard des Lices ■ c 3, p. 116
... parce qu'ici en Arles on trouve quasiment de tout, depuis le pain de campagne à peine sorti du four aux **succulents saucissons** (→ p. 124).

Marché du cours Bournissac ■ C 3, carte avant
... parce que sur ce marché les melons ont rendu Cavaillon célèbre dans toute la France (→ p. 178).

Marché de Nyons ■ C 1, carte avant
... parce qu'ici il n'y a pas que les olives qui méritent le détour (→ p. 256).

10x10

Réservez une matinée pour vous balader sur un marché.

Marché paysan de Montpellier

... parce que sur ce marché paysan, certains fermiers de l'arrière-pays proposent encore leurs produits (→ p. 221).

Marché de la place Richelme ■ b 2, p. 58

... parce que ce marché du centre historique d'Aix apporte une sympathique note de couleur à cette noble rue (→ p. 72).

Marché du Prado

■ D 5, carte avant

... parce que c'est tout simplement le plus grand et le plus beau marché de Marseille (→ p. 207).

Marché provençal d'Apt

■ D 3, carte avant

... parce que ce marché bariolé transforme la moitié d'Apt en un gigantesque marché (→ p. 92).

Marché provençal de Saint-Rémy

■ B 3, carte avant

... parce que ce marché coloré offre toutes les gourmandises régionales, des anchois à l'huile d'olive (→ p. 149).

Marché aux truffes de Richerenches

■ B 1, carte avant

... parce que ce marché aux truffes a la réputation d'être l'un des plus importants et des plus sérieux de France (→ p. 256).

Curiosité

Manade Henri-Laurent
L'un des plus anciens élevages de taureaux de Camargue avec plusieurs centaines d'hectares. Dans les années 50, cette manade a obtenu onze fois le **biòu d'or**, l'«oscar taurin».
L'adversaire le plus combatif et le plus illustre était un taureau du nom de Goya qui succomba à l'âge respectable de 23 ans non par l'épée d'un torero, mais de vieillesse.
Mas les Marquises
Sur la D 36
Tél. 04 42 86 81 46
Visite guidée sur demande préalable

Tarascon

■ B 3, carte avant

Le mot **Tarasque** a dû faire sursauter les marchands romains apeurés. Ce monstre hideux, qui a donné son nom à la ville, avait la réputation de dévorer les enfants et les passeurs et faisait également preuve d'un appétit féroce envers tout être vivant voulant traverser le Rhône...
Des centaines d'années plus tard, Tarascon acquit une seconde notoriété internationale grâce à **Tartarin de Tarascon** d'Alphonse Daudet: Tartarin, Français jovial du Midi, est le prototype du hâbleur provençal. Un précis de littérature française prétend même que Tartarin réunit en une seule personne les caractéristiques de Don Quichotte et de Sancho Pança. Les aventures de ce sympathique fanfaron ont été filmées en 1934 sur un scénario de Marcel Pagnol.
La principale curiosité de la ville est le château; les amateurs de tissus provençaux ne manqueront pas de visiter la fabrique Souleiado.

Curiosités

Abbaye Saint-Michel-de-Frigolet
Le cœur de cette abbaye du XIIe siècle au nord-est de Tarascon est formé par le cloître et l'église romane Saint-Michel. Entre le XIVe et le XIXe siècle, le cloître abritait une école secondaire.
Frédéric Mistral y allait même en classe.
Tous les jours sauf sa 7 h – 12 h et 12 h 30 – 18 h

Château du roi René
Le château édifié au XVe siècle se dresse fièrement sur les berges du Rhône. Le bon roi René y venait souvent. Plus récemment, de 1800 à 1926, le château avait une toute autre vocation: c'était une prison d'Etat. Pour une simple prison, l'intérieur est à l'évidence trop élégant: observez le plafond de la salle à manger et de la **salle des Audiences**, les tapisseries du XVIIe siècle, l'escalier et l'apothicairerie avec plus de 205 pots en faïence de Moustiers.
De la terrasse s'offre un immense panorama sur les environs.
Avril-sept. tous les jours 9 h – 19 h; sinon 9 h – 12 h et 14 h – 17 h
Entrée 27 FF

Maison de Tartarin
On peut y voir des scènes de la vie du célèbre Tartarin de Tarascon. Le héros de Daudet salue ses visiteurs en grand apparat.
Dans le jardin, la légendaire **Tarasque** (monstre amphibie) attend de nouvelles victimes.
55, bd Itam
Avril-sept. 10 h – 12 h et 14 h – 19 h; sinon 10 h – 12 h et 13 h 30 – 17 h
Entrée 8 FF

Musée

Musée Charles-Deméry
Ce musée est consacré à l'impression des tissus du XVIIIe siècle à nos jours. Il appartient au groupe Souleiado qui fabrique les délicats imprimés de toutes les couleurs que l'on peut acheter dans toutes les localités plus ou moins importantes de Provence.
39, rue Proudhon
Lu-ve 8 h 30 – 12 h et
13 h 30 – 17 h 30
Entrée 30 FF

Adresses utiles

Office de tourisme
59, rue des Halles
B.P. 9
13150 Tarascon
Tél. 04 90 91 03 52
Fax 04 90 91 22 96

Gare SNCF
Pl. du Colonel-Berrurier
Tél. 04 90 91 59 06

L'abbaye de Saint-Michel-de-Frigolet, fondée par les bénédictins, est installée au creux d'un vallon boisé de la Montagnette, un groupe de collines calcaires. Actuellement, l'abbaye est habitée par des religieux de l'ordre des Prémontrés.

Il était une fois: l'enfance au bon vieux temps

Marius, Sextius, voire César – les prénoms des petits Provençaux font référence encore aujourd'hui à des exemples vieux de centaines d'années. On prénomme volontiers les petites filles Mireille ou Magali – d'après les héroïnes de Frédéric Mistral.

Au «bon vieux temps», la naissance d'un enfant rassemblait toutes les femmes de la famille et du voisinage qui donnaient à la jeune mère quelques cadeaux symboliques – c'est ainsi que cela s'est passé notamment lors de la naissance du jeune Frédéric Mistral au mas du Juge à Maillane. La marraine apporta un énorme gâteau décoré d'effigies en sucre artistiquement filé: un petit berceau, des tourterelles aux ailes ouvertes gardant leur nid... La mère conserva les symboles, partagea le gâteau entre ses amis qui lui remirent en échange du pain, du sel, un œuf et du fenouil, «afin que l'enfant soit toujours sain comme le sel, beau comme un œuf, bon comme le pain et droit comme une branche de fenouil».

A la naissance d'une fille, la mère reçoit en plus un peu de brioche sucrée.

Comme dans toutes les contrées de France, on procédait aussi vite que possible à la cérémonie du baptême – de peur qu'une mauvaise fée jetât un mauvais sort à l'enfant. Le bébé était revêtu d'une superbe robe de baptême brodée qu'on se passait de génération en génération. Les enfants du voisinage attendaient des bonbons et quelques pièces à la sortie. Si le parrain n'était pas très généreux, les injures pleuvaient.

Provence extra

«Beau comme un œuf et bon comme le pain» et pince-sans-rire avec ça.

Un proverbe tel que «parrain avare, le petit sera bossu» est encore l'un des moins méchants. Pour la fête dans la maison des parents, la mère revêtait pour la deuxième fois sa robe de mariée, les autres femmes venaient en costume traditionnel tout rutilant de dentelles. On plantait quelquefois un olivier en guise de porte-bonheur pour l'enfant.
Au museon Arlaten d'Arles, on peut contempler le déroulement de l'enfance dans les familles provençales aisées. La **chambre du pitchoun** (chambre de l'enfant) est remplie de vêtements splendides, de costumes de dentelle et de tissus provençaux et montre que les enfants provençaux ont toujours été de petits rois. Les filles recevaient un honneur particulier: elles étaient élues **belles de mai**. Le tableau du même nom d'Arnaud Durbec dans la Maison Diamantée de Marseille témoigne de cette ancienne coutume: tout en blanc, avec des roses dans les cheveux et des fleurs dans les bras, les jeunes dames paradaient à travers les rues, étaient parfois portées sur des litières. Tous les passants étaient instamment priés de donner un peu d'argent à ces **mayes** ou du moins un baiser. L'argent ainsi récolté était investi peu après ce défilé solennel: les mayes s'offraient ensuite un bon repas, le **gousteto** ou **cousineto**.

Les remparts d'Avignon se dressent fièrement derrière les grands boulevards et les murs gris du palais des Papes dominant la ville ne sont pas moins imposants. De l'autre côté de cette enceinte fortifiée, le pont d'Avignon tant chanté – qui s'appelle en réalité le pont Saint-Bénezet – a traversé les siècles, mais mutilé.

■ B 3, carte avant

Il n'y a pas que le mur d'enceinte et le palais des Papes qui rappellent le passé prestigieux de la petite ville (91 000 habitants) du delta rhodanien. Avignon est restée jusqu'à aujourd'hui une métropole animée et créative. Chaque année a lieu ici le **festival d'Art dramatique**. C'est en 1947 que l'acteur Jean Vilar eut l'idée de ce festival où le théâtre, la musique, le cinéma et la danse attirent d'innombrables visiteurs dans les rues. Pourtant, même en dehors de la période du festival, Avignon offre la plus belle opportunité de se lier d'amitié avec la Provence. La place de l'Horloge est la terrasse panoramique de la ville, quantité de bons restaurants se disputent les faveurs des clients.

La métropole des papes

Visiter Avignon signifie également se replonger dans le passé médiéval de Provence. L'âge d'or d'Avignon débuta avec le pape Clément V. En 1309, l'ancien archevêque de Bordeaux décida d'échapper aux intrigues des principales familles italiennes de Rome, résidant à Malaucène et Carpentras et parfois aussi en Avignon. Son successeur, Jean XXII, s'installa définitivement à Avignon. Une décision attendue: avant son accession à la papauté, Jean était évêque d'Avignon. De 1309 à 1377, sept papes français se succédèrent en Avignon, la capitale de la chrétienté, et pendant les 27 années qui suivirent, la ville fut la capitale des antipapes qui régnaient depuis la France contre leurs collègues romains.

Et là où étaient les papes était aussi l'argent; là où était l'argent, il y avait aussi du travail... Au XIVe siècle, Avignon, fondée à l'origine par des marchands grecs, était une vraie métropole des arts. Les peintres et les poètes affluaient à la cour, suivis par des nobles et des marchands, des artisans et des chevaliers de fortune. Seuls les cardinaux préféraient résider à Villeneuve-lès-Avignon, sur l'autre rive du fleuve, plus conforme à leur rang.

Un demi-million de visiteurs défile chaque année dans les hautes pièces du palais des Papes; cependant, beaucoup sont plutôt déçus par l'impression de froideur et de masse dégagée par l'intérieur de la forteresse...

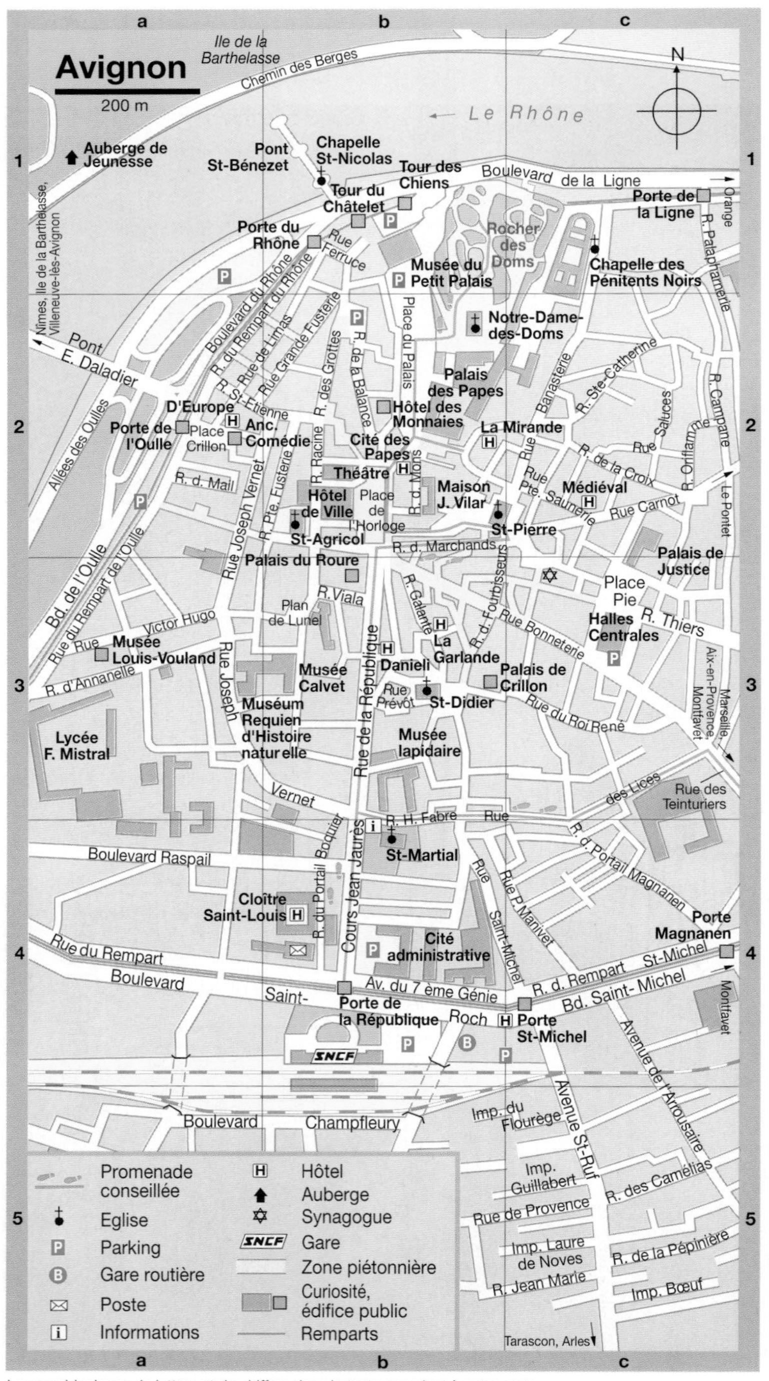

Les combinaisons de lettres et de chiffres dans le texte renvoient à cette carte.

Hôtels et logements

L'Anastasy
D'accord, l'île de la Barthelasse n'est pas précisément le centre d'Avignon. Mais sur cette île, cette ancienne ferme aux chambres simples mais belles, à la jolie terrasse et aux prix sages, ne manque pas de charme.
Chemin des Poiriers, 84000
Ile de la Barthelasse
Tél. 04 90 85 55 94
4 chambres
Classe de prix moyenne (pas de cartes de crédit)

Auberge de Cassagne
Ravissante auberge provençale aux chambres plus ou moins confortables.
84130 Le Pontet-Avignon (5 km au nord-est de la ville)
Tél. 04 90 31 04 18
Fax 04 90 32 25 09
26 chambres
Classe de prix élevée (AE, DC, EC, Visa)

Cité des Papes ■ b 2, p. 158
Cet hôtel de bon confort est sis entre le palais des Papes et la place de l'Horloge. Sa situation royale exceptionnelle se répercute défavorablement sur le budget.
1, rue Jean-Vilar, 84000
Tél. 04 90 86 22 45
Fax 04 90 27 39 21
59 chambres
Fermé déc.-mi-janv.
Classe de prix moyenne (AE, DC, EC, Visa)

Cloître Saint-Louis ■ b 4, p. 158
Cet ancien cloître est aménagé dans un style design très pur: l'équipement des chambres se borne au strict nécessaire, les murs sont en pierre nue. On se console avec la belle cour intérieure, le parking privé (très utile la nuit) et la chapelle.
20, rue du Portail-Boquier, 84000

Déjeuner dans le recueillement: le restaurant du Cloître Saint-Louis occupe un ancien cloître.

Tél. 04 90 27 55 55
Fax 04 90 82 24 01
77 chambres
Fermé janv.-fév.
Classe de prix élevée (AE, DC, EC, Visa)

Danieli ■ b 3, p. 158
Hôtel de catégorie moyenne assez simple situé dans la rue principale. Le stationnement y est problématique.
17, rue de la République, 84000
Tél. 04 90 86 46 82
Fax 04 90 27 09 24
29 chambres
Classe de prix moyenne (AE, DC, EC, Visa)

Hôtel d'Europe ■ a 2, p. 158
Cet hôtel de luxe est installé dans un hôtel particulier du XVIe siècle. Les chambres sont très variables en matière d'espace et de confort (visitez-les de préférence avant), les trois suites avec terrasse et vue sur le palais des Papes sont cependant toujours recommandées. Parking privé et restaurant.
12, pl. Crillon, 84000
Tél. 04 90 14 76 76
Fax 04 90 85 43 66
44 chambres, 3 suites
Classe de prix élevée (AE, DC, EC, Visa)

La Ferme
Sympathique hôtel familial dans un cadre de verdure, et à prix tendres.
Ile de la Barthelasse
Chemin du Bois, 84000
Tél. 04 90 82 57 53
Fax 04 90 27 15 47
20 chambres
Fermé 2 janv.-7 févr.
Classe de prix moyenne (AE, DC, EC, Visa)

La Ferme Jamet
Dans cette ancienne ferme recouverte de vigne, les chambres sont en partie meublées en style provençal.
Ile de la Barthelasse, 84000
Tél. 04 90 86 16 74
Fax 04 90 86 17 72
4 chambres
Fermé nov.-févr.
Classe de prix moyenne (EC, Visa)

Les Frênes
Jacques Biancône a déjà reçu Catherine Deneuve et ses amis dans son hostellerie de luxe paradisiaque. Un conseil: les plus belles chambres ne se trouvent pas dans le bâtiment principal, mais dans les bungalows. Un parc bien entretenu, une piscine, une bonne table et un parking vont de soi.
645, av. des Vertes-Rives
84140 Montfavet-Avignon, à l'est du centre-ville
Tél. 04 90 31 17 93, 04 90 31 02 74
Fax 04 90 23 95 03
15 chambres
Fermé 15 nov.-31 mars
Classe de prix élevée (AE, DC, EC, Visa)

La Garlande ■ b 3, p. 158
Auberge modeste à situation centrale.
20, rue Galante, 84000
Tél. 04 90 85 08 85
Fax 04 90 27 16 58
12 chambres
Classe de prix inférieure (AE, DC, EC, Visa)

Loger comme les nobles d'Avignon: l'Hôtel d'Europe est installé dans une maison patricienne du XVIe siècle.

La Magneraie ■ B 3, carte avant
Mas provençal luxueux avec beau jardin et bonne table.
37, rue Camp-de-Bataille
30400 Villeneuve-lès-Avignon
Tél. 04 90 25 11 11
Fax 04 90 25 46 37
25 chambres
Classe de prix moyenne (AE, DC, EC, Visa)

Médiéval ■ c 2, p. 158
Dans une maison du XVIIe siècle, non loin du palais des Papes.
15, rue Petite-Saunerie, 84000
Tél. 04 90 86 11 06
Fax 04 90 82 08 64
25 chambres
Fermé janv.-févr.
Classe de prix inférieure (EC, Visa)

La Mirande ■ b 2, p. 158
Sans conteste l'un des plus beaux hôtels de toute la Provence: un ensemble de meubles choisis et d'étoffes précieuses, directement derrière le palais des Papes dans un hôtel particulier avec cour intérieure.
4, pl. de l'Amirande, 84000
Tél. 04 90 85 93 93
Fax 04 90 86 26 85
19 chambres
Classe de luxe (AE, DC, EC, Visa)

Le Prieuré ■ B 3, carte avant
Au milieu d'un parc, cet hôtel confortable et idyllique de la chaîne Relais & Châteaux est installé dans un prieuré du XIVe siècle.
7, pl. du Chapitre
30400 Villeneuve-lès-Avignon
Tél. 04 90 25 18 20
Fax 04 90 25 45 39
26 chambres
Fermé mi-mars à nov.
Classe de prix élevée (AE, DC, EC, Visa)

Promenade

Notre tour dans Avignon part de la gare, directement à la porte commandant l'entrée du cours Jean-Jaurès. Sur la gauche se situe l'hôtel **Cloître Saint-Louis** installé dans un ancien couvent: la chapelle est réservée aux clients de l'hôtel, mais n'ayez pas peur de jeter un coup d'œil dans la paisible cour intérieure et admirez la jolie fontaine moussue. De retour sur l'artère principale, poursuivez dans la rue de la République: on y trouve les filiales de grands magasins, une FNAC, les buralistes vendent les principaux journaux et périodiques français et étrangers – et même les automobilistes font attention aux piétons. Si vous avez le temps de faire un crochet, tournez peu avant la rue de la République dans la rue Henri-Fabre et empruntez la rue des Lices jusqu'à la nostalgique **rue des Teinturiers**. On y teignait autrefois dans les eaux de la Sorgue les fameuses **indiennes**, ces cotonnades aux motifs de couleurs vives.
Si, au contraire, vous souhaitez prolonger encore un peu votre lèche-vitrines, tournez à droite dans la rue des Marchands jusqu'à la place Carnot et revenez par la rue Favart. Sur la **place de l'Horloge**, de nombreux cafés vous invitent à faire une petite pause. Ils constituent les principales terrasses panoramiques de la ville: toute personne qui visite Avignon y passe à un moment ou à un autre. Le spectacle a sa tradition: au temps des Romains, cette place servait de forum. Sur le front gauche de la place, on peut admirer le **théâtre** et l'**hôtel de ville**, avant d'emprunter la rue Jean-Vilar jusqu'au **palais des Papes**.

Lorsqu'on débouche sur ce palais-forteresse, la vue qui s'offre est majestueuse. La perspective est cependant tout autre si l'on emprunte le petit passage au sud de l'édifice, entre le restaurant de Christian Etienne et le palais. C'est là également que se trouve l'élégant hôtel **La Mirande**.
De retour sur la place du Palais, nous montons jusqu'au jardin du **rocher des Doms**: du côté nord, on jouit de la plus belle vue sur le Rhône, le pont Saint-Bénezet et les fortifications de Villeneuve. Un panorama qui donne envie de contempler le palais des Papes depuis la rive opposée du Rhône.
Durée : 2 h à 2 h 30

Le palais des Papes en exil en Avignon ressemble davantage à une forteresse offensive qu'à un fier palais.

Curiosités

Cathédrale Notre-Dame-des-Doms ■ b 2, p. 158
Cette cathédrale datant du XIIe siècle est l'édifice religieux le plus vieux de la ville. Pas moins de 157 cardinaux et deux papes y sont inhumés. A voir: la coupole romane qui couvre la croisée du transept, le siège épiscopal en marbre blanc (XIIe siècle) et les trois statues d'argent de la **Flagellation** dans le trésor. La Vierge dorée qui surmonte le clocher depuis 1859 est contestée.
Pl. du Palais
Tous les jours 8 h – 18 h 45

Chapelle des Pénitents Noirs ■ c 1, p. 158
Cette chapelle baroque date de 1739. En raison de travaux de restauration, on ne peut pas visiter l'intérieur pour le moment.
Rue Banasterie

Les 10 édifices les plus imposants

Abbaye de Sénanque

■ C 3, carte avant

... parce que cette ancienne abbaye cistercienne au milieu des champs de lavande a un cachet extraordinaire (→ p. 97).

10x10

Aigues-Mortes

■ A 4, carte avant

... parce que c'est une ville fortifiée médiévale pratiquement conservée à l'état d'origine (→ p. 224).

Antigone à Montpellier

... parce que cette cité post-moderne de l'architecte Ricardo Bofill forme un contrepoint intéressant aux édifices romains de Provence (→ p. 217).

Arènes d'Arles

■ c 2, p. 116

... parce que cette construction romaine s'insère toujours harmonieusement dans la ville et la vie arlésienne (→ p. 119).

Les Baux-de-Provence
■ B 4, carte avant
... parce que ce village féodal fortifié des Alpilles fait forte impression surtout au petit matin (→ p. 128).

Maison Carrée de Nîmes
■ b 2, p. 230
... parce que c'est le temple romain le mieux conservé de tous (→ p. 232).

Palais de Longchamp à Marseille
■ c 1, carte arrière
... parce qu'en regardant ce Palais, on voit revivre la magnificence et la splendeur du Second Empire (→ p. 197).

Palais des Papes à Avignon
■ b 2, p. 158
... parce qu'extérieurement, le palais donne l'impression que les papes viennent de le quitter (→ p. 166).

Pont du Gard
■ A 3, carte avant
... parce que cet aqueduc romain est probablement le plus bel ouvrage utilitaire de France (→ p. 238).

Théâtre Antique d'Orange
■ b 3, p. 246
... parce que ce théâtre antique extraordinairement bien conservé est l'un des pôles d'attraction les plus courus de Provence en période de festival (→ p. 245).

Palais des Papes ■ b 2, p. 158
Au temps du chauffage central et de la lumière électrique, personne n'enviera leur palais aux papes d'Avignon. Son aspect extérieur fait songer à une majestueuse citadelle gothique. Mais l'intérieur est sombre et pesant, même un peu déprimant dans certaines parties. L'aménagement des deux édifices accolés a été effectué sous deux papes différents et partant, imprégné par deux mentalités et styles d'architecture tout à fait opposés. Benoît XII (1334-1342), moine cistercien, fit ériger l'austère et sobre **Palais Vieux** au nord. Son successeur, Clément VI (1342-1352), l'ancien archevêque de Rouen, se révéla être un artiste doublé d'un grand prodigue. Il confia l'exécution de son **Palais Neuf** d'inspiration gothique à des artistes et des architectes de renom tels Jean de Louvres et Matteo Giovanetti de Viterbe. Les plafonds et les fresques de la chambre du Cerf sont de véritables chefs-d'œuvre.
En 1316, le pape Jean XXII (son tombeau se visite à **Notre-Dame-des-Doms**) avait nommé palais des Papes l'ancien palais épiscopal. Il se rendit impopulaire auprès du peuple en décrétant de nouveaux impôts et, selon la rumeur, en se livrant même à l'occultisme. Le palais des Papes abriterait soi-disant un secret: Benoît XIII aurait dissimulé douze statues en or massif dans une salle secrète, quand il dut fuir le palais à l'époque du grand schisme. Seul l'ambassadeur de Venise partageait son secret – et il le garda si bien que les statues restèrent introuvables.
Même Mistral s'inspira de cette légende pour son «Poème du Rhône».
Lors de la Révolution française, le palais des Papes (comme en fait tous les édifices religieux) fut dévasté, 60 contre-révolutionnaires furent littéralement massacrés dans la **tour des Latrines**. Le palais devint une prison et une caserne, les soldats découpèrent des fresques et des sculptures pour vendre les morceaux aux antiquaires. Heureusement, certaines des merveilleuses peintures murales ont survécu au temps (et notamment au grand incendie de 1413). Les fresques de la chambre et du cabinet particulier des papes ainsi que celles de la **chapelle Saint-Martial** sont particulièrement remarquables.
Pl. du Palais
Août-sept. tous les jours 9 h – 12 h et 14 h – 18 h; avril-veille du festival et oct.-nov. 9 h – 19 h;
sinon 9 h – 12 h 45 et 14 h – 18 h, fermé janv. et 25 déc.
Entrée 32 FF,
visites guidées 39-50 FF

Pont Saint-Bénezet ■ b 1, p. 158
«Sur le pont d'Avignon, on y danse...»
On peut admirer aujourd'hui encore une partie du pont de la chanson. D'après la légende, il fut construit par saint Bénezet.
En 1177, le jeune Bénezet aurait obéi à la voix du Christ qui lui ordonnait de construire un pont sur le Rhône, alors qu'il gardait les moutons de sa mère.
Bénezet accomplit ensuite divers miracles pour convaincre de sa mission un passeur et l'archevêque. Il aurait personnellement traîné la première pierre à l'endroit du pont; elle était si lourde que 30 hommes ne pouvaient la soulever.
Ce n'est que beaucoup plus tard qu'on dansa sur – ou plus vraisemblablement sous – le pont Saint-Bénezet.
Aux XVIe et XVIIe siècles, il y aurait

Rituel obligé lors d'une excursion scolaire: danser au pied du pont d'Avignon qui se nomme en réalité le pont Saint-Bénezet.

en effet eu des **guinguettes** sur l'autre berge, qui étaient souvent en même temps des maisons closes.
Rue Ferruce
Avril-sept. tous les jours sauf lu 9 h – 18 h 30; sinon 9 h – 13 h et 14 h – 17 h
Entrée 10 FF

Rocher des Doms
■ b 1/c 1, p. 158
Devant le beau parc du XIXe siècle au nord du palais des Papes, on a une vue imprenable sur le Rhône, le pont Saint-Bénezet et l'île de la Barthelasse. A ne pas manquer!

Les remparts
Si vous rejoignez le centre d'Avignon en longeant le Rhône, vous ne pourrez qu'admirer le mur d'enceinte (1359-1371) bien conservé, long de plus de quatre kilomètres. Douze portes commandaient jadis l'accès à la ville, le pont Saint-Bénezet étant particulièrement bien gardé. Les boulevards circulaires sont à l'emplacement des fossés comblés.

Musées

Musée Calvet ■ b 3, p. 158
Rien que le bâtiment du musée, l'**hôtel de Villeneuve-Martignan** (1740-1750), se signale comme une grande œuvre d'art. Le médecin Esprit Calvet (1728-1810) légua sa collection de curiosités et sa bibliothèque à sa ville natale. Depuis sa quatorzième année, Calvet avait collectionné des pièces de monnaie, des sculptures, des tableaux, de même que des antiquités d'époques romaine et égyptienne. Vous retien-

drez la stèle de Lauris et la stèle du rocher des Doms, la stèle funéraire d'une jeune fille ou le **Saint-Bruno** de Nicolas Mignard; même Louis XIV commanda un portrait au peintre d'Avignon (1606-1668).
65, rue Joseph-Vernet
Oct.-avril sauf ma 10 h – 18 h; sinon fermé temporairement pour cause de rénovation
Entrée libre

Musée lapidaire ■ b 3, p. 158
Ce musée archéologique installé dans une ancienne église des Jésuites (érigée de 1620 à 1645) expose de nombreux vestiges de la civilisation romaine, dont une statue de Jupiter, un torse de Bacchus et les portraits de Tibère, Marc-Aurèle et Trajan. La principale attraction du bestiaire de tradition gauloise est la Tarasque de Noves (IIe siècle av. J.-C.), un monstre dévoreur d'hommes.
27, rue de la République
Tous les jours sauf ma et jours fériés 10 h – 12 h et 14 h – 18 h
Entrée 10 FF

Musée du Petit Palais
■ b 1, p. 158
L'ancienne résidence des évêques et des archevêques d'Avignon (XIVe et XVe siècles) est tout sauf un «petit palais». Cette demeure somptueuse que le cardinal Bérenger Frédol fit construire de 1318 à 1320 montre que le clergé a toujours su vivre. Arnaud de Via, neveu du pape Jean XXII, y a aussi séjourné. L'art du XIIIe au XVIe siècle est présenté dans 19 salles. La collection de peinture italienne et celle des tableaux de l'école d'Avignon sont célèbres. A des toiles comme la «Vierge à l'Enfant entre deux saints» d'Enguerrand Quarton, on voit qu'Avignon était un des centres de la peinture européenne au cours de la deuxième partie du XVe siècle. Le principal attrait des lieux se trouve dans la salle 11: «Vierge et l'Enfant» de Sandro Botticelli (vers 1470).
21, pl. du Petit-Palais
Mai-sept. tous les jours sauf ma 10 h 30 – 18 h; sinon 9 h 30 – 12 h et 13 h 30 – 17 h 30
Entrée 18,50 FF

Musée Louis-Vouland
■ a 3, p. 158
Du mobilier français des XVIIe et XVIIIe siècles, et des faïences des ateliers renommés de Marseille et de Moustiers. Outre une salle à manger de style Louis XIII, on peut aussi admirer la «chambre chinoise» du donateur Vouland.
17, rue Victor-Hugo
Juin-sept. tous les jours sauf di et lu 10 h – 12 h et 14 h – 18 h, sinon 14 h – 18 h
Entrée 20 FF

Muséum Requien d'Histoire naturelle ■ a 3, p. 158
Esprit Requien (1788-1851), botaniste d'Avignon, fonda ce musée qui possède une riche collection relative à la flore et la faune de la région du Vaucluse.
67, rue Joseph-Vernet
Tous les jours sauf di et lu 9 h – 12 h et 14 h – 18 h
Entrée libre

Manger et boire

Le Café des Artistes ■ a 2, p. 158
Ce genre de bistrot typique n'existe habituellement que dans les films: miroirs, banquettes allongées et plancher à damier noir et blanc. On vous sert une cuisine provençale sans grande recherche. A l'époque du festival, on croise parfois une tête connue au «Café des Artistes».
21bis, pl. Crillon
Tél. 04 90 82 63 16
Tous les jours sauf di et lu (après la saison) 12 h – 14 h et 15 h – 22 h
Classe de prix inférieure (EC, Visa)

Christian Etienne ■ b 2, p. 158
L'un des plus beaux et des meilleurs restaurants de la ville: le chef cuisinier Etienne a décoré un vieil hôtel particulier du XIVe siècle en mobilier modern-design et vous sert des spécialités au parfum de terroir. Essayez donc les menus les moins chers.
10, rue de Mons
Tél. 04 90 86 16 50
Tous les jours sauf sa midi et di 12 h – 14 h et 15 h – 21 h 30
Classe de prix moyenne (AE, DC, EC, Visa)

Les Frênes
Haute cuisine sur terrasse intime. Dégustation de filet d'agneau grillé ou de loup de mer fumé avec vue sur le jardin.
654, av. Vertes-Rives
Avignon-Montfavet, à l'est du centre-ville
Tél. 04 90 31 17 93
Tous les jours 12 h – 14 h et 19 h – 21 h 30; fermé mi-nov - mi-mars
Classe de prix élevée (AE, DC, EC, Visa)

Le Grangousier ■ b 3, p. 158
L'ambiance de ce restaurant apprécié est pour le moins originale: le Grangousier est installé dans la cour intérieure coiffée d'une verrière d'une demeure historique. La cuisine est à la mesure du cadre: le chef de cuisine Philippe Buisson propose un répertoire traditionnel raffiné.
17, rue Galante
Tél. 04 90 82 96 60
Tous les jours sauf di et lu midi 12 h – 14 et 19 h – 21 h 30
Classe de prix moyenne (AE, DC, EC, Visa)

Hiély-Lucullus ■ b 3, p. 158
Ne vous y trompez pas: l'illustre Pierre Hiély, renommé pour avoir formé tant de grands cuisiniers provençaux, n'existe plus depuis longtemps, même si l'établissement porte toujours son nom.
5, rue de la République
Tél. 04 90 86 17 07
Tous les jours sauf lu et ma midi 12 h – 14 h et 19 h – 21 h 30; fermé fin juin
Classe de prix moyenne (EC, Visa)

L'Isle Sonnante ■ b 2, p. 158
A l'Isle Sonnante, on peut bien manger à des prix défiant toute concurrence: du lapin farci à la purée d'olives au steak de thon aux tomates, tout est bon dans ce bistrot.
7, rue Racine
Tél. 04 90 82 56 01
Tous les jours sauf di et lu 12 h – 14 h et 19 h – 21 h 15
Classe de prix inférieure (DC, EC, Visa)

Le Mesclun ■ b 2, p. 158
Ce bistrot tout simple appartient au maître queux Brunel du restaurant du même nom (nettement plus onéreux)

d'à côté. **Ratatouille, salade niçoise** et autres spécialités.
48, rue de la Balance
Tél. 04 90 86 14 60
Tous les jours sauf di et lu
12 h – 14 h et 19 h – 21 h 30
Classe de prix inférieure (DC, EC, Visa)

Achats

Antiquités

Antiquités B. Bourret ■ a 2, p. 158
Ce joli magasin situé dans une maison du XVIIIe siècle près du palais des Papes vend essentiellement du mobilier de la région, parfois aussi d'autres antiquités provençales.
5, rue Limas

Antiquités Challiol-Galtier ■ a 2, p. 158
Meubles et céramiques des XVIIe et XVIIIe siècles.
17, rue St-Etienne

Hervé Baume ■ b 2, p. 158
Charmant méli-mélo de vieilles lampes, de miroirs antiques, de meubles provençaux et de curiosités.
19bis, rue Petite-Fusterie

Galerie Gérard Guerre ■ b 3, p. 158
Mobilier provençal des XVIIe et XVIIIe siècles.
1, plan de Lunel

Livres

FNAC ■ b 3, p. 158
Le fond de commerce typique de la FNAC avec des livres, des CD et des CD-ROM ainsi que des logiciels informatiques.
19, rue de la République

Librairie Roumanille ■ b 2, p. 158
On peut y faire mieux connaissance avec la Provence: littérature et albums de photos portant sur la région.
19, rue St-Agricol

Chapeaux

Mouret ■ b 2, p. 158
Dans cette chapellerie au décor Louis XVI, on peut acquérir aussi bien des modèles régionaux qu'un bon vieux panama.
20, rue des Marchands

Alimentation

Crus et Domaines ■ c 2, p. 158
Des vins de la vallée du Rhône, de Bourgogne et de Bordeaux.
23, rue Carnot
Tous les jours sauf di et lu

La Tropézienne ■ b 1, p. 158
Gâteaux régionaux et spécialités de pâtisserie.
22, rue St-Agricol

Marchés

Halles centrales ■ c 3, p. 158
Le marché couvert légèrement en dehors du centre-ville n'est pas précisément accueillant: c'est un bâtiment utilitaire en béton armé. Mais les marchandises sont le plus souvent de qualité et on y trouve de tout, des confitures et des légumes au poisson frais.
Entre la rue Bonneterie et la pl. Pie
Tous les jours sauf lu 8 h – 12 h 30

Le marché sous les remparts
■ c 4, p. 158
En haute saison, ce marché hebdomadaire d'Avignon est davantage un spectacle touristique.
Porte Magnanen
Sa et di 8 h – 13 h

Tissus

Souleiado ■ a 3, p. 158
Jupes, chemises, cravates et linge de table aux motifs hauts en couleur de Souleiado.
1, 2 , et 5, rue Joseph-Vernet

Adresses utiles

Office de tourisme ■ b 4, p. 158
41, cours Jean-Jaurès
84000 Avignon
Tél. 04 90 82 65 11
Fax 04 90 82 95 03

Gare SNCF ■ b 4, p. 158
Bd St-Roch
Tél. 04 90 82 50 50

Gendarmerie
Tél. 04 90 80 50 00

Informations sur le festival
Tél. 04 90 86 24 43

Croisière sur le Rhône
■ a 2, p. 158
Grands Bateaux de Provence
Allée de l'Oulle
Tél. 04 90 85 62 25
Fax 04 90 85 61 14

Aéroport régional Avignon-Caumont
8 km au sud-est de la ville
Tél. 04 90 88 43 49

Sous les remparts d'Avignon a lieu le marché de fin de semaine.

Excursions

Barbentane ■ B 3, carte avant

Faites donc un crochet par cette petite localité située dix kilomètres avant Avignon pour son château du XVIIe siècle, parfait exemple du goût classique. Une centaine d'années plus tard, le marquis de Barbentane, ambassadeur de Louis XV en Toscane, fit entreprendre des travaux de transformation qui conférèrent au château son charme italien.
Rue du Château
Fin mars-début novembre tous les jours sauf me 10 h – 12 h et 14 h – 18 h; juil./août ouvert tous les jours
Entrée 35 FF

Curiosité

Parc floral tropical de Provence
Paradis tropical dans une vaste serre.
Route de Terre Fort, N 570
Tous les jours 10 h – 12 h et 14 h – 17 h 30
Entrée 37 FF

Carpentras ■ C 2, carte avant

Les **berlingots de Carpentras**, ces petits bonbons à la menthe, parsèment les magasins de souvenirs de la ville. Leur fabrication ainsi que deux conserveries donnent actuellement du travail aux habitants. C'était autrefois la capitale du Comtat Venaissin et de 1302 à la Révolution française, la propriété du Saint-Siège. Carpentras était jadis entourée d'une enceinte à 32 tours et 4 portes – elle fut rasée au XIXe siècle. Les derniers vestiges de sa gloire d'antan sont la **porte d'Orange** et la **bibliothèque Inguimbertine** avec ses 250 000 livres, manuscrits et incunables précieux. Elle fut fondée en 1745 par l'évêque Malachie d'Inguimbert, le bienfaiteur de la ville et le «père» de l'**Hôtel-Dieu**.

Hôtel

Le Coq Hardi
Cet ancien relais de poste proche de la zone piétonnière du centre pratique des prix corrects.
36, pl. de la Marotte
Tél. 04 90 63 00 35
17 chambres
Classe de prix inférieure (AE, DC, EC, Visa)

Curiosités

Ancienne cathédrale Saint-Siffrein
Porte Juive, tel se nomme le portail sud de cette église du XVe au XVIIe siècle (le clocher fut reconstruit vers 1900). Au fil des siècles, Carpentras a en effet connu une forte rivalité entre les communautés catholique et juive: les Juifs convertis empruntaient le portail sud pour recevoir le baptême. A signaler entre autres le trésor d'art sacré et ses statues en bois du XIVe au XVIe siècle.
Pl. du Général-de-Gaulle
Pâques-sept. tous les jours sauf di 10 h – 12 h et 14 h – 18 h; sinon jusqu'à 16 h
Entrée 2 FF

De nos jours, tout le monde entre dans la cathédrale de style gothique tardif de Carpentras par la légendaire «porte Juive», jadis réservée aux juifs convertis.

Hôtel-Dieu

La première pierre de cet hôpital fut posée en 1750; à partir de 1762, les malades y furent soignés par des augustines. Les pots en faïence de Moustiers de la pharmacie située dans l'aile ouest sont remarquables.
Pl. Aristide-Briand
Lu, me, je 9 h – 11 h 30
Entrée 8 FF

Synagogue

Au XVIIIe siècle, un Carpentrassien sur cinq était de confession juive. Cette synagogue a succédé à la plus vieille synagogue de France datant de 1307. Elle fut agrandie au XVIIIe siècle après que l'ancien bâtiment fut devenu trop exigu pour les besoins de la communauté religieuse.
Pl. de l'Hôtel-de-Ville
Tous les jours sauf sa et di
10 h – 12 h et 15 h – 17 h,
ve jusqu'à 16 h

Manger et boire

Le Vert Galant

Ici, pas de carte mais seulement des menus. Chez Jacques Mégean, vous mangez ce qu'on vous sert. Et la cuisine est très saisonnière, légère et goûteuse avec toujours un parfum de Provence. Une bonne adresse.
12, rue Clapies
Tél. 04 90 67 15 50
Tous les jours sauf sa midi et di
12 h – 14 h et 19 h – 21 h
Classe de prix moyenne (EC, Visa)

Au Vert Galant à Carpentras, le restaurant de monsieur Mégean, on est en de bonnes mains.

Achats

Décoration

Marie Poupardin
Feuilles de vigne et de laurier en tôle découpée, sous forme de lampe ou de bouquet de fleurs très robuste.
18, rue de la Monnaie

Alimentation

Confiserie Albert Bono
Les délicieux fruits confits de Provence ne sont pas originaires uniquement d'Apt, mais aussi du chaudron de cuivre de M. Bono.
280, av. Jean-Jaurès

Confiserie Daussy
Les **berlingots**, ces savoureux bonbons à la menthe de Carpentras, sont la spécialité de l'endroit.
83, rue Porte-de-Mazan

Fromagerie du Comtat
Quelque 250 fromages affinés attendent preneur chez Auguste Vigier.
23, pl. de la Mairie

Pâtisserie Jouvard
Cette fine pâtisserie au répertoire classique agrémenté de quelques créations comme la **tarte fermière** au fromage blanc et aux framboises sur fond de biscuit est une adresse courue des becs fins de la région.
40, rue de l'Evêché

Marché

Marché de l'allée des Platanes
Le vendredi matin, c'est un déploiement de tous les meilleurs produits de la région. Ce marché mérite le déplacement même en hiver: on y vend en effet des truffes fraîches sur la place Aristide-Briand.
Ve 8 – 12 h

Adresses utiles

Office de tourisme
170, av. Jean-Jaurès
84200 Carpentras
Tél. 04 90 63 00 78
Fax 04 90 60 41 22

Gare SNCF
Av. de la Gare
Tél. 04 90 63 02 60

Caumont-sur-Durance

■ C 3, carte avant

Cette localité sur la Durance est un de ces villages provençaux typiques avec ses vieilles maisons blotties autour de l'église du XVIIIe siècle. Le pôle d'attraction principal est la **chartreuse de Bonpas** proche. Avant que des moines n'érigent la chapelle au XIIe siècle, les Celtes et les Romains s'étaient déjà établis à cet endroit. En 1320, le pape attribua le domaine aux chartreux qui transformèrent l'église en couvent fortifié. Les remparts et le réfectoire datent du XIVe siècle. La vie du couvent ne prit fin qu'avec la Révolution.
Tous les jours 9 h – 12 h et
14 h – 18 h 30 (en hiver 17 h 30);
en juil./août les jardins sont en partie fermés au public
Entrée 10 FF

Noir et or: les olives et l'huile d'olive

Elle est tout bonnement indispensable dans les poêles et les casseroles provençales: qu'il s'agisse de loup de mer ou d'agneau grillé, de **pistou** ou de **brandade**, l'huile d'olive est de la partie.

On suppose que les Grecs ont été les premiers à apporter les oliviers dans la région de Marseille. Ils faisaient partie de l'«alimentation de base» idéale des nouvelles colonies en Méditerranée; après tout, ces plantes n'étaient pas très exigeantes: les oliviers poussent aussi sur sol sec. Tant que les températures restent suffisamment clémentes, ils peuvent vivre jusqu'à 200 ans et n'ont en fait qu'un seul ennemi naturel: les fortes gelées.

Les olives vertes et noires que l'on peut voir sur n'importe quel marché provençal ne sont pas deux espèces différentes: les olives noires sont simplement les fruits mûrs qui restent sur l'arbre jusqu'à la mi-novembre. Celles qui ne sont pas mûres, récoltées en septembre, sont vertes – ce qui n'a rien à voir avec la qualité ou le goût. Certaines sortes comme la **pitchouline** ou la **nîmes** sont, consommées à l'état vert, bien meilleures que si elles étaient noires. D'autres, telle la **tanche** de Nyons ou la **cailletier** de Nice sont bien plus savoureuses noires.

Toutefois, il ne faut jamais manger d'olives fraîchement cueillies: ce n'est qu'une fois lavées et marinées dans la saumure qu'elles sont digestes. Les ménagères de la région les farcissent avec des filets d'anchois ou un autre poisson, ou bien les emploient en accompagnement du canard, de la daube ou du pigeon. Et en Provence, quand on est pressé, on mélange vite quelques olives hachées au **steak tartare**.

La «star» des olives provençales est la **noire de Nyons** – c'est la seule sorte d'olive à posséder une **appellation d'origine contrôlée** (AOC), à

Provence extra

l'instar des meilleurs vins.

Qu'elles soient encore vertes ou déjà mûres, les olives provençales sont un délice.

Pour un litre d'huile d'olive, il faut environ quatre à cinq kilos d'olives noires. Elles sont lavées, broyées et pressées, et l'huile est ensuite séparée de l'eau dans une centrifugeuse. Si vous voulez en rapporter un litre, suivez bien les quelques règles ci-après: l'huile d'olive est au mieux à la température de 18 degrés environ, à l'abri du soleil et de la lumière.

Les environs des Baux sont particulièrement réputés pour leurs oliviers. Entre les ruines de la «Ville Morte» se dissimule un petit «musée de l'Olivier». En juillet 1994, ces plantes ont été proposées par le **CNAC, Comité National des Arts Culinaires,** sous la présidence du chef trois étoiles Alain Senderens, au titre de «monument historique culinaire».

En faisant un petit effort, on est récompensé par ce produit de santé liquide: il n'est guère de Provençal très âgé qui n'attribue sa santé de fer à la consommation quotidienne de la bien-aimée **huile d'olive**. Maladies coronariennes ou difficultés digestives: en Provence, l'huile d'olive est la panacée – et la science est en voie d'étayer la vieille croyance populaire, du moins en partie.

Cavaillon

■ C 3, carte avant

Cavaillon évoque les melons; ce sont les plus délicats de toute la France. Ici, les gens de l'âge de la pierre s'en seraient déjà nourris. Les Grecs et les Romains suivirent jusqu'à ce que la ville devînt siège épiscopal au IVe siècle. De nos jours, Cavaillon vit surtout de son marché: près de 2 000 personnes écoulent ici annuellement 200 000 tonnes de marchandises – principalement des melons.

Curiosité

Synagogue
La synagogue bâtie entre 1772 et 1774 a un intérieur splendide de style Louis XV. «C'est la porte du royaume du ciel, seuls les justes la franchiront», dit l'inscription en hébreu qui surmonte le portail d'entrée.
Rue Hébraïque
Tous les jours sauf ma 10 h – 12 h et 14 h – 18 h, oct.-mars jusqu'à 17 h
Entrée 20 FF, couplée avec le musée archéologique

Musée

Musée archéologique
Ce musée présente des vestiges de l'époque gallo-romaine.
Cours Gambetta
Tous les jours sauf ma 10 h – 12 h et 14 h – 18 h, oct.- mars jusqu'à 17 h
Entrée 20 FF

Manger et boire

Prévot
Le chef de cuisine Jean-Jacques Prévot, qui se nomme lui-même l'«ambassadeur du melon», sert ses fruits préférés avec du homard et de l'anchoïade.
353, av. de Verdun
Tél. 04 90 71 32 43
Tous les jours sauf di soir et lu
12 h – 14 h et 19 h – 21 h 30
Classe de prix moyenne (AE, EC, Visa)

Achats

Boulangerie-pâtisserie Auzet
Ici, on vend autre chose que de la baguette et des croissants: Roger Auzet est connu pour ses pains à l'ail, aux olives, au thym...
61, cours Bournissac

Marché du cours Bournissac
Primeurs, poisson, fromage – et bien entendu des melons, beaucoup de melons.
Lu 8 h – 12 h

Adresses utiles

Office de tourisme
Pl. François-Tourel
84300 Cavaillon
Tél. 04 90 71 32 01
Fax 04 90 71 42 99

Gare SNCF
Tél. 04 90 71 00 05

Châteaurenard

■ B 3, carte avant

Un château avec vue panoramique et une distillerie constituent les attraits de cette localité.

Curiosités

Château féodal
Du château détruit pendant la Révolution, il ne reste que deux

tours. De la **tour du Griffon**, on embrasse un panorama très étendu.
Mars-oct. 10 h – 12 h et 15 h – 17 h; mai-sept. jusqu'à 18 h 30
Entrée 15 FF

Distillerie Frigolet
Les moines de l'abbaye de Frigolet ont inventé cette liqueur au XIXe siècle. Daudet l'a immortalisée dans ses «Lettres de mon moulin». Chaque verre de Frigolet est un mélange de 30 plantes et herbes: clous de girofle et thym, cannelle et romarin. Prévenir de sa visite.
26, rue Voltaire, D 571
Tél. 04 90 94 11 08

Adresse utile

Office de tourisme
1, rue Roger-Salengro
13160 Châteaurenard
Tél. 04 90 94 23 27

Fontaine-de-Vaucluse

C 3, carte avant

Vallis clausa, vallée close – telle est l'étymologie romantique du nom du département du Vaucluse. Le poète Pétrarque (1304-1374), qui y avait une maison, s'est laissé inspirer par ce village jadis paisible. A l'heure actuelle, le site vit en grande partie des touristes qui viennent visiter la fameuse fontaine. Ils ont bien raison: surtout à la pointe de l'aube, quand il y fait encore calme, la Fontaine de Vaucluse est une curiosité trois étoiles.

Pour échapper à l'agitation de la Cité des Papes, le poète Pétrarque s'est autrefois retiré à Fontaine-de-Vaucluse, où il a puisé l'inspiration de ses vers en l'honneur de Laure. En venant tôt le matin, on peut aujourd'hui encore ressentir la magie de la source.

Curiosités

Fontaine de Vaucluse
C'est sous un figuier vieux de 300 ans qu'apparaissent au jour les eaux vertes scintillantes de la Fontaine de Vaucluse. L'histoire de l'exploration du gouffre n'est pas moins impressionnante: le 26 mars 1878, le scaphandrier Ottonelli est descendu à 23 mètres de profondeur. Le légendaire commandant Cousteau a plongé en 1955 à 74 mètres de profondeur, sans toucher le fond de la rivière souterraine. Le dernier record a été atteint le 3 août 1985 à l'aide d'un petit sous-marin, le «Modexa», qui s'est posé sur du sable à 308 mètres de profondeur; cela dit, personne ne sait si c'est réellement le fond de la grotte.

Vallis-Clausa
Dans ce centre artisanal, on fabrique encore le papier comme au XVe siècle. Une roue de moulin de sept mètres de diamètre actionne la machinerie.
Tous les jours 9 h – 12 h et
14 h – 18 h, di à partir de 10 h 30;
en haute saison 9 h – 19 h 45

Musées

Le Monde souterrain de Norbert Casteret
Les explorations de la Fontaine de Vaucluse et la collection de concrétions calcaires du spéléologue Casteret sont au centre de ce musée.
Chemin du Gouffre
Mai-août 10 h – 12 h et 14 h – 18 h 30, févr.-avril et sept. à mi-nov. visites guidées à 10 h, 11 h, 14 h, 15 h, 16 h et 17 h; fermé lu et ma sauf en haute saison
Entrée 27 FF

Musée Pétrarque
C'est à l'âge de dix ans que Pétrarque est venu pour la première fois à Fontaine-de-Vaucluse, 14 ans plus tard il se trouvait face à face avec son grand amour (platonique), Laure de Noves. Entre 1337 et 1353, c'est ce qui l'attira régulièrement dans ce village idyllique de Provence. La maison qu'il habitait à Fontaine-de-Vaucluse n'existe plus, mais ses sonnets sur Laure ont traversé les siècles. Le musée est dédié à la mémoire de Pétrarque et de Laure, mais aussi à d'autres auteurs qui ont consacré quelques lignes à Fontaine-de-Vaucluse.
Juin-sept. tous les jours sauf ma
9 h 30 – 12 h et 14 h – 18 h 30;
mi-avril à fin mai et première moitié d'oct. 10 h – 12 h et 14 h – 18 h
Entrée 10 FF

Adresse utile

Syndicat d'Initiative
Chemin de la Fontaine
84800 Fontaine-de-Vaucluse
Tél. 04 90 20 32 22
Fax 04 90 20 21 37

Graveson

■ B 3, carte avant

Cette localité dans le paysage vallonné de la **Montagnette** est une des patries des santons.

Curiosité

Santons de France
Le mot santon vient de **santoun**, «petit saint» en bon provençal (voir Santons de Provence – les personnages traditionnels de la crèche, p. 288/289). Ici, à Graveson, les personnages de la crèche sont

encore fabriqués à la main selon des procédés anciens. Et parfois, on les habille même avec des vêtements en tissu de chez Souleiado.
Av. des Meuilles, route de Maillane
Tél. 04 90 95 80 27
Visite guidée gratuite sur demande préalable tous les jours sauf di matin

Musée

Musée des Arômes et du Parfum
Les amoureux de parfums délicats trouveront ici de vieux flacons et alambics.
Route du petit Grès
Tous les jours 10 h – 12 h et 14 – 18 h
Entrée 20 FF

Décorations automnales que l'on trouve soit au marché, soit dans la nature.

L'Isle-sur-la-Sorgue

■ C 3, carte avant

La jolie «capitale du commerce des antiquités» en Provence est enserrée entre les bras de la Sorgue. En ignorant bravement les arnaques pour touristes, on fait même parfois une trouvaille. Si vous ne vous intéressez pas aux antiquités, baladez-vous sur les nombreux petits ponts et le long des multiples bras de la Sorgue sur la «Petite Venise de Provence».

Hôtels/Manger et boire

Mas de Cure Bourse
Ce charmant mas avec restaurant, à deux kilomètres au sud-est de L'Isle, dispose de jolies chambres de style provençal; le soir, on s'attable à l'ombre des arbres fruitiers. La maîtresse de maison, Françoise Donzé, a appris son métier avec sa maman: épaule d'agneau farcie aux

haricots blancs et langues d'agneau à la confiture d'oignons ou fricassée de poulet aux champignons des bois en sont le produit.
Carrefour de Velorgues
Tél. 04 90 38 16 58
13 chambres
Restaurant tous les jours sauf di soir et lu 12 h – 14 h et 19 h – 21 h 30
Classe de prix moyenne (EC, Visa)

Sous les Canniers
Seulement deux charmantes chambres dans une maison champêtre. Réservation indispensable. Le soir, les quatre hôtes peuvent dîner ensemble sur la terrasse.
Route de la Roque
Saumane, 7 km à l'est de L'Isle
Tél. 04 90 20 20 30
2 chambres
Classe de prix moyenne (pas de cartes de crédit)

Curiosité

Notre-Dame-des-Anges
La collégiale du XVIIe siècle présente à l'intérieur un décor baroque opulent attribué aux artistes avignonnais Mignard, Grève, Vouet et Sauvan.
Tous les jours sauf di et lu
10 h – 12 h et 15 h – 18 h

Musée

La Tour des Cardinaux
Exposition d'art moderne: photos, sculptures et tableaux.
4, rue Ledru-Rollin
Je-di 10 h – 13 h et 15 h – 19 h 30
Entrée libre

Achats

Antiquités

Michel Biehn
Tissus anciens et vieux textiles sont la spécialité de monsieur Biehn, dont la jolie boutique est installée dans une maison du XIXe siècle.
7bis, av. des Quatre-Otages

Galerie Lysiane Roche
Toutes sortes d'objets des années 1900 à 1930.
7, av. des Quatre-Otages

L'Isle aux Brocantes
Sur ce «marché» avec sa quarantaine d'amateurs d'art, d'antiquaires et de brocanteurs, il fait bon fouiner.

Karine Mesureur
On y trouve des meubles provençaux, des chaises de Thonet et bien davantage.
7bis, av. des Quatre-Otages

Xavier Nicod
Nicod attire le client avec des meubles et des curiosités originales de l'époque de nos grands-pères.
9, av. des Quatre-Otages

La Petite Curieuse
Le nom n'est pas usurpé: La Petite Curieuse propose un choix qui va de l'élégant au curieux.
19, impasse de la République

Quai de la Gare
Cette grande galerie avec ses quelque 30 boutiques de tableaux anciens et de meubles est proche de la gare.
Quai de la Gare

Le Village des Antiquaires de la Gare
Une bonne centaine d'antiquaires vantent leurs pièces plus ou moins rares.
2 bis, av. de l'Egalité

Alimentation

Les Délices du Luberon
Tapenade, anchoïade ou pistou, toute la saveur de Provence en bocaux.
Av. du 8 mai 1945

Adresses utiles

Office municipal de tourisme
Pl. de l'Eglise
84800 L'Isle-sur-la-Sorgue
Tél. 04 90 38 04 78

Gare SNCF
Av. Julien-Guigue
Tél. 04 90 38 00 21

Maillane

■ B 3, carte avant

Le village natal de l'écrivain Frédéric Mistral. Ses ancêtres y vinrent dès le XIVe siècle. Peu avant, le village aurait été presque anéanti par la peste et la guerre.
Dans l'église, l'autel du XVIIIe siècle est à voir.

Musée

Musée Mistral
C'est la maison que le poète fit construire à l'époque de son mariage. La chambre, le mobilier et les souvenirs personnels de Mistral ont été conservés tels quels.
11, av. Lamartine
Avril-sept. sauf lu 9 h 30 – 11 h 30 et 14 h 30 – 18 h 30; oct.-mars 10 h – 11 h 30 et 14 h -16 h 30
Entrée 20 FF

Le paysage du Vaucluse, mi-aride, mi-fertile, fait songer à la Toscane.

Monteux

■ C 2, carte avant

Ce charmant village se trouve au pied du mont Plumarel. Des fortifications des XIIIe/XIVe siècles, il subsiste un donjon et la **Porte Neuve**.

Hôtel

Blason de Provence
Jolie maison provençale avec jardin et chambres de bon confort.
Route de Carpentras
Tél. 04 90 66 31 34
Fax 04 90 66 83 05
19 chambres
Classe de prix inférieure (AE, DC, EC, Visa)

Curiosité

Atelier Hopp
C'est l'une des trois manufactures d'orgues de Barbarie de France. En prenant rendez-vous par téléphone, on peut visiter l'atelier de monsieur Hopp, et voir comment environ 3 000 pièces sont assemblées pour réussir un orgue de Barbarie.
Château des Confines, sur la D 942
Tél. 04 90 66 22 80
Entrée libre (sur rendez-vous préalable)

Noves

■ B 3, carte avant

C'est ici qu'est née Laure, le grand amour platonique du poète Pétrarque. La localité conserve encore des vestiges de l'enceinte médiévale ainsi que la chapelle Notre-Dame-de-Pitié (XIIe-XVIIIe siècles) et l'église St-Bodile (XIIe-XVe siècles).

Hôtel/Manger et boire

Auberge de Noves
Toutes les chambres de cette délicieuse bastide avec vue superbe sur les environs sont magnifiquement calmes et aménagées avec goût de meubles anciens; une chemise contenant des suggestions d'excursions et de circuits à bicyclette vous attend sur le bureau. La table et la cave sont de première classe – des viticulteurs du Bordelais viennent parfois y dîner pour déguster des bouteilles rares.
Accès par la D 28,2 km derrière Noves en direction de Châteaurenard
Tél. 04 90 94 19 21
Fax 04 90 94 47 76
29 chambres
Restaurant tous les jours sauf me midi 12 h – 14 h et 20 h – 22 h 15
Classe de luxe (AE, DC, EC, Visa)

Orgon

■ C 3, carte avant

Pour les fanatiques de l'automobile, ce bourg en bordure des Alpilles mérite le détour en raison de son intéressant musée de l'Automobile. Si vous ne vous intéressez pas aux voitures de collection, allez donc visiter l'église **Notre-Dame-de-l'Assomption** de 1325.

Musée

Musée automobile de Provence
30 voitures datant du tournant du siècle jusqu'aux années 60: Bugatti, Peugeot 5 CV, Aston-Martin et bien d'autres.
Sur la N 7
9 h – 12 h et 14 h – 18 h
Entrée 25 FF

Adresses utiles

Informations
Office de tourisme
Pl. de la Liberté
13660 Orgon
Tél. 04 90 73 09 54

Gare SNCF
Route de la Gare
Tél. 04 90 73 00 27

Pernes-les-Fontaines

■ C 2, carte avant

Trente-sept fontaines bouillonnant gaiement font de cette pittoresque localité, qui fut jusqu'en 1320 la capitale du Comtat Venaissin, l'un des plus beaux villages de Provence. Parmi les plus intéressantes, citons la **fontaine Reboul** du XVIIe siècle sur la place Reboul, la **fontaine du Gigot** de 1760 sur la place Guilhaumin, la **fontaine de la Porte-Neuve** de 1775 sur la place du Portail-Neuf et la **fontaine du Cormoran** de 1761 sur la place Porte-Notre-Dame.
A noter en dehors des fontaines surtout la **tour Ferrande** du XIIIe siècle décorée de fresques de 1285.

Hôtel

L'Hermitage
Terrasse, parc, piscine, chambres de style provençal: à Pernes-les-Fontaines, on est très bien logé à un prix très raisonnable.
Route de Carpentras
84210 Pernes-les-Fontaines
Tél. 04 90 66 51 41
Fax 04 90 61 36 41
20 chambres
Classe de prix inférieure (AE, DC, EC, Visa)

Venasque

■ C 2, carte avant

Ce petit village perché sur un promontoire était déjà habité à l'époque des Celtes. Ici, la Provence est vraiment paisible et tranquille. Mis à part un baptistère du VIe siècle (remanié au XIe siècle) et une église modeste (XIIe/XIIIe siècles), il n'y a pas de curiosité, si ce n'est l'idyllique Venasque lui-même. L'accès par la D4 et le **col de Murs** est déjà un plaisir.

Hôtel

Auberge de la Fontaine
Une poignée d'appartements très confortables attendent d'être occupés chez Christian Soehlke, un Allemand expatrié. L'atmosphère n'est pas celle d'un hôtel, mais celle d'une maison particulière aménagée avec goût. Ajoutons que monsieur Soehlke est bon cuisinier et organise des soirées musicales de temps à autre.
Au programme également, un petit bistrot aux plats à prix très amicaux. Réservation indispensable!
Pl. de la Fontaine
84210 Venasque
Tél. 04 90 66 02 96
Fax 04 90 66 13 14
5 appartements
Classe de prix élevée (EC, Visa)

Villeneuve-lès-Avignon

■ B 3, carte avant

Le fort Saint-André se dresse majestueusement au-dessus de Villeneuve. Par le passé, cet édifice défendait l'accès au pont qui conduisait à Avignon, la Cité des Papes. Les cardinaux, ne trouvant pas de résidences dignes de leur rang à Avignon même, ils s'installèrent à Villeneuve.

Curiosités

Abbaye Saint-André
Cette abbaye sise dans le fort Saint-André est l'une des plus anciennes de Provence: construite au XIe siècle, elle fut remaniée au XVIIe. La vue de la terrasse sur Avignon et le mont Ventoux est célèbre. Jardin et terrasse en juin-août tous les jours 10 h – 12 h 30 et 14 h 30 – 18 h; sinon jusqu'à 17 h
Entrée 35 FF

Chartreuse du Val de Bénédiction
Le pape Innocent VI a fondé cette chartreuse en 1356. Avec ses trois cloîtres, c'était la plus importante de sa catégorie. Les fresques de la chapelle d'Innocent VI sont l'œuvre du peintre italien Matteo Giovanetti, qui a également travaillé au palais des Papes en Avignon. Depuis 1991, l'ancienne chartreuse abrite le CNES (Centre National des Ecritures du Spectacle): depuis cette date, certains écrivains logent dans les cellules des moines transformées en appartements et composent leurs œuvres dans un climat de recueillement.
Le tombeau d'Innocent VI et les cloîtres sont également remarquables.
Rue de la République
Avril-sept. tous les jours 9 h – 18 h 30, sinon 9 h 30 – 17 h 30
Entrée 27 FF

Fort Saint-André
Aujourd'hui comme il y a 600 ans, une ceinture de murailles impressionnante enserre le fort du mont Andaon. Jadis, le fort protégeait un village disparu depuis lors ainsi que l'abbaye Saint-André et surveillait de loin le **pont d'Avignon**, le pont Saint-Bénezet. A remarquer particulièrement, la porte fortifiée aux tours jumelles.
Juil./août tous les jours 9 h 30 – 19 h; sept. 9 h 30 – 12 h 30 et 14 h – 18 h 30; oct.-mars 10 h – 12 h et 14 h – 17 h; avril-juin 9 h 30 – 12 h 30 et 14 h – 18 h
Entrée 21 FF

Notre-Dame
Cette collégiale gothique fondée en 1320 par Arnaud de Via, le neveu du pape Jean XXII, possède un bel autel en marbre du XVIIIe siècle.
Rue de la République
Avril-sept. 10 h – 12 h 30 et 15 h – 19 h, sinon 10 h – 12 h et 14 h – 17 h 30; fermé ma en dehors de la saison
Entrée 7 FF

Tour Philippe-le-Bel
Du haut de ses 60 mètres, on y montait la garde en 1307. Du XVe au XIXe siècle, cette tour a servi de prison. De la plate-forme supérieure se dégage une belle vue.
Rue Montée-de-la-Tour
Avril-sept. 10 h – 12 h 30 et 15 h – 19 h 30; sinon 10 h – 12 h et 14 h – 17 h; fermé ma en dehors de la saison
Entrée 10 FF

Musée

Musée municipal Pierre-de-Luxembourg
Parmi les œuvres exposées au palais du cardinal Pierre de Luxembourg se trouvent une vierge d'ivoire du XIVe siècle et le «Couronnement de la Vierge» d'Enguerrand Quarton, du XVe siècle.
Rue de la République
Avril-sept. 10 h – 12 h 30 et 15 h – 19 h; sinon 10 h – 12 h et 14 h – 17 h 30; fermé ma en dehors de la saison
Entrée 20 FF

Achats

Roger Maurin
Monsieur Maurin offre davantage que la pâtisserie du coin: goûtez donc son **délice Margot** aux pistaches et à la mousse de fruits.
Bd. Pasteur

Adresses utiles

Office municipal de tourisme
1, pl. Charles-David
30400 Villeneuve-lès-Avignon
Tél. 04 90 25 61 33, 04 90 25 61 55
Fax 04 90 25 91 55

Gare SNCF
Av. de la Gare
Tél. 04 90 25 40 22

A Villeneuve, la «ville neuve» des cardinaux, le pont desservant Avignon, la Cité des Papes, est gardé dans toutes les règles de l'art des fortifications.

Brise marine, yachts se balançant mollement à quai, pêcheurs haranguant les passants, le verbe haut. C'est l'une des faces de la vieille ville portuaire située sur la Méditerranée. L'autre est moins romantique, à en croire les clichés: Marseille est dangereuse, Marseille est sale, Marseille est corrompue. Mais il est bien connu que les clichés ne reflètent pas toujours la réalité.

D 5, carte avant

Quand on entend parler de Marseille à l'étranger, c'est presque toujours en négatif: le parti d'extrême-droite, le **Front National**, a encore engrangé des records de voix aux dernières élections, l'homme d'affaires indélicat Bernard Tapie n'arrête pas de défrayer la chronique avec son scandale footballistique, la trafic de la drogue serait florissant. Voleurs et trafiquants de voitures ont toujours eu la réputation de prendre leurs quartiers d'été de préférence à Marseille... La mauvaise image de marque de la ville a eu pour résultat qu'un vrai Marseillais n'aime pas trois choses: Paris, les Parisiens et la mauvaise réputation de sa ville – il croit en effet que les deux premières sont responsables d'une manière ou d'une autre de la troisième. Tapie? Liquidé par des cliques parisiennes. L'extrémisme de droite? Ceux du Nord n'ont pas la moindre idée de nos problèmes. La criminalité? Elle est bien moins importante qu'on ne veut le faire croire.
Là au moins, les Marseillais n'ont pas tout à fait tort: le risque de se faire voler sa voiture ou ses bagages n'est guère plus grand dans la ville portuaire qu'à Nice ou à Cannes – ce qui ne veut pas dire que la situation à Marseille se soit sensiblement améliorée, mais simplement qu'elle s'est aggravée ailleurs.

Les points forts de Marseille

En bref: le vrai **Marseillais** est fier de sa ville – Marseille n'est-elle pas la deuxième ville de France?
Plus de 800 000 habitants auxquels il faut ajouter plus d'un million vivant dans la périphérie, et en termes de superficie pure, plus grande que la capitale honnie! N'est-elle pas en même temps la plus vieille? Les marchands grecs fondèrent Massalia vers 600 av. J.-C. et en firent l'une des plus puissantes métropoles commerciales du bassin méditerranéen – environ 300 ans avant que la tribu des Parisii s'établisse sur l'île de la Seine!

Même si les yachts sont en surnombre, dans le Vieux Port de Marseille, les pêcheurs vaquent toujours à leurs occupations traditionnelles.

Le port de Marseille n'est-il pas la porte de la France ouverte sur le monde? C'est effectivement le plus gros port du pays avec un trafic de marchandises de 90 millions de tonnes par an. Depuis la fin du siècle dernier, le port de Marseille a vu défiler plusieurs vagues d'immigrés vers la France: d'abord des Italiens, des Arméniens et des Grecs, et ensuite, après la débâcle d'Algérie, surtout des Français d'Algérie. Et l'hymne national ne s'appelle-t-il pas **La Marseillaise**?
Oui, mais c'est un quiproquo: le texte fut écrit à Strasbourg par Rouget de Lisle; un bataillon de volontaires marseillais n'entonna le chant qu'en faisant son entrée dans la capitale.

Ville et village à la fois

Marseille: la métropole des superlatifs? Pour le visiteur qui vient d'ailleurs, c'est avant tout une grande ville insolite. Le centre intéressant du point de vue touristique est, par contre, relativement petit et facile à visiter depuis le **Vieux Port**: sur l'ancienne artère de prestige, la Canebière, Marseille s'efforce de se donner des airs de ville internationale, mais autour du port, la métropole a des allures de village de pêcheurs qui a trop grandi: ici, quelques pêcheurs au visage buriné vantent bruyamment leurs prises du jour, là quelqu'un vend des billets pour la traversée jusqu'au château d'If, au sud un florilège de petits restaurants attendent la clientèle... C'est justement ce mélange d'atmosphère de place de marché et de métropole moderne qui rend la visite de Marseille si passionnante.

Loger au Petit Nice: petit, mais extrêmement raffiné, tel est cet hôtel marseillais situé directement sur le bord de mer.

Hôtels et logements

Capitainerie des Galères
■ e 4, carte arrière
Cet hôtel modeste est situé derrière le Vieux Port.
46, rue Sainte, 13001
Tél. 04 91 54 73 73
Fax 04 91 54 77 77
137 chambres
Classe de prix inférieure (AE, DC, EC, Visa)

Concorde Palm Beach
La vue sur la mer atténue la situation défavorable de ce grand hôtel de luxe au sud du centre.
2, promenade G. Pompidou, 13008
Tél. 04 91 16 19 00
Fax 04 91 16 19 39
145 chambres
Classe de prix élevée (AE, DC, EC, Visa)

Le Corbusier
Le Corbusier a conçu cette maison, dont le troisième et le quatrième étage accueillent un hôtel.
280, bd Michelet, 13009
Au sud-est du centre-ville
Tél. 04 91 77 18 15
Fax 04 91 71 09 93
23 chambres
Classe de prix inférieure (AE, DC, EC, Visa)

New Hôtel Bompard
Cet établissement calme au sud du port est situé à proximité d'un parc. La plupart des chambres sont confortables.
2, rue des Flots-Bleus, 13007
Tél. 04 91 52 10 93
Fax 04 91 31 02 14
46 chambres
Classe de prix moyenne (AE, DC, EC, Visa)

Le Petit Nice
Des vacances par excellence: les chambres, très belles, ouvrent directement sur la mer. La villa Corinthe de la comtesse de Blisson a été aménagée pour moitié en design moderne et pour moitié en style traditionnel. Malheureusement, l'étroite ruelle d'accès (réservée exclusivement aux clients de l'hôtel) est très malaisée à trouver; au sortir de la ville, il faut tourner à droite au numéro 160 de la corniche Kennedy.
Restaurant (voir p. 203)
Corniche Kennedy, anse Maldormé, 13007, environ 3 km au sud-ouest du Vieux Port
Tél. 04 91 59 25 92
Fax 04 91 59 28 08
13 chambres
Classe de prix élevée (AE, DC, EC, Visa)

Saint-Ferréol's Hôtel
■ d 3, carte arrière
Dans cet établissement central aux chambres modernes, on est logé non loin du port et de la Canebière.
19, rue Pisançon, 13001
Tél. 04 91 33 12 21
Fax 04 91 54 29 97
19 chambres
Classe de prix moyenne (AE, EC, Visa)

Auberge de jeunesse de Bonneveine
Auberge de jeunesse bien située au sud de la ville, pas très loin de la plage.
Equipement moderne, mais pas très bon marché: on paie 75 FF en chambre à plusieurs lits, 105 FF en chambre individuelle.
47, av. Joseph-Vidal, 13008
Tél. 04 91 73 21 81
Fax 04 91 73 97 23

Le comte de Monte-Cristo et le château d'If

«La vérité sur Marseille est si belle que, vue de loin, on la prendrait presque pour un mensonge», fait dire Maurice Tourneur à un de ses personnages dans le film «Justin de Marseille» (1934). En Provence, on ne prend pas toujours la vérité très au sérieux. Non pas que l'on mentirait, non. Mais on joue avec elle, on la travestit, on la dissimule un peu. L'écrivain Yvan Audouard a joliment appelé ce phénomène «vérité du dimanche»...

Peut-être imiterez-vous, vous aussi, les nombreux visiteurs de Marseille et irez-vous au quai des Belges pour effectuer la traversée en bateau jusqu'à la prison-forteresse du château d'If. A l'idée que des prisonniers de chair et de sang languissaient effectivement dans les cellules étroites, on peut avoir froid dans le dos. Le clou de la visite guidée du château est atteint lorsque l'on ouvre les portes des cellules présumées des prisonniers les plus illustres: Edmond Dantès, comte de Monte-Cristo, et à côté, l'abbé Faria, son fidèle ami.

Naturellement, ces deux personnages sont tout droit sortis de la plume d'Alexandre Dumas et n'ont ni existé vraiment ni mis les pieds au château d'If; ce n'est donc, à strictement parler, rien d'autre qu'un mensonge populaire. Mais ici, à l'intérieur des murailles du fort, ils semblent si vrais que pour nombre de visiteurs, réalité et fiction sont un peu mêlées.

D'août 1844 à janvier 1846, les lecteurs du «Journal des débats» furent les premiers à trembler pour le jeune marin Dantès qui, peu après avoir rencontré le bonheur sous les traits de la jeune Mercédès, est jeté dans l'infortune: Dantès est arrêté et incarcéré au château d'If. C'est là qu'il rencontre l'abbé Faria, un petit homme déguenillé aux cheveux blancs.

Mais cette apparence sordide est trompeuse: Faria est un haut ecclésiastique et un grand érudit. Nuit après nuit,

Provence extra

Le château d'If a sa place immuable dans la baie de Marseille – et dans l'histoire de la littérature.

l'abbé travaille à un tunnel entre les deux cellules: il lui faudra quatre ans rien que pour fabriquer les outils, deux autres pour creuser le tunnel et percer le granit – en comparaison de ce travail, le minuscule trou entre les cellules que l'on montre encore de nos jours est quelque peu décevant.

Les deux prisonniers passent cinq à six heures par jour ensemble, le savant abbé montrant à son jeune élève tous les «trésors» qu'il a amassés au cours de son existence: les mathématiques, la physique, l'histoire, les langues, la philosophie. Dantès acquiert peu à peu «cette politesse élégante, cet aspect policé qui lui faisaient défaut». Finalement, l'abbé lui confie son ultime secret: deux millions d'écus qui attendent un nouveau propriétaire sur une île dénommée Monte-Cristo.

Après la mort de son maître, Dantès utilise une dernière fois le passage secret; il revêt le linceul de l'abbé et est jeté à la mer en lieu et place du mort. Quatorze années passées dans le fort de Marseille en ont fait un autre homme – si cultivé, instruit et riche, comme on n'en voit que dans les romans.

Promenade

Où, sinon dans le Vieux Port, peut-on aborder Marseille sous son meilleur jour? Du côté sud, à savoir du **quai de Rive-Neuve**, nous déambulons devant les restaurants qui peuplent les rues transversales: un sur deux au moins affiche l'«unique vraie recette de la bouillabaisse». Méfiez-vous toutefois des offres un peu trop alléchantes: vu la cherté du poisson frais, une bonne bouillabaisse ne peut être bon marché.
En haut, à l'est du port, a lieu tous les jours un tout petit marché aux poissons. Ici commence la **Canebière**, l'artère commerçante la plus connue de Marseille. Si vous êtes en mal de shopping: la rue Saint-Ferréol et la rue Paradis sont également des rues commerçantes.
En parcourant la Canebière dans sa totalité et en prenant à sa suite le boulevard Longchamp, on arrive au palais du même nom. L'édifice prétentieux de style Napoléon III abrite le **muséum d'Histoire naturelle** et le **musée des Beaux-Arts**.
Mais, après un regard sur la Canebière et le musée de la Marine, nous tournons le dos au port et nous passons devant l'église **Saint-Ferréol** en direction du **Jardin des Vestiges**: c'est là qu'était la Massalia grecque.
Nous empruntons la Grand-Rue jusqu'à la **Maison Diamantée** ainsi dénommée à cause de sa façade en pierres à facettes, et le **musée des Docks romains**. Nous poursuivons par la place de Lenche, l'emplacement présumé de l'agora grecque, par la rue Saint-Laurent avec une vue dégagée à côté des vestiges d'un théâtre antique et l'esplanade de la Tourette jusqu'aux **cathédrales de la Major**. La cathédrale romane est bien plus intéressante à voir que sa jumelle plus récente. De là, nous traversons le dédale des ruelles de la vieille ville en direction de l'hospice de la **Vieille Charité**. La rue du Panier, la rue du Cheval Roze et la rue des Consuls nous ramènent au port par l'**Hôtel-Dieu**, au **quai du Port**, du côté nord.
Durée: environ 3 h

Curiosités

Basilique Saint-Victor

■ d 5, carte arrière

Cette église se situe sur l'un des lieux d'origine de la chrétienté en Europe: à l'époque romaine, c'était d'abord une carrière, puis une nécropole. A la fin du IIIe siècle, c'était un lieu de rassemblement des premiers chrétiens. Sur la tombe de saint Victor (un soldat romain qui, sous Dioclétien, fut condamné à mort pour avoir refusé d'adorer des idoles), saint Cassien fit ériger une abbaye au Ve siècle. Jadis, on y vénérait encore la Vierge Marie. Le culte de saint Victor n'apparut qu'au VIIIe siècle.
Pendant son apogée au XIe siècle, la basilique Saint-Victor contrôlait quelque 300 abbayes en Provence, en Sardaigne et en Catalogne.
L'aspect actuel très fortifié de l'église date des XIIIe et XIVe siècles. Au cours de la Révolution française, le couvent fut détruit. A part la crypte, il faut voir la Madone de Michel Serre du XVIIIe siècle.
87bis, rue Sainte, 13007
Entrée 10 FF

La Canebière

■ d 3/d 4, carte arrière

Les «Champs-Elysées de Marseille» furent aménagés dès 1666. Malheureusement, cette artère jadis prestigieuse, sur laquelle se trouvent l'opéra et la Bourse, est en grande partie très ennuyeuse: béton gris et magasins habituels des grandes villes. On notera cependant quelques belles façades à l'exemple de celle de l'hôtel Louvre et Paix (nos 49 à 57).

Cathédrales de la Major

■ b 5, carte arrière

Sur la place de la Major se dressent deux églises très différentes: la nouvelle Major fut bâtie de 1852 à 1893 dans le style romano-byzantin et est devenue très grande avec ses 140 mètres de long. La visite de l'**ancienne cathédrale de la Major,** romane, du XIe siècle est bien plus intéressante. Malheureusement, la nouvelle construction a «amputé» la plus ancienne église de Marseille de quatre travées. A signaler notamment un autel de saint Lazare (1480) de Francesco Laurana. Le baptistère octogonal n'est pas accessible pour le moment.
Pl. de la Major, 13002
15 juin-sept tous les jours sauf lu 8 h 30 – 18 h 30; sinon tous les jours sauf lu 9 h – 12 h et 14 h 30 – 17 h 30

Château Borély

Ce petit château de 1767 est situé au milieu d'un beau parc portant le même nom.
Le parc comporte des jardins à la

Avec ses pastiches de styles variés, l'immense cathédrale nouvelle de la Major est un édifice assez pompeux – conforme au goût et à l'opulence du Second Empire.

Au château d'If, il n'y a pas que de sombres cellules, mais aussi des coins pittoresques comme cette cour intérieure.

française et à l'anglaise: tandis que dans un **jardin à la française** classique, la nature est soumise à une discipline quasi militaire, les Anglais privilégient davantage le naturel. Pour visiter le château, il faut malheureusement attendre la réalisation du projet d'implantation du musée des Arts décoratifs. Ce n'est qu'alors qu'on pourra admirer à nouveau le décor original riche en stucs et en fresques en trompe-l'œil.
Av. du Prado dans le parc Borély, 13008
Au sud du Vieux Port

Château d'If ■ D 5, carte avant
Le comte de Monte-Cristo vous salue bien: Alexandre Dumas a enfermé son héros Edmond Dantès entre ces murs massifs (voir Le comte de Monte-Cristo et le château d'If, p. 192/193). Cet édifice ne devait pas servir de prison à l'origine. François Ier fit construire le château de 1524 à 1528 pour protéger la rade de Marseille. Mais les envahisseurs attendus ne vinrent pas. Donc, en 1634, on lui chercha une nouvelle destination et c'est ainsi que la citadelle devint prison d'Etat jusqu'en 1872. Le clou de chaque visite sont les soi-disant cellules de Dantès et de l'abbé Faria, que des plaisantins ont munies d'un trou minuscule dans le mur. Juste à côté fut enfermé le «Masque de fer», toujours librement adapté par Dumas. Si vous êtes davantage intéressé par la réalité que par la fiction de Dumas: le comte de Mirabeau y a réellement purgé une peine.
Bateaux du Vieux Port en été toutes les heures, en hiver heures de départ variables; la visite dure 90 min.
Entrée 35 FF

Cité radieuse

La «Cité radieuse» (1946-1952) de Le Corbusier n'est guère appréciée des autochtones.
Les passionnés d'architecture ne manqueront pas pour autant de visiter cette cité sans compromissions. Le Corbusier concevait la maison comme une «unité autonome»: des appartements duplex côtoient une école, un hôtel, des magasins et une salle de sport.
280, bd Michelet, 13008

Forts Saint-Jean et Saint-Nicolas

■ c 5/d 6, carte arrière

Ces forts jumeaux veillent jalousement sur l'entrée du Vieux Port. Saint-Jean, du XIIe au XVIIe siècle, est au nord, l'autre fort, érigé au XVIIe siècle, est au sud. Ces forts tenaient également la ville en respect: une précaution habituelle (et prise aussi dans d'autres villes françaises) de l'époque de Louis XIV, lorsque l'on redoutait au moins autant les émeutes internes que les invasions étrangères.
Les forts ne se visitent pas.

Jardin des Vestiges

■ c 4, carte arrière

Sous le «Jardin des Vestiges» sommeillent les vestiges de la Massalia grecque. L'existence de cette ancienne rade n'est connue que depuis 1967. Aujourd'hui, on peut admirer la pièce la plus étonnante, une épave du IIIe siècle, au **musée d'Histoire de Marseille** (voir p. 201).

Maison Diamantée

■ c 4, carte arrière

La façade de cette maison construite en 1570 semble recouverte de diamants de pierre – telle est l'origine du nom de la Maison Diamantée. Ce bâtiment à l'escalier remarquable et aux beaux plafonds accueille le **musée du Vieux Marseille** (voir p. 201).
2, rue de la Prison, 13002

Notre-Dame-de-la-Garde

■ f 5, carte arrière

Cette église de pèlerinage est l'un des emblèmes de la ville. Dès le XIIIe siècle, une abbaye couronnait un piton calcaire à 162 mètres d'altitude. Mais Notre-Dame-de-la-Garde ne fut construite qu'entre 1853 et 1870 d'après les plans de Henri Espérandieu. A l'époque, l'église visible de loin servait de repère de navigation aux marins. Tout en haut du clocher, une statue dorée de la Vierge de 9,70 mètres de haut leur montrait en effet le chemin. A l'intérieur, on peut voir de nombreux ex-voto et une Mater dolorosa en marbre. Mais rien que le panorama justifie la visite: vue du parvis de Notre-Dame-de-la-Garde, Marseille devient une mer de maisons.
En été tous les jours 7 h – 19 h 30, en hiver 7 h 30 – 17 h 30

Palais Longchamp

■ c 1, carte arrière

Splendeur et magnificence du Second Empire revivent à la vue de ce palais. Cette imposante construction (1862-1869) avait à l'origine une vocation purement profane: après la grande sécheresse de 1834, les pères de la ville décidèrent de faire venir l'eau de la Durance à Marseille par le moyen d'un canal. Ce château constitue presque le terminus d'un aqueduc long de 84 kilomètres. Il abrite aujourd'hui le **musée des Beaux-Arts** et le **musée d'Histoire naturelle**.
Bd Longchamp, 13004

Pernod
Si vous avez toujours voulu savoir comment l'on fabriquait le pastis provençal, vous pourrez assister chez le leader du marché, Pernod, à la production à grande échelle de cette boisson anisée.
30, bd Gay-Lussac, 13014
Au nord du centre-ville
Tél. 04 91 98 90 75
Fax 04 91 02 54 39
Tous les jours sauf sa et di (groupes uniquement sur réservation)

Port autonome de Marseille
■ a 5, carte arrière
Le plus grand port de France est en même temps le troisième port d'Europe. Le port de Massalia, comme la ville se nommait à l'époque, accueillait déjà les premiers navires en 600 av. J.-C. A l'heure actuelle, y entrent même des monstres allant jusqu'à 400 000 tonnes. Administrativement, environ 70 kilomètres de côte font partie du port de Marseille, dont Lavéra, Caronte, Fos-sur-Mer, Port-Saint-Louis-du-Rhône. La zone industrielle de Fos à elle toute seule est plus vaste que Paris, avec ses 8 500 hectares! Vous pouvez participer à l'un des circuits organisés sur réservation. Ces visites (priorité aux groupes) ont lieu le dimanche après-midi; les intéressés doivent réserver au moins 15 jours à l'avance.
Service de Relations publiques
23, pl. de la Joliette, B.P. 1965
13226 Marseille Cedex 02, 2è
Tél. 04 91 39 47 24
Fax 04 91 39 40 34

La Vieille Charité
■ b 4, carte arrière
La Vieille Charité est le seul édifice public que le célèbre architecte baroque Pierre Puget a laissé à sa ville natale. Au départ, le bâtiment (1671-1745, façade de 1863) recueillait les pauvres et les sans-abri jusqu'à ce qu'il tombe en ruine à la Révolution. Au début du siècle, cet hospice servait encore de caserne et de refuge aux déshérités. Aujourd'hui, la Charité est un centre culturel et abrite le **musée d'Archéologie méditerranéenne** ainsi que le **musée d'Arts africains, océaniens et amérindiens.**
2, rue de la Vieille-Charité, 13002

Vieux Port ■ d 4/d 5, carte arrière
Un morceau de folklore urbain: dans le Vieux Port, sur le **quai des Belges**, le marché aux poissons bat son plein dès huit heures du matin. Les restaurants, petits et grands, se pressent dans tous les coins du port; chacun d'entre eux jure posséder la véritable recette de la bouillabaisse. Louis XIII fit construire les quais, mais les navires y accostaient bien avant cela. Sous l'enchevêtrement des rues au nord du port se dissimulent encore les ruines de la Massalia grecque, et lors de l'aménagement du **Jardin des Vestiges**, on a découvert les remparts et les installations portuaires des Hellènes. Quelques pièces d'exposition sont actuellement visibles au **musée d'Histoire de Marseille**.

Le baroque et le moderne se conjuguent dans la Vieille Charité de Marseille, actuellement centre culturel.

Musées

Centre de la Vieille Charité

■ b 4, carte arrière

Deux musées ont élu domicile dans l'ancien hospice: le **musée d'Archéologie méditerranéenne** possède une riche collection d'antiquités égyptiennes, étrusques, grecques et gallo-romaines – au total un millier de pièces sont exposées.
Au **musée d'Arts africains, amérindiens et océaniens**, les collections Guerre et Gastaut constituent l'essentiel des objets exposés; toutefois, comme tous les collectionneurs privés, ces donateurs attachaient plus d'importance à la beauté et à la rareté de chaque pièce qu'à une compréhension profonde des cultures africaine et océanienne. Ces collections réunissent des masques et des sculptures, entre autres. Les crânes et les têtes trophées proviennent toutes sans exception de la donation du spécialiste du cerveau, Gastaut.
2, rue de la Charité, 13002
Juin-sept. tous les jours sauf lu et jours fériés 11 h – 18 h, sinon 10 h – 17 h
Entrée 10 FF, 20 FF en cas d'exposition spéciale

Le M.A.C. – Galeries contemporaines des musées de Marseille

L'art contemporain de Fluxus à Arte Povera. Sur 4 500 mètres carrés sont présentées des œuvres datant de 1960 à nos jours et organisées de nombreuses expositions thématiques.
69, av. d'Haïfa, 13008
Tous les jours sauf lu 11 h – 19 h, en hiver 10 h – 17 h
Entrée libre

Musée des Arts et Traditions populaires du terroir marseillais

Exposition de meubles et de costumes provençaux du XVIIe au XIXe siècle.
5, pl. des Héros
Château-Gombert, 13013
Tous les jours sauf ma
14 h 30 – 18 h 30
Entrée 20 FF

Musée des Beaux-Arts

■ c 1, carte arrière

Dans le splendide palais Longchamp, on trouve le musée des Beaux-Arts avec des tableaux du XVIe et du XVIIe siècle. Toute une salle est consacrée au peintre et sculpteur marseillais Pierre Puget (1620-1694).
Bd Longchamp, 13004
Juin-sept. tous les jours sauf lu et jours fériés 11 h – 18 h,
sinon 10 h – 17 h
Entrée 10 FF, libre di matin

Musée Cantini ■ e 4, carte arrière

Les expositions temporaires initient le public à l'art de notre siècle. La collection de faïences de Marseille et de Moustiers, de même que la collection de photographies modernes, sont également remarquables.
19, rue Grignan, 13006
Juin-sept. tous les jours sauf lu et jours fériés 11 h – 18 h,
sinon 10 h – 17 h
Entrée 10 FF, 15 FF en cas d'exposition spéciale

Musée Carbonel du Santon

■ d 5, carte arrière

L'histoire et la fabrication des personnages traditionnels d'une crèche provençale sont expliquées dans ce minuscule musée (voir Santons de Provence – personnages traditionnels de la crèche, p. 288/289).

47, rue Neuve Ste-Catherine, 13007
Tous les jours sauf di 9 h – 13 h
et 14 h – 19 h
Entrée libre

Musée des Docks romains
■ c 5, carte arrière
Parmi les restes du port romain, on peut voir par exemple 30 «dolia» (grandes jarres) importées d'Italie qui ne mesurent pas moins de 2 mètres de haut et 1,75 mètre de large.
Pl. Vivaux, 13002
Juin-sept. tous les jours sauf lu et jours fériés 11 h – 18 h, sinon 10 h – 17 h
Entrée 10 FF, libre di matin

Musée Grobet-Labadié
■ c 1, carte arrière
Dans cette demeure typique de la haute bourgeoisie, on peut admirer des tapisseries et des meubles, des faïences, des manuscrits et des instruments de musique qui appartenaient à Louis Grobet, mélomane averti.
140, bd Longchamp, 13001
Juin-sept. tous les jours sauf lu et jours fériés 11 h – 18 h, sinon 10 h – 17 h
Entrée 10 FF, libre di matin

Musée d'Histoire de Marseille
■ c 3, carte arrière
La grande attraction est l'épave d'un navire marchand romain (**bateau antique**) longue de 20 mètres et large de 8. Il y a aussi de nombreuses pièces archéologiques de l'histoire de la ville de 600 av. J.-C. au IIIe siècle.
Tous les jours sauf di et jours fériés 12 h – 19 h, bibliothèque et vidéothèque ma-ve 12 h – 19 h, sa 14 h – 19 h
Entrée 10 FF

Musée de la Marine et de l'Economie ■ d 4, carte arrière
L'évolution parallèle de la marine et de l'économie à Marseille est illustrée à l'aide de peintures et de dessins. Présente un intérêt pour les inconditionnels de la navigation.
Palais de la Bourse, 13001
Tous les jours sauf ma 10 h – 12 h et 14 h – 18 h
Entrée 10 FF

Musée de la Mode
■ d 4, carte arrière
Expositions temporaires sur le thème de la couture et de la mode.
11, La Canebière
Tous les jours sauf lu 11 h – 18 h, (en hiver 10 h – 17 h), me jusqu'à 22 h
Entrée 10 FF

Musée du Vieux Marseille
■ c 4, carte arrière
L'histoire du petit peuple marseillais: voyage dans le temps à travers le XVIIIe et le XIXe siècle, des cartes à jouer (Marseille était un centre de la production de cartes) aux costumes traditionnels et aux **santons** en passant par les meubles provençaux.
2, rue de la Prison, 13002
Juin-sept. tous les jours sauf lu et jours fériés 11 h – 18 h, sinon 10 h – 17 h
Entrée 10 FF, libre di matin

Muséum d'Histoire naturelle
■ c 1, carte arrière
Zoologie, paléontologie, minéralogie, préhistoire provençale ainsi que la flore et la faune sont les thèmes de ce musée qui occupe l'aile droite du palais Longchamp.
Palais Longchamp, 13004
Tous les jours sauf lu et jours fériés 10 h – 17 h
Entrée 10 FF

Manger et boire

L'Ambassade des Vignobles

■ d 4, carte arrière

Du bon vin au verre pour accompagner le menu. Le sommelier de la maison est Philippe Faure-Brac.
42, pl. aux Huiles
Tél. 04 91 33 00 25
Tous les jours sauf sa midi et di 12 h – 14 h et 20 h – 22 h 30; fermé en août
Classe de prix moyenne (AE, DC, EC, Visa)

Les Arcenaulx

■ d 4, carte arrière

Restaurant dans une librairie: si vous ne «dévorez» pas un volume de Mistral, vous mangerez bien du rouget aux aubergines.
25, cours d'Estienne-d'Orves, 13001
Tél. 04 91 54 77 06
Tous les jours sauf di 12 h – 14 h et 20 h – 23 h 30
Classe de prix moyenne (AE, DC, EC, Visa)

Le Bistro Gambas

■ d 4, carte arrière

«Gambas à gogo» est la devise de cet établissement modeste: flambées à la marseillaise au fenouil, simplement grillées ou au curry.
20, pl. aux Huiles
Tél. 04 91 33 26 44
Tous les jours sauf sa midi et di 12 h – 14 h et 19 h – 22 h 45
Classe de prix moyenne (AE, EC, Visa)

La Brasserie de New York

■ d 4, carte arrière

La brasserie du **Tout-Marseille**. On y sert du poisson frais et de la bouillabaisse, des **pieds et paquets** et des beignets de fleurs de courgettes.
33, quai des Belges, 13001 (sur le Vieux Port)
Tél. 04 91 33 60 98

Cohabitation d'un restaurant et d'une librairie: les Arcenaulx offrent des nourritures à la fois pour le corps et l'esprit.

Tous les jours 12 h – 14 h et
20 h – 23 h
Classe de prix moyenne (AE, EC, Visa)

Maurice Brun ■ d 4, carte arrière
Presque un musée de la gastronomie régionale. Cette institution du Vieux Marseille a été rouverte en 1995 sous une nouvelle direction.
18, quai Rive-Neuve
Tél. 04 91 33 35 38
Tous les jours sauf di et lu midi
12 h – 14 h et 20 h – 22 h
Classe de prix élevée (AE, DC, EC, Visa)

L'Epuisette
Disons-le d'emblée: la cuisine de cette «halle surplombant la mer» ne soulèvera pas l'enthousiasme de la majorité des clients, d'autant qu'elle n'est pas bon marché. Mais la vue est tout simplement sublime. Du moins si l'on est placé à la bonne table.
Rue du Vallon-des-Auffes, 13007
Tél. 04 91 52 17 82
Tous les jours sauf di soir 12 h – 14 h et 19 h – 22 h; fermé en janv.
Classe de prix élevée (AE, DC, EC, Visa)

Chez Etienne ■ c 4, carte arrière
Chez Etienne, pas de téléphone, mais une clientèle fidèle et une ambiance typiquement marseillaise. Riches et pauvres, VIP et touristes se laissent tenter ici par une pizza et des pâtes ou du poisson grillé.
43, rue de Lorette, 13002
Tous les jours sauf di et jours fériés
12 h – 14 h et 19 h – 22 h
Classe de prix inférieure (EC, Visa)

Le Lunch
Cette cabane au bord de l'eau que l'on n'atteint le soir que par un chemin de pompiers est l'une des adresses favorites des autochtones. Poissons et fruits de mer grillés au menu; les poissonniers livrent directement tôt le matin. Réservation indispensable.
La Calanque de Sormiou, au sud de la ville
Tél. 04 91 25 05 37
Avril-oct. tous les jours 20 h – 23 h
Classe de prix moyenne (EC, Visa)

Le Patalain ■ e 4, carte arrière
Derrière la façade de bois au design moderne, Suzanne Quaglia reste fidèle à une cuisine traditionnelle raffinée.
49, rue Sainte, 13001
Tél. 04 91 55 02 78
Tous les jours sauf sa midi et di
12 h – 14 h et 20 h – 23 h
Classe de prix moyenne (AE, DC, EC, Visa)

Le Petit Nice
La Villa Corinthe de la comtesse de Blisson a été transformée en un restaurant moderne de premier ordre. Chez les Passédat père et fils, chaque plat est conçu comme un tableau, la bouillabaisse est servie en grande pompe en trois services (à commander la veille!). Nous vous recommandons aussi le «loup, comme l'aimait grand-maman Lucie Passédat».
Sur la corniche Kennedy, 13007
En dehors de la ville direction Nice
Tél. 04 91 59 25 92
Tous les jours sauf sa midi et
di 12 h – 14 h et 20 h – 22 h
Classe de prix élevée (AE, DC, EC, Visa)

Achats

Antiquités

Dépôts de meubles d'occasion
L'intitulé est plutôt en dessous de la vérité: sont mis en vente des meubles provençaux rustiques du XIXe siècle.
101, rue du Docteur-Escat, 13006

François Descamp
■ e 4, carte arrière
Commodes, fauteuils, miroirs, paravents; une boutique charmante.
302, rue Paradis, 13001

Henri Ménard ■ f 3, carte arrière
Ici, vous trouverez des souvenirs de la métropole maritime qu'est Marseille: maquettes de bateaux ou cloche de plongée en cuivre; chez Ménard, le plus coriace des vieux loups de mer fond.
54, rue St-Suffren, 13006
Fermé en août

Jean-Pierre Tarrazi
■ f 4, carte arrière
Bronzes, sculptures, verres, curiosités; le magasin d'un véritable amoureux.
20, rue Edmond-Rostand, 13006
Fermé en août

Nathalie Vallette & Paula Jaquenoud
Ces deux dames sont des spécialistes des faïences rares de Provence du XVIIe et du XVIIIe siècle.
2, impasse Gardey, 13008
Fermé en août

Village des Antiquaires
Toutes sortes d'antiquités sur 3 000 mètres carrés environ.
20, bd Fifi-Turin, 13010

Wulfran-Puget
Les spécialistes des tissus anciens du XVIIe au XIXe siècle.
7, rue Wulfran-Puget, 13008

Hôtel des ventes

Hôtel des ventes Prado-Borde
L'hôtel des ventes de Marseille: le jeudi est jour d'exposition, le vendredi, on vend les bijoux aux enchères, à partir du samedi, c'est le tour des meubles et des tableaux.
19, rue Borde, 13008

Livres

FNAC ■ d 4, carte arrière
Grande librairie vendant des livres, des CD et des logiciels informatiques.
Centre commercial Bourse, 13001

Virgin Megastore
■ e 3, carte arrière
De nombreux CD et peu de livres forment le cadre de ce lieu de rassemblement de la jeunesse marseillaise. Egalement jeux vidéo.
75, rue St-Ferréol, 13006

Le cours d'Estienne-d'Orves est, pendant la journée, une artère où l'on aime flâner et boire un café. Le soir, il se transforme en l'un des centres de la vie nocturne de Marseille.

Marchés aux puces

Foire à la Brocante du cours Julien ■ e 3, carte arrière
Pour chiner: vieux meubles, curiosités, bric-à-brac; tout ce qu'on attend d'une brocante.
Cours Julien, 13006
Le deuxième di du mois
9 h – 19 h

Marché aux puces
Des antiquités plus ou moins de valeur et beaucoup d'objets curieux sont proposés par 200 exposants environ dans l'ancienne fabrique de moteurs Alsthom. Les meilleurs jours sont le vendredi et le samedi matin.
Av. du Cap-Pinède, 13015
Ve et sa 9 h – 12 h et 14 h – 18 h, di 8 h – 14 h

A l'évidence, le plat de poissons le plus connu de Provence est la bouillabaisse. Mais goûtez également les autres spécialités de la marée.

Alimentation

Amandine ■ e 2, carte arrière
Fine gastronomie, tartes, biscuits et desserts.
69, bd Eugène-Pierre, 13005
Fermé en août

Arax ■ d 3, carte arrière
Ce petit bazar est digne de la grande ville portuaire: les spécialités originaires de Grèce, d'Espagne, d'Inde, de Chine et d'ailleurs sont proposées ici depuis 1929.
24, rue d'Aubagne, 13001

Bataille ■ e 3, carte arrière
On y achète ce qu'il y a de meilleur en provenance de la moitié de la France: de la volaille de Bresse à l'huile d'olive, des bons crus de Bordeaux aux nobles bouteilles de Bourgogne. Le véritable attrait est cependant le département des fromages: les produits les plus fins du Beaufort au camembert!
18, rue Fontange, 13006

Bonnafous
Depuis 1930, Bonnafous vend des jambons, des terrines et des spécialités du terroir.
22, bd Banon, 13004

Le Four des Navettes
■ e 4, carte arrière
La patrie d'une grande spécialité et un bout de tradition: depuis 1781 et de décembre à Pâques, on fabrique ici les seules véritables **navettes** (biscuits aromatisés à la fleur d'oranger, d'après une recette maison).
136, rue Sainte, 13001

Le Sommelier ■ e 3, carte arrière
Ce sympathique marchand de vins propose les meilleurs crus de France: les meilleures bouteilles de Bordeaux, de Bourgogne et de Champagne, tout comme de belles découvertes de Provence et de Côte d'Azur.
69, rue de la Palud, 13006

Marchés

Marché des Capucins
■ d 3, carte arrière
Sur ce marché haut en couleur du centre-ville, la qualité des produits n'est pas toujours irréprochable, mais en compensation, le tout est très sympathique.
Marché des Capucins, 13001
Tous les jours 8 h – 19 h

Marché du Prado
Le plus vaste et le plus beau marché de Marseille propose des fruits, du miel, beaucoup d'atmosphère...
Entre la pl. Castellane et l'av. du Prado, 13008; environ 2 km au sud du centre-ville
Tous les jours sauf sa 8 h – 13 h

Marché du Vieux Port
■ d 4, carte arrière
Cinq ou six étals proposent du poisson plus ou moins frais – parfois très bruyamment. Mais, en dépit de la couleur locale, ne succombez pas à l'illusion que les soles arrivent en droite ligne des bateaux amarrés derrière les étals...
Sur le Vieux Port, au début de la Canebière, 13001
Tous les jours sauf di vers 9 h – 19 h

Bijoux

Label Bleu ■ f 4, carte arrière
Une dame du nom de Geneviève Bizouard crée ici des bijoux d'inspiration provençale: un rameau d'olivier en guise de porte-clés? Ou plutôt une épingle de cravate en forme de sauterelle?
216, rue Breteuil, 13006
Tél. 04 91 81 61 76
Uniquement sur rendez-vous

Souvenirs

Atelier Carbonel
■ d 5, carte arrière
Les **santons**, l'un des emblèmes de la Provence, sont évidemment faits à la main.
47, rue Neuve Ste-Catherine, 13007

Boutique les Arcenaulx
■ d 4, carte arrière
L'offre va des verres en cristal et de l'argenterie de table au vin et à la confiture.
25, cours d'Estienne-d'Orves, 13001

La Boutique des Musées
■ b 4, carte arrière
Pour un souvenir fleurant bon la culture: comme dans toutes les **boutiques des musées** de France, on y trouve des lithographies, des reproductions, des objets design.
Centre de la Vieille Charité, 13002

La Compagnie de Provence
■ c 5, carte arrière
Pour les amateurs de savons parfumés: le véritable **savon de Marseille** y est encore fabriqué avec des essences de plantes.
1, rue Caisserie, 13002

Savonnerie Le Sérail
Une maison de tradition: ici, le **savon de Marseille** est encore fabriqué selon les recettes d'antan.
50, bd. Anatole-de-la-Forge, 13014; à environ 5,5 km au nord du centre

Tissus

Souleiado ■ f 4, carte arrière
L'art de vivre provençal décliné dans les tissus: coloris frais pour chemises, blouses, cravates et nappes.
101, rue Paradis, 13006

Le soir

Le principal lieu de convergence de Marseille la nuit est le Vieux Port. Dans des rues comme le quai Rive-Neuve ou le cours d'Estienne-d'Orves se cache toute une série de bars (**La Marine** au n° 15 du quai Rive-Neuve ou le bar jazz **Le Pêle-Mêle** au n° 45 du cours d'Estienne-d'Orves). Les jeunes sont également chez eux dans les nombreux bars qui se pressent autour de la place Jean-Jaurès et du cours Julien.

Adresses utiles

Office de tourisme
■ d 4, carte arrière
4, La Canebière, 13001
Tél. 04 91 13 89 00
Fax 04 91 13 89 20

Gare SNCF ■ c 2, carte arrière
Gare St-Charles, 13001
Tél. 04 91 95 10 00, 04 91 08 50 50

Aéroport Marseille-Marignane
■ C 5, carte avant
Tél. 04 42 89 09 79
Renseignements sur les vols
Tél. 04 91 91 90 10 (Air Inter)
Navette jusqu'à l'aéroport
6 h 10 – 21 h 50, départ toutes les 20 mn.
Gare St-Charles

Gendarmerie
Tél. 04 91 18 94 00

Poste centrale ■ c 4, carte arrière
Pl. de l'Hôtel des Postes, 13001
Lu-ve 8 h – 19 h, sa 8 h – 12 h

Urgences médicales (SAMU)
Tél. 04 91 49 91 91

Taxis
Tél. 04 91 03 60 03, 04 91 02 20 20, 04 91 05 80 80

Excursions

Aubagne

■ D 5, carte avant

Patrie de Marcel Pagnol, cette localité située à l'est de Marseille possède une vieille ville assez bien conservée. Aubagne est renommée pour son artisanat: plus de 20 santonniers et céramistes y sont actifs. A Noël, on expose bien entendu une crèche magnifiquement décorée avec de nombreux santons.

Curiosités

Atelier d'Art-Maison SICARD
Les premiers **santons** furent réalisés à Aubagne à la fin du XVIIIe siècle. Et parce qu'Aubagne est l'un des berceaux de la poterie provençale, ici aussi les santons ont de tout temps été constitués de terre cuite. Dans cet atelier, on peut assister à leur fabrication.
2, bd Emile-Colombes
Tél. 04 42 70 12 92
Visite gratuite sur rendez-vous; fermé en août

Maison Chave
Quelque 60 000 **santons** sont produits ici annuellement.
45, rue Frédéric-Mistral
Tél. 04 42 70 12 86
Visite gratuite tous les jours sauf sa et di, sur rendez-vous

Petit monde de Marcel Pagnol
Il est constitué de tout un florilège de **santons**.
Esplanade Charles-de-Gaulle
Tous les jours sauf lu 9 h – 12 h et 14 h – 18 h
Entrée libre

Achats

L'Atelier de l'Observance
Cet atelier se consacre à la production de faïences de style marseillais d'après des décors des XVIIe et XVIIIe siècles. Il y aussi des fruits en céramique pour les petits budgets.
18, pl. Joseph-Rau

Claude Bassuco
Ici on perpétue la vieille tradition de la poterie d'Aubagne.
Quartier Camp Major, Villa Claude
Route de Marseille

Faïencerie d'Art L. Innocenti et Fils
Depuis 1964, monsieur Innocenti fabrique ici ses faïences traditionnelles.
Quartier Camp Major
Route de Marseille
Fermé en août

Poterie Ravel
Poteries raffinées dans une entreprise familiale depuis 1837.
Av. des Goums

Adresses utiles

Office de tourisme
Av. Antide-Boyer
13400 Aubagne
Tél. 04 42 03 49 98,
fax 04 42 03 83 62

Gare SNCF
Square Marcel-Soulat
Tél. 04 42 03 12 89

Marcel Pagnol et ses films

Né à Aubagne en 1895, l'écrivain Marcel Pagnol avait bien humé l'air du temps: après la première d'un des premiers films parlants à Londres, il se dit: «Le cinéma ne sera plus jamais muet. Un nouvel art est né. Un art à part entière... Je n'écrirai donc plus de pièces de théâtre. Je vais écrire des scénarios.»

La Femme du boulanger (1938) est le premier film que Pagnol a tourné lui-même. Ce fut un succès total, admiré par le grand Orson Welles, qui permit dès cet instant à Pagnol de prendre presque toutes les libertés: il construit des studios, achète des salles de cinéma, engage des techniciens. Son ami Raymond Castans confirme: « Maintenant Pagnol dispose tout seul de la destinée de ses films. Un cas unique dans l'histoire du cinéma!» Mais sa véritable intuition réside dans le choix des meilleurs acteurs de son temps: Pierre Fresnay, Louis Jouvet et Edwige Feuillère. Il engage parfois de parfaits inconnus qui par la suite deviendront des stars, comme Raimu ou Fernandel.

Mais Pagnol ne se contente pas seulement de filmer de main de maître ses propres pièces de théâtre: **Marius, Fanny, César, Topaze**, il exploite aussi les pièces d'autres auteurs pour ses 21 longs métrages, et notamment les œuvres du Provençal Jean Giono. Chez Giono, Pagnol admire «le sens du dialogue, toujours essentiel et efficace. Le mot juste quand il faut». Giono crée des caractères typés, tout comme Pagnol. Pagnol achète les droits de toutes les pièces de Giono – ils se lient d'amitié, se fâchent, se réconcilient. Pagnol tourne d'abord **Jofroi** avec Vincent Scotto dans le rôle du vieux fermier qui est prêt à mourir pour ses arbres. Le monde de Giono continue à vivre à l'écran avec **Angèle** (le meilleur film de Pagnol de l'avis de nombreux critiques). Pour le tournage de **Regain**, de Giono, l'histoire d'un coin perdu, Pagnol ira jusqu'à construire un village de cinéma en ruine. Son ami «Mius», le maçon Marius Brouquier, réalise un Aubigna-

ne plus vrai que nature.
Les titres se succèdent: **Le Schpountz**, avec Fernandel dans le rôle du jeune rêveur, **La Fille du puisatier**, **La Belle Meunière**, **Les Lettres de mon moulin** et surtout en 1952 **Manon des Sources**, un cadeau de Pagnol à sa jeune épouse Jacqueline qui incarne une bergère gardant le secret des sources (Claude Berri en a fait un remake avec Emmanuelle Béart).
Marcel Pagnol caressait de grands projets: il voulait ériger un centre cinématographique international dans son château, «La Buzine», entre Marseille et Aubagne. Même les Américains y auraient tourné à l'avenir. Le projet échoua, mais Pagnol réussit une chose: il filma dans un bonheur parfait. «Nous avons passé des journées entières dans la solitude de la menthe en fleurs. Pour **Angèle**, nous avons allumé un feu insensé dans la cheminée. Sur la braise, nous avons ensuite grillé de l'agneau. Nous avons mangé, bavardé, bu du vin blanc qui était mis à rafraîchir dans la source», se souvient Georges Berni. Ces heures idylliques sont à jamais immortalisées sur la pellicule. En 1962, Pagnol a personnellement inauguré le collège de Saint-Loup que la ville de Marseille a rebaptisé de son nom, et sa ville natale d'Aubagne lui a dédié une crèche pleine de santons: le **Petit monde de Marcel Pagnol**. L'écrivain et cinéaste est mort le 18 avril 1974 à Paris.

L'auteur et cinéaste français Marcel Pagnol est entré à l'Académie française en 1946.

Les Calanques

■ D 6, carte avant

«Rocher escarpé» est à peu près la traduction du mot provençal **calanco**. Les calanques sont exactement cela: un littoral rocheux à pic, sauvagement échancré d'anses abritées, en quelque sorte l'équivalent méditerranéen des fjords du Nord de l'Europe. Elles sont apparues au cours de la dernière glaciation et constituent un milieu protégé depuis 1975 à cause de leur faune aviaire et de leur flore exceptionnelles. Le contraste des couleurs entre le calcaire blanc et l'eau turquoise constitue un spectacle inoubliable. La plus belle calanque est celle d'En-Vau, mais Port-Miou, Port-Pin, Sugiton, Morgiou et Sormiou méritent également le détour. Les calanques sont accessibles par bateau depuis Marseille et Cassis ou à pied depuis Cassis.
Durée: 4 h
Bateaux depuis Marseille:
Quai des Belges
Tél. 04 91 55 50 09
Mi-juin à mi-sept. me, sa et di après-midi
Tarif 100 FF
Bateaux depuis Cassis:
tours dans les calanques de Port-Miou et En-Vau, tarif 50 FF

Cassis

■ D 6, carte avant

Ce village de pêcheurs d'autrefois est aujourd'hui un haut lieu du tourisme. Même si le chiffre de la population est quintuplé en été, cette petite station estivale et petit port de pêche dégage encore une atmosphère. A voir: le château, la vieille ville, la promenade des Lombards et surtout les calanques.

Musée

Musée d'Arts et Traditions populaires
Amphores, lampes de terre cuite et pièces de monnaie.
Pl. Baragnon
Avril-sept. me, je et sa
15 h 30 – 18 h 30, sinon
14 h – 17 h 30
Entrée libre

Achats

Clos Sainte-Magdeleine
Vignes panoramiques: ce vignoble, réputé pour son joli Cassis blanc, est situé directement sur le cap.
Av. du Revestel

Adresses utiles

Office de tourisme
Pl. Baragnon
13260 Cassis
Tél. 04 42 01 71 17
Fax 04 42 01 28 31

Gare SNCF
3,5 km du centre
Tél. 04 42 01 01 18

En-Vau, profondément découpée, est la plus belle des calanques; mais les autres baies ressemblant à des fjords suscitent un enthousiasme comparable avec leurs eaux turquoise et limpides, leur sable blanc et leurs hautes falaises.

Une métropole dynamique se prépare au prochain millénaire: architecture moderne ou tradition du Midi – Montpellier n'est pas exclusive. On dirait presque que la ville a sommeillé pendant 1 000 ans afin de mieux réussir son réveil au cours des 30 dernières années.

Certes, Montpellier ne fait plus partie de la Provence au sens strict: cette ville se trouve à l'ouest de la Provence et est le chef-lieu de la région Languedoc-Roussillon. Cependant 40 kilomètres exactement séparent Montpellier et la Camargue; de Nîmes, la ville est accessible en moins d'une heure, Avignon n'est éloignée que de 90 kilomètres. Autant de raisons de quitter les limites de la Provence pour faire une incursion dans l'ambiance agréable d'une ville d'étudiants. A Montpellier, un quart de la population, soit 60 000 personnes, sont des étudiants. Alors que les «Montpelliérains de souche» envoient volontiers leur progéniture dans les universités parisiennes, cette ville du Midi attire des jeunes de toute la France. C'est moins pour la bonne réputation de l'université du cru (avec la plus ancienne faculté de médecine du monde) que pour l'atmosphère «jeune» de la cité et son mélange de cœur ancien et de quartier Bofill spectaculaire, ses bistrots, ses cafés et ses possibilités de loisirs.

Des débuts modestes

En 819, il n'y avait qu'une petite église, mais quelques maisons ne tardèrent pas à s'implanter autour du nouveau lieu de culte à proximité de la voie domitienne romaine. Au Xe siècle, la ville se développa sous Guillaume Ier; au XIIe siècle, on fonda une faculté de droit et une autre de médecine qui furent bientôt célèbres dans toute la France. La peste et les guerres de Religion ravagèrent Montpellier. Après la Révolution française, la ville fut le siège administratif du Bas-Languedoc, une ville de province relativement insignifiante.
C'est après la guerre d'Algérie, en 1962, que s'amorça le grand tournant: quelque 25 000 Français d'Algérie affluèrent dans la ville, il fallut créer des logements et des emplois. Les subventions publiques coulèrent à flots, l'aéroport et l'université durent être modernisés, les entreprises moyennes investirent dans la capitale de l'Hérault qui, de la sorte, devint une métropole animée.

Le mélange de styles qui préside à la conception des immeubles à appartements de l'architecte espagnol Ricardo Bofill est appelé postmoderne. Le projet Antigone emprunte son nom à l'Antiquité.

SSERIE LE PIAZZA
RESTAURANT

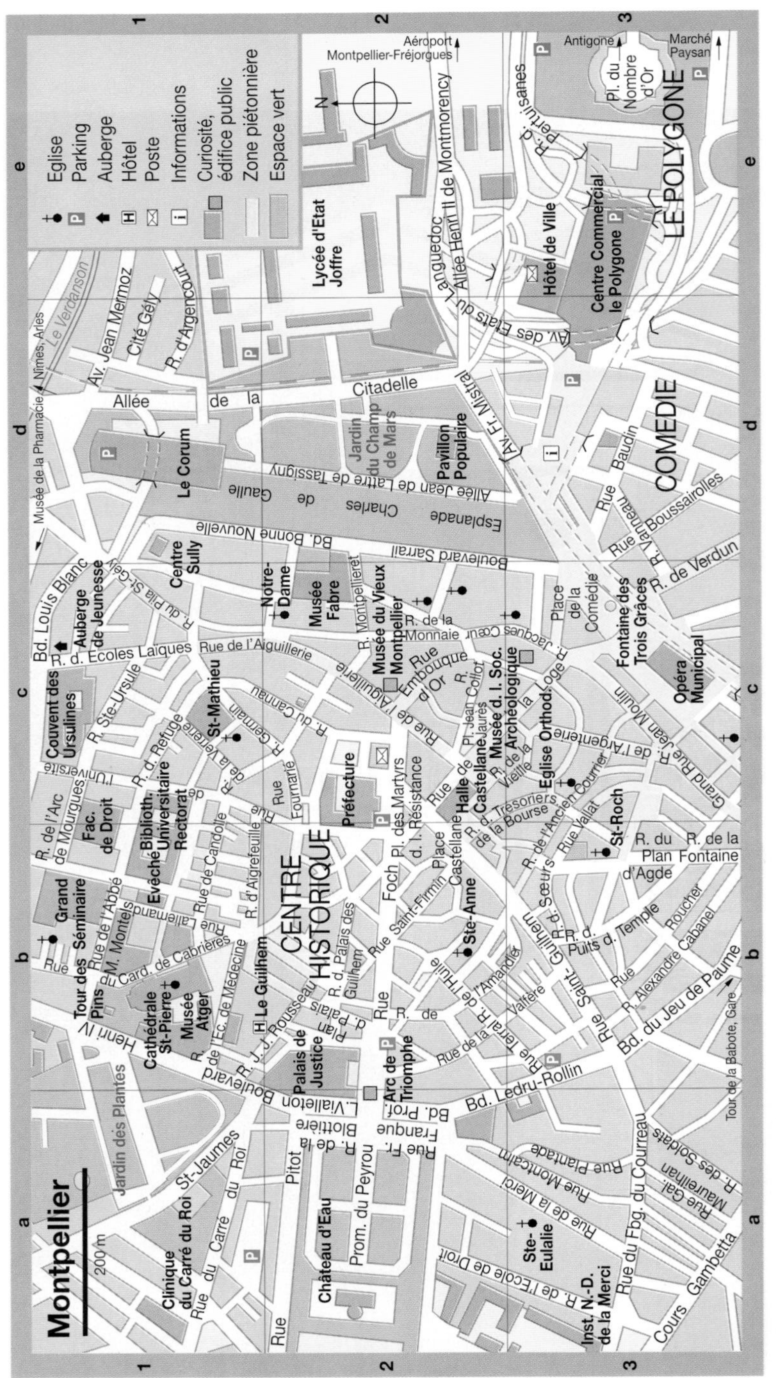

Les combinaisons de lettres et de chiffres dans le texte renvoient à cette carte.

Hôtels et logements

Alliance Métropole
Le premier établissement du lieu depuis 1898 a gardé son charme d'antan: en revanche, les chambres se ressemblent comme deux gouttes d'eau.
3, rue Clos-René, 34000
Tél. 04 67 58 11 22
Fax 04 67 92 13 02
77 chambres
Classe de prix moyenne (AE, DC, EC, Visa)

Demeure des Brousses
A environ quatre kilomètres à l'est de Montpellier, délicieuse auberge du XVIIIe siècle au milieu d'un parc.
Route de Vauguières, 34000
Tél. 04 67 65 77 66
Fax 04 67 22 22 17
17 chambres
Fermé en févr.
Classe de prix moyenne (AE, DC, EC, Visa)

Le Guilhem ■ b 1, p. 216
Une maison tranquille, dans les environs de la cathédrale Saint-Pierre.
18, rue Jean-Jacques-Rousseau, 34000
Tél. 04 67 52 90 90
Fax 04 67 60 67 67
29 chambres
Classe de prix moyenne (AE, DC, EC, Visa)

Du Parc
Cet hôtel agréable qui occupe une demeure du XVIIIe siècle est situé un peu au nord du centre historique.
8, rue Achille-Bège, 34000
Tél. 04 67 41 16 49
19 chambres
Classe de prix inférieure (AE, DC, EC, Visa)

Auberge de Jeunesse ■ c 1, p. 216
Hébergement à 80 FF environ.
Rue des Ecoles-Laïques
Tél. 04 67 60 32 22

Curiosités

Antigone
L'architecte vedette catalan Ricardo Bofill, qui a aidé à façonner les faubourgs de Paris, a créé ce quartier de logements et de bureaux à l'est de la vieille ville: un mélange de design inspiré de la Grèce et de la Rome antiques allié à une pointe de futurisme. Rien que pour cela, Antigone est loin de faire l'unanimité parmi les Montpelliérains.

Arc de triomphe ■ a 2, p. 216
Il fut érigé à la fin du XVIIe siècle à la **gloire et à la grandeur** du Roi-Soleil Louis XIV.

Cathédrale Saint-Pierre ■ b 1, p. 216
Cette collégiale remonte au XIVe siècle. La façade et les deux colonnes massives du portail méritent le coup d'œil. La visite de l'intérieur, dévasté par les guerres de Religion et restauré au XVIIIe siècle, est facultative.
Pl. Saint-Pierre

Le Corum ■ d 1, p. 216
Tout en béton et en granit rose, ce centre des congrès moderne abrite entre autres l'**opéra Berlioz**.
Sa 14 h – 19 h
Entrée libre

Jardin des Plantes ■ a 1, p. 216
Ce jardin des plantes vit le jour en 1593 en vue de l'étude des plantes et des herbes médicinales; il représente plus ou moins un département de la célèbre **Faculté de Médecine** de Montpellier, la plus ancienne de France.
En été lu-sa 8 h 30 – 12 h et 14 h – 18 h; en hiver lu- ve 8 h – 12 h et 14 h – 17 h 30 ainsi que 1 sa sur 2

Place de la Comédie
■ c 3/d 3, p. 216
Cette place créée au XVIIIe siècle est, avec ses terrasses de cafés, le centre de la vie urbaine. L'opéra sur son front ouest date de 1888. La fontaine du centre de la place (**fontaine des Trois Grâces**) est par contre une copie; l'original de 1776 se trouve dans l'opéra. Sur le front est, l'esplanade Charles-de-Gaulle plantée de platanes invite à la promenade.

Promenade du Peyrou
■ a 2, p. 216
Cette artère prestigieuse de la fin du XVIIe siècle possède deux attraits: le **château d'eau** en forme de petit temple antique (belle vue sur la ville!) et l'**aqueduc Saint-Clément**, l'équivalent local du fameux pont du Gard.

Tour de la Babote
Depuis le XIIe siècle, cette tour fait partie des remparts de la ville. Le 29 décembre 1783, un certain Lenormand y aurait effectué les premières expériences avec un parachute.
Au sud-ouest de la place de la Comédie

L'opéra du XIXe siècle, œuvre de l'architecte parisien Cassien-Bernard, donne à la place de la Comédie le cachet d'une grande ville.

Musées

Musée Fabre ■ c 2, p. 216
La ville d'art de Montpellier présente des œuvres de Delacroix, Ruysdael, Courbet et Brueghel exposées sur six étages dans un collège de Jésuites du XVe siècle.
Bd Sarrail
Ma-ve 9 h – 17 h 30
Entrée 16 FF, libre me

Musée de la Pharmacie
Souvenirs de la plus vieille faculté de pharmacie de France.
Av. Charles-Flahault
Au nord-ouest du centre-ville
Ma et ve 10 h – 12 h
Entrée libre, visite guidée 20 FF

Musée de la Société archéologique ■ c 3, p. 216
On y montre du mobilier historique ainsi que des découvertes archéologiques d'Egypte ancienne et de Grèce.
7, rue Jacques-Cœur
Tous les jours sauf sa et di
14 h – 18 h; en hiver jusqu'à 17 h
Entrée 20 FF

Musée du Vieux Montpellier ■ c 2, p. 216
L'histoire de la ville est retracée à travers de vieux tableaux et de vieux plans de même que des objets utilitaires. A l'étage, le **musée du Fougau** (me et je 15 h – 18 h 30) présente sa collection de costumes traditionnels.
Hôtel de Varenne
Pl. Pétrarque
Lu-ve 13 h 30 – 17 h 30,
sa jusqu'à 17 h
Entrée libre

Manger et boire

Brasserie du Théâtre
Cette brasserie traditionnelle avec terrasse propose des plateaux de fruits de mer ou des steaks grillés.
22, bd Victor-Hugo
Tél. 04 67 58 88 80
Tous les jours 12 h – 14 h et
20 h – 1 h
Classe de prix moyenne (EC, Visa)

Le Cercle des Anges ■ c 2, p. 216
Dans une maison du XVIIe siècle, on peut déguster des roulades de lapin aux olives ou du saint-pierre aux herbes fraîches. Tout n'est pas toujours angélique, mais le menu de midi est toujours une aubaine.
3, rue Collot
Tél. 04 67 66 35 13
Tous les jours sauf lu midi et di
12 h – 14 h et 20 h – 22 h
Classe de prix moyenne (AE, DC, EC, Visa)

Le Grand Café Riche ■ c 3, p. 216
Etudiants ou hommes d'affaires, la moitié de Montpellier se retrouve au «Riche» pour boire un ballon en terrasse. Petite restauration.
8, pl. de la Comédie
Tél. 04 67 60 75 76
Tous les jours 8 h – 24 h
Classe de prix inférieure

Le Jardin des Sens
C'est la grande table de Montpellier, avec aux commandes les Pourcel, des frères jumeaux. Même les fidèles habitués ne distinguent pas toujours Jacques de Laurent. Fricassée de langoustines au ris de veau; turbot aux calmars et aux épinards; une fête pour le palais, célébrée dans une salle ultramoderne tout en verre au milieu d'un parc.

Prisé des autochtones et des touristes: le Grand Café Riche sur la place de la Comédie.

11, av. St-Lazare, environ 1 km au nord-est du Corum
Tél. 04 67 79 63 38
Tous les jours sauf di 12 h – 14 h et 20 h – 22 h; fermé première semaine de janv. et dernière semaine de juil. à mi-août.
Classe de prix élevée (AE, EC, Visa)

Le Louvre ■ c 3, p. 216
Pas un superbe musée, mais un simple bistrot. La spécialité de la maison est le **pot-au-feu** de veau.
2, rue de la Vieille
Tél. 04 67 60 59 37
Tous les jours sauf di et lu
12 h – 14 h et 20 h – 22 h 30
Classe de prix moyenne (AE, DC, EC, Visa)

La Maison de la Lozère
■ c 2, p. 216
Cuisine régionale promouvant les produits de la Lozère servis dans une jolie salle voûtée.
27, rue de l'Aiguillerie
Tél. 04 67 66 36 10
Tous les jours sauf di 12 h – 14 h et 20 h – 22 h; fermé en août
Classe de prix inférieure (EC, Visa)

Achats

Antiquités

Jean-Pierre Marc ■ c 2, p. 216
Antiquités et curiosités dans une maison du XIVe siècle.
3, rue Embouque-d'Or
Fermé en août

Guilhem Villet ■ b 2, p. 216
Aimable pagaille avec un accent sur le XVIIIe siècle.
21, rue du Palais-des-Guilhem

Livres

FNAC ■ e 3, p. 216
Le classique choix de livres, de CD et de CD-ROM de la FNAC.
Centre commercial du Polygone
1, rue Pertuisanes

Alimentation

Les Caves Gambetta ■ a 3, p. 216
Ce marchand de vin extrêmement bien approvisionné est l'endroit idéal pour faire connaissance avec les meilleurs crus du Languedoc-Roussillon.
16, cours Gambetta

Gérard Pinto ■ c 3, p. 216
Ce merveilleux magasin d'articles coloniaux est une mer de couleurs et de senteurs!
14, rue de l'Argenterie

Réglisserie Deleuze
Du réglisse en veux-tu en voilà! Les **guimauves** parfumées à l'orange ou à la violette méritent bien une petite entorse au régime.
39, route de Toulouse

La Quintessence ■ c 2, p. 216
Une vraie **herboristerie** avec des thés, des épices et des mélanges d'herbes médicinales.
26, rue de l'Aiguillerie

Marchés

Halles Castellane ■ c 2, p. 216
Beau marché dans une halle de style Baltard bâtie en 1869. Faites absolument une petite visite au **fromager Puig**: vous y trouverez les meilleurs fromages affinés de toute la France.
6, rue de l'Herberie
Tous les jours 6 h – 13 h 30, ve jusqu'à 20 h

Marché paysan
C'est le nom qui convient à ce spectacle du dimanche matin. La qualité des produits est au rendez-vous.
Av. Jacques-Cartier
A l'est du centre-ville
Di jusqu'à 14 h

Adresses utiles

Office de tourisme ■ d 3, p. 216
78, av. Pirée
Tél. 04 67 22 06 16

Gare SNCF
Pl. Auguste-Gibert
Tél. 04 67 58 50 50

Bureaux de poste ■ c 2, p. 216
Pl. Rondelet et pl. du Marché-aux-Fleurs

Aéroport régional Montpellier-Fréjorgues
7 km au sud-est
Tél. 04 67 20 85 00

Tours de ville
Le mercredi et le samedi à 15 h, organisés par l'office de tourisme. Durée deux heures, prix 50 FF environ. Près de l'Esplanade et de la place de la Comédie sont situés les points de départ d'un tour de ville en calèche, prix suivant trajet. On y loue aussi des vélos.

Les 10 restaurants les plus recommandés

Auberge de Noves
■ B 3, carte avant
... parce qu'un jeune chef a donné une nouvelle vie à cette adresse de tradition et que la cave est tout bonnement exceptionnelle (→ p. 184).

La Bastide de Moustiers
■ F 3, carte avant
... parce qu'Alain Ducasse, le chef triplement étoilé, a réalisé avec cette auberge son rêve bucolique (→ p. 83).

La Beaugravière à Mondragon
■ B 2, carte avant
... parce que la carte des vins avec ses nobles crus du Rhône présente une sélection tout simplement mirifique (→ p. 254).

Chez Bruno à Lorgues
■ F 4, carte avant
... parce que monsieur Bruno est un hôte de poids aussi généreux qu'amusant (→ p. 78).

Le Clos de la Violette à Aix-en-Provence ■ b 1, p. 58
... parce que c'est tout simplement la meilleure adresse d'Aix (→ p. 68).

Christian Etienne à Avignon
■ b 2, p. 158
... parce qu'ici tout est parfait, du cadre historique à la cuisine (→ p. 169).

L'Isle Sonnante à Avignon
■ b 2, p. 158
... parce qu'ici on peut vraiment se régaler à relativement peu de frais (→ p. 169).

Le Jardin des Sens à Montpellier
... parce qu'en un temps record la créativité de ces jeunes frères jumeaux a fait de cette adresse l'un des meilleurs restaurants du Midi (→ p. 219).

La Petite France à Maussane-les-Alpilles
■ B 4, carte avant
... parce qu'on ne soupçonnerait jamais trouver si bonne maison derrière cette façade insignifiante (→ p. 137).

Les Sarments à Puyloubier
■ E 4, carte avant
... parce les Sarments sont une auberge de campagne rustique et authentique (→ p. 82).

En haute saison, réservez suffisamment tôt à l'avance.

Excursion

Aigues-Mortes

■ A 4, carte avant

Aquae Mortuae, la ville des eaux mortes, telle serait l'origine du nom d'Aigues-Mortes. Rarement une ville a été aussi bien nommée: cette ville fortifiée est une création du roi Louis IX, surnommé «saint Louis», qui voulait un port d'embarquement en prévision de la septième croisade. Le plan extrêmement régulier de la ville semble fait sur mesure pour des mouvements de troupes. Quelque 1 500 navires appareillèrent d'ici en 1248. Mais le roi Louis fut fait prisonnier en 1250. Aigues-Mortes resta prospère jusqu'au milieu du XIVe siècle. Puis le port et le chenal s'ensablèrent et la ville sombra dans l'anonymat; ce qui nous explique qu'aujourd'hui ces lieux nous semblent quasiment figés depuis le Moyen Age.

Hôtels

Les Arcades
Date du XVIe siècle.
23, bd Gambetta
Tél. 04 66 53 81 13
Fax 04 66 53 75 46
6 chambres
Fermé en févr.
Classe de prix moyenne (AE, DC, EC, Visa)

Hostellerie des Remparts
De l'hôtel, on a accès aux fameux remparts d'Aigues-Mortes.
Pl. Anatole-France
Tél. 04 66 53 82 77
Fax 04 66 53 73 77
19 chambres
Classe de prix moyenne (AE, DC, EC, Visa)

Saint-Louis
Les plus belles des chambres bien aménagées donnent côté cour.
10, rue de l'Amiral-Coubert
Tél. 04 66 53 72 68
Fax 04 66 53 75 92
22 chambres
Fermé janv.-mars
Classe de prix moyenne (AE, DC, EC, Visa)

Les Templiers
Elégante maison du XVIIe siècle au centre-ville.
23, rue de la République
Tél. 04 66 53 66 56
Fax 04 66 53 69 61
9 chambres
Classe de prix élevée (AE, EC, Visa)

Curiosités

Remparts
Quand les murs d'Aigues-Mortes surgissent à l'horizon, on se sent replongé dans le Moyen Age. On voit la ville sous son plus bel angle depuis la route du Grau-du-Roi (D 979). La **tour des Bourguignons** a joué un rôle sanglant dans l'histoire de la ville: pendant la guerre de Cent Ans, les Bourguignons se sont d'abord emparés de la ville. Des années plus tard, les Armagnacs ont réussi à y pénétrer. Les Bourguignons ont été pris par surprise et brutalement égorgés. Pour des raisons sanitaires, les nombreux morts ont été littéralement «saumurés», c'est-à-dire jetés dans la «tour des Bourguignons» et salés.

Salins du Midi
Assister de visu à la fabrication du sel. La visite comprend aussi, outre les salins, les **caves de Listel.**
Juil./août ma et ve 13 h 30-17 h
Réservation auprès de l'office de tourisme

Tour de Constance
Ce **donjon** de 22 mètres de haut servait de prison. Les murs – qui retinrent prisonniers les templiers et les huguenots, la protestante Marie Durand et le chef camisard Abraham Mazel – ont six mètres (!) d'épaisseur. Beau panorama sur la ville et les environs.
Juin-août tous les jours 9 h – 19 h; avril, mai, sept. 9 h 30 – 12 h et 14 h – 18 h; sinon 9 h 30 – 12 h et 14 h – 17 h
Entrée 27 FF

Manger et boire

Les Arcades
Aigues-Mortes n'est pas un haut lieu de la gastronomie. Aux Arcades, il y a toutes sortes de produits de la mer: malheureusement, le niveau de la cuisine a des hauts et des bas, un peu comme un voilier sur la mer.
23, bd Gambetta
Tél. 04 66 53 81 13
Tous les jours 12 h – 14 h et 20 h – 23 h; hors saison fermé lu et en févr.
Classe de prix inférieure (AE, DC, EC, Visa)

Achats

Le Jardin d'Amandine
Couverts, poteries et linge de table.
19, rue Victor-Hugo

L'imposante tour de Constance, où vécut temporairement le roi saint Louis au XIIIe siècle, servait au XVIIe siècle de prison d'Etat. Une prisonnière célèbre fut la huguenote Marie Durand, qui fut enfermée ici de l'âge de 17 à 52 ans. Elle a gravé dans la pierre le mot "résister".

Adresse utile

Office de tourisme
L'office organise régulièrement des tours de ville.
Porte de la Gardette
30220 Aigues-Mortes
Tél. 04 66 53 73 00

Nîmes n'est pas seulement connue dans le monde entier pour ses arènes et sa Maison Carrée, elle l'est aussi pour son célèbre article d'exportation, le tissu denim à faire les jeans: il tire son nom de «de Nîmes». Depuis le XVIIe siècle, les manufactures nîmoises ont fabriqué la solide étoffe bleue en coton égyptien; en 1848, un certain Levi Strauss eut l'idée d'utiliser ce tissu européen pour confectionner des nouveaux pantalons très résistants: le jeans était né.

■ A 3, carte avant

Aujourd'hui, quand on visite Nîmes, c'est pour son passé romain: Maison Carrée et arènes sont les témoins imposants du Nemausus romain. La ville a été baptisée en l'honneur de la divinité de la source locale (elle sourd encore gaillardement aujourd'hui dans le jardin de la Fontaine), elle fut habitée par les vétérans des campagnes d'Egypte. Le crocodile enchaîné à un palmier, symbole de l'Egypte vaincue, devint l'emblème de la ville. De nos jours, redessiné par Philippe Starck, il orne les pavés de la zone piétonnière et montre les dents au touriste de la fontaine de la place du Marché.
Starck n'est pas le seul designer vedette à avoir pu changer l'aspect de Nîmes au cours des dernières années: Vittorio Gregotti a construit un stade sportif, Wilmotte a mis sa touche finale aux halles centrales, à l'opéra et au musée des Beaux-Arts, Norman Foster est responsable du Carré d'Art en face de la Maison Carrée, et Jean Nouvel (connu pour l'Institut du monde arabe de Paris) a conçu des logements sociaux.
Le visiteur n'est guère impressionné par tout cela: son objectif reste les arènes, surtout pendant les **ferias**, les corridas (voir Corridas et joutes taurines – courses camarguaises, p. 138/139) qui se déroulent trois fois par an. Pendant les dix jours de la feria de Pentecôte, Nîmes attire plus de visiteurs que Munich durant les fêtes de la bière – du moins si l'on en croit l'office de tourisme.

La Maison Carrée à Nîmes: pour les uns, cet édifice datant du Ier siècle av. J.-C. est le temple le mieux préservé de l'époque romaine, pour les autres, c'est un lieu de ralliement nocturne.

REGIS MUNIFICENTIA
CIVIUM AERE
MDCCCXXI

Les 10 fêtes les plus fascinantes

Les Chorégies d'Orange ■ B 2, carte avant
... parce que cette fête convainc chacun de l'acoustique époustouflante du théâtre antique (→ p. 246, 278).

Course de la Cocarde d'Or à Arles ■ B 4, carte avant
... parce qu'il n'y a pas de mise à mort lors de ces joutes taurines, mais que pour une fois les «toreros» peuvent chasser en rond (→ p. 278).

Feria de la Pentecôte à Nîmes ■ A 3, carte avant
... parce que toute la ville est en fête pendant des jours (→ p. 274).

Festival d'Art dramatique à Avignon ■ B 3, carte avant
... parce que ce festival d'art a de nouveau rendu l'ancienne cité des Papes célèbre et populaire dans toute la France (→ p. 156, 275).

Festival international d'Art lyrique et de Musique d'Aix-en-Provence ■ D 4, carte avant
... parce que c'est le rendez-vous fixe de nombreux mélomanes français (→ p. 56, 275).

Fête des Gardians à Arles
■ B 4, carte avant
... parce que c'est l'occasion de voir les «cow-boys de la Camargue» en ville (→ p. 273).

Fête de la Tarasque à Tarascon ■ B 3, carte avant
... parce qu'ici, on se frotte à toutes sortes de folklores, de la Tarasque au Tartarin de Daudet (→ p. 274).

Pèlerinage des Gitans aux Saintes-Maries-de-la-Mer
■ A 5, carte avant
... tout simplement parce que cette procession en l'honneur de sainte Sara est célèbre dans le monde entier (→ p. 273).

Messes de Noël provençales
... parce que ces messes sont un bel exemple de tradition régionale (→ p. 279).

Rencontres internationales de la Photographie à Arles
■ B 4, carte avant
... parce qu'ici, il arrive parfois que l'on rende justice même à l'art photographique contesté (→ p. 275).

Pour certaines de ces fêtes, vous devez réserver en temps utile.

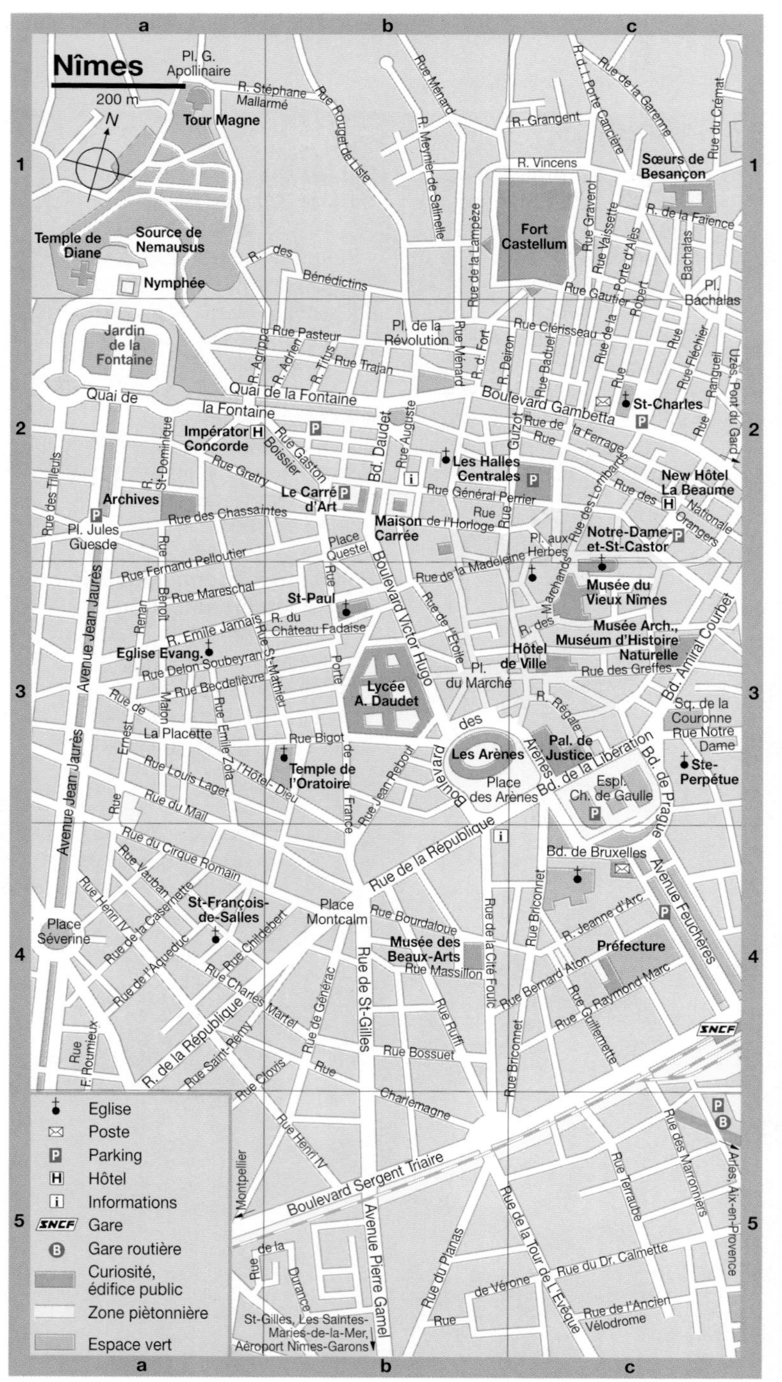

Les combinaisons de lettres et de chiffres dans le texte renvoient à cette carte.

Hôtels et logements

Le Castellas ■ A 3, carte avant
Ce petit paradis se situe à 26 kilomètres au nord-est de la ville. Chacune des chambres des deux corps de logis du XVIe siècle est différente, toutes les tendances, du traditionnel au moderne, sont représentées. A cela s'ajoutent de superbes salles de bains et, bien sûr, une terrasse et une piscine. Goûtez donc le «pigeon à la provençale» ou les «langues d'agneaux à la moutarde de violette».
Grand-Rue
30210 Collias
Tél. 04 66 22 88 88
Fax 04 66 22 84 28
Fermé janv.-mars
17 chambres
Classe de prix moyenne (AE, DC, EC, Visa)

Impérator Concorde ■ a 2, p. 230
Le classique du jardin de la Fontaine. Pendant la feria, cet hôtel de luxe avec cour intérieure accueille les toreros avant les combats.
Quai de la Fontaine, 30000
Tél. 04 66 21 90 30
Fax 04 66 67 70 25
60 chambres
Classe de prix élevée (AE, DC, EC, Visa)

New Hôtel La Beaume ■ c 2, p. 230
Charmante auberge aménagée dans un hôtel particulier de la vieille ville.
21, rue Nationale, 30000
Tél. 04 66 76 28 42
Fax 04 66 76 28 45
33 chambres
Classe de prix moyenne (AE, DC, EC, Visa)

L'Orangerie ■ c 5, p. 230
Cet hôtel est plutôt excentré, à proximité de la route nationale. Heureusement, les chambres sont insonorisées; dans la cour intérieure avec piscine, on pourrait presque se croire à la campagne. Restaurant avec menus à prix modérés.
755, rue Tour-de-l'Evêque, 30000
Tél. 04 66 84 50 57
Fax 04 66 29 44 55
28 chambres
Classe de prix moyenne (AE, DC, EC, Visa)

Plazza
Maison tranquille dans le centre avec garage privé.
10, rue Roussy, 30000
Tél. 04 66 76 16 20
Fax 04 66 67 65 99
28 chambres
Classe de prix moyenne (AE, DC, EC, Visa)

Les Tuileries
Dans cet agréable hôtel à l'est des arènes, chacune des chambres dispose d'un balcon.
22, rue Roussy, 30000
Tél. 04 66 21 31 15
Fax 04 66 67 48 72
10 chambres
Classe de prix inférieure (AE, DC, EC, Visa)

Auberge de jeunesse
Auberge de jeunesse assez à l'écart au nord-ouest de la ville avec des chambres de 6 à 13 lits. Le prix à la nuit s'élève à environ 65 FF, petit déjeuner compris. Location de VTT.
Chemin de la Cigale
Tél. 04 66 23 25 04
Fax 04 66 23 84 27

Curiosités

Les arènes b 3, p. 230

Nîmes est fière de posséder l'un des amphithéâtres les mieux conservés du monde gallo-romain. Construit entre le Ier et le IIe siècle, il est quasiment le «frère jumeau» de celui d'Arles, même s'il est un rien plus petit. Quelque 24 000 spectateurs prenaient place dans ces arènes (68 mètres sur 37) pour assister aux combats des gladiateurs. Plus tard, l'amphithéâtre fut transformé en forteresse par les Wisigoths et en château par les vicomtes de Nîmes. Tout comme les arènes d'Arles, la vénérable bâtisse de Nîmes fut envahie à partir du XIIIe siècle par des maisons, des églises et des commerces.
Pl. des Arènes
2 mai-30 sept. 9 h – 19 h; sinon 9 h – 12 h et 14 h – 17 h
Entrée 22 FF (y compris la tour Magne), la carte spéciale à 30 FF englobe aussi les autres curiosités

Jardin de la Fontaine
a 2, p. 230

Cet élégant jardin avec le temple de Diane du IIe siècle fut aménagé au XVIIIe siècle par l'ingénieur militaire Jean-Pierre Mareschal. A l'époque romaine, la fontaine de Nemausus était entourée de temples et de thermes.
Av. Jean-Jaurès
Entrée libre

Maison Carrée b 2, p. 230

L'Antiquité revit: de l'avis de nombreux experts, la Maison Carrée est le mieux conservé de tous les temples romains. Sous Auguste, des architectes inconnus le firent élever au milieu du forum, en reprenant le plan du temple d'Apollon à Rome. La

A la feria de Pentecôte, l'une des grandes dates du calendrier des fêtes provençales, les arènes de Nîmes sont archipleines.

Maison Carrée, probablement construite entre l'an 20 et l'an 30 av. J.-C., a bien 26 mètres de long, 15 mètres de large et 17 mètres de haut. Elle était consacrée au culte d'Auguste, empereur et dieu selon les croyances romaines. Au XIe siècle, la Maison appartenait à un chanoine et ensuite aux consuls de la ville. Elle fit office d'écurie et, après la Révolution, abrita des archives. Mais apparemment, les propriétaires successifs étaient aussi touchés par les formes harmonieuses de ce temple que l'est le visiteur actuel – s'il en avait été autrement, la Maison Carrée n'aurait pas survécu à tous les avatars de l'histoire française. L'intérieur abrite des expositions d'art moderne.
Pl. de la Maison-Carrée
2 mai-30 sept. tous les jours
9 h – 19 h; sinon 9 h – 12 h et
14 h – 17 h
Entrée libre

Tour Magne ■ a 1, p. 230
Cette tour est le dernier vestige des anciens remparts de l'an 15 av. J.-C. A l'époque, l'enceinte comportait 30 de ces tours. On accède au sommet de cette tour haute de 34 mètres en gravissant 140 marches; sur la plate-forme, vous serez récompensé par une très belle vue sur le paysage environnant.
Pl. Stéphane-Mallarmé
2 mai-30 sept. tous les jours 9 h – 19 h; sinon 9 h – 12 h et 14 h – 17 h
Entrée 12 FF

Musées

Le Carré d'Art ■ b 2, p. 230
L'architecte britannique Norman Foster a conçu le Carré d'Art directement en face de la Maison Carrée. «Un défi de l'art moderne au passé», tel fut le jugement des critiques après son inauguration en 1993. Expositions thématiques temporaires de haut niveau, sur Picasso, Klee ou Matisse par exemple.
Pl. de la Maison-Carrée
Tous les jours sauf lu 10 h – 12 h
Entrée 22 FF

Musée d'Archéologie
■ c 3, p. 230
Dans un ancien collège des Jésuites sont exposés des vestiges de la Nîmes gallo-romaine, dont des bustes de guerriers, des objets de la vie quotidienne, comme des ustensiles de cuisine et des outils, de la céramique et des flacons de verre.
13bis, bd Amiral-Courbet
Tous les jours sauf lu 11 h – 18 h
Entrée 22 FF, couplée avec le muséum d'Histoire naturelle

Musée des Beaux-Arts
■ b 4, p. 230
En 1986, le célèbre architecte Wilmotte a participé au réaménagement de ce musée des Beaux-Arts. La mosaïque représentant «le mariage d'Admète» est l'attraction majeure; on peut aussi voir des peintures des écoles flamande, hollandaise, italienne et française du XVe au XIXe siècle.
Rue de la Cité-Foulc
Mi-juin à mi-sept. tous les jours 9 h – 18 h 30; sinon 9 h 30 – 12 h 30 et 14 h – 18 h; visites guidées à 15 h; en hiver fermé di et lu matin
Entrée 22 FF

Musée du Vieux Nîmes

■ c 3, p. 230

Ce que le museon Arlaten est à Arles, l'ancien palais épiscopal jouxtant la cathédrale l'est à Nîmes – un musée qui présente de nombreux souvenirs de la vie quotidienne dans la région: meubles provençaux, une salle à manger et une salle de billard, et bien évidemment le jeans denim qui, comme son nom l'indique (de Nîmes), est originaire de cette ville.
Pl. aux Herbes
Mi-juin à mi-sept. tous les jours 10 h – 18 h; sinon 14 h – 18 h
Entrée 22 FF

Muséum d'Histoire naturelle

■ c 3, p. 230

Histoire naturelle et histoire coloniale se donnent la main au premier étage de l'ancien collège des Jésuites, juste au-dessus du musée d'Archéologie, avec des masques et des armes d'Afrique et d'Asie.
13bis, bd Amiral-Courbet
Tous les jours sauf lu 11 h – 18 h
Entrée 22 FF, couplée avec le musée d'Archéologie

Manger et boire

Le Bistro du Chapon Fin

■ b 3, p. 230

Dans ce bistrot simple, on sert une cuisine régionale sans fioritures, comme de la brandade de morue ou de la charlotte d'agneau et d'aubergines.
3, rue du Château-Fadaise
Tél. 04 66 67 34 73
Tous les jours sauf sa midi et di
12 h – 14 h et 20 h – 23 h 30
Classe de prix inférieure (AE, DC, EC, Visa)

Le Caramel Mou

■ b 3, p. 230

Ce petit établissement est actuellement branché à Nîmes. On mange mieux ailleurs, mais on vient ici pour l'ambiance.
5, rue Jean-Reboul
Tél. 04 66 21 27 28
Tous les jours sauf lu et ma
12 h – 14 h et 20 h – 23 h;
fermé en août
Classe de prix moyenne (EC, Visa)

Le Magister

■ c 2, p. 230

Ce «magister» pourrait donner des leçons en matière de bonne cuisine à plus d'un chef de Nîmes. Goûtez donc sa fricassée de thon aux poivrons ou son filet de taureau aux anchois et aux olives.
15, rue Nationale
Tél. 04 66 76 11 00
Tous les jours sauf sa midi et di
12 h – 14 h et 20 h – 22 h; fermé deux semaines en août
Classe de prix moyenne (AE, DC, EC, Visa)

San Francisco

■ c 3, p. 230

Dans ce bar à vin sans chichis, on sert aussi de la petite restauration.
11, sq. de la Couronne
Tél. 04 66 76 19 59
Tous les jours sauf di soir et lu
12 h – 14 h et 20 h – 24 h
Classe de prix inférieure (AE, DC, EC, Visa)

Taverne Midi-Minuit

■ b 4, p. 230

Curieux, mais cuisine savoureuse à prix d'ami: dans cette brasserie, on se régale de bons plats alsaciens, choucroute et tarte flambée.
1, rue de la République
Tél. 04 66 36 21 84
Tous les jours 12 h – 24 h
Classe de prix inférieure (EC, Visa)

Achats

Alimentation et vins

Château de la Tuilerie
Ici, les vins liquoreux sont encore faits dans la maison.
Route de St-Gilles

Maurice Michel ■ c 3, p. 230
Les jambons savoureux et les terrines sont parfaits pour un pique-nique sous les oliviers.
18bis, rue Notre-Dame

Gérard Moyne-Bressand ■ b 3, p. 230
Une bonne adresse pour les gourmands de pâtisseries fines et de tartes.
20, bd Victor-Hugo

La Vinothèque ■ b 3, p. 230
Du petit vin régional au grand bordeaux: chez les Teyssier, il est possible de faire un périple œnologique des Costières de Nîmes à Cornas.
18, rue Jean-Reboul

Marchés

Les Halles centrales ■ c 2, p. 230
Les halles centrales ont été modernisées dans les années quatre-vingt par le designer Wilmotte; depuis lors les Nîmois se sont habitués à leur vue. Sur ces quelque 3 000 mètres carrés s'étalent quantité de choses délectables. Une visite s'impose tout particulièrement chez les charcutiers Arnaud et Marcon ou le fromager Vergne.
Rue du Général-Perrier
Tous les jours 8 h – 13 h

Marché Jean-Jaurès ■ a 3, p. 230
Sur ce sympathique marché aux nombreux petits exposants de l'arrière-pays, on vend également quelques produits biologiques.
Av. Jean-Jaurès
Ve 8 h – 12 h

Jouets

Hexagone ■ c 3, p. 230
Pour petits et grands: les poupées de porcelaine, jouets métalliques et boîtes à musique sont toujours des valeurs sûres.
4, rue Auguste-Pelet

Adresses utiles

Office de tourisme ■ b 2, p. 230
6, rue Auguste
30000 Nîmes
Tél. 04 66 67 29 11
Fax 04 66 21 81 04

Gare SNCF ■ c 4, p. 230
Egalement location de cycles.
Bd Sergent-Triaire
Tél. 04 66 23 50 50

Aéroport Nîmes-Garons
8 km au sud de la ville
Route de Saint-Gilles
Tél. 04 66 70 06 88
Air Inter: tél. 04 66 70 08 59

Gendarmerie
56, rue Ste-Geneviève
Tél. 04 66 38 50 00

L'emblème de la Provence: la lavande

Une infinité de ces petits bouquets bleus fleurissent le plateau du Vaucluse, la région de la Drôme ou les environs de Nîmes. Pas une Provençale qui ne se remémore encore volontiers son enfance, quand sa grand-mère mettait toujours un peu de lavande entre les draps dans les armoires – une odeur qui rappelle le bon vieux temps.

Les Romains utilisaient déjà la lavande pour parfumer leurs bains et leur linge. C'est aussi eux qui donnèrent son nom latin à cette plante: **lavanda**, ce qui sert à laver. La lavande, pour sa part, transmit son nom à un ancien métier: les **lavandières,** qui lavaient leur linge autrefois dans la rivière. Dans le «langage des fleurs», la lavande représente le respect, la vertu et parfois aussi le silence.

Au début, les pieds de lavande ne poussaient que sur sol sablonneux ou caillouteux. C'est cette **Lavandula vera** sauvage (lavande commune) que l'on récolta jusqu'en 1914. On la trouvait en altitude entre 700 et 1400 mètres.

Il y a aussi la **Lavandula spica** qui s'est adaptée à des altitudes situées entre le niveau de la mer et 400 mètres.

Et comme par un petit miracle de la nature, les insectes ont au fil du temps créé une troisième espèce à partir des deux premières, appelée **lavandin**. Cette dernière espèce scella la domestication de la lavande: elle recouvre de vagues violettes le plateau de Valensole, qu'affectionnait déjà Giono. La production du lavandin a lieu entre 400 et 700 mètres d'altitude et dépasse très largement celle de la lavande commune.

De 50 à 100 kilos de lavandin peuvent pousser sur un hectare de terre provençale; la production totale de la France s'établit à 870 tonnes par an. A titre de comparaison: la production annuelle de lavande commune atteint tout juste les 27 tonnes, auxquelles il faut ajouter 70 tonnes en provenance des pays européens.

La lavande attire les papillons – son essence distillée repousse en revanche les mites et les moustiques.

En provençal, cette plante s'appelle **badasse**. Sa fragrance est moins raffinée que celle de la lavande commune, mais comme presque toutes les lavandes, elle reste malgré tout une plante «magique» pour tous les Provençaux.

Au bon vieux temps, les bergers de l'arrière-pays employaient cette plante à des fins médicinales: lorsque l'une de leurs bêtes avait été mordue par un serpent, ils cueillaient un peu de lavande et frottaient la plante sur la morsure. Elle était censée neutraliser immédiatement le poison – même s'il n'est pas conseillé d'appliquer cette sagesse populaire pour soi-même. La lavande aurait par ailleurs des propriétés antiseptiques, hâterait la guérison des plaies et chasserait les insectes. Mais ce n'est pas tout: la lavande est bonne contre la toux, la grippe, l'asthme, la migraine, l'insomnie, la mélancolie. Si vous voyagez en Provence, essayez donc un peu de lavande sous forme d'infusion, d'essence ou d'eau de lavande. La lavande ne sert pas uniquement à parfumer le linge, elle est un ingrédient à part entière de quelques très vieux plats provençaux traditionnels.

Excursions

Pont du Gard

■ A 3, carte avant

Ce célèbre ouvrage – l'une des curiosités les plus visitées de Provence – est réellement une réalisation magistrale de la Rome antique: ce pont long de 275 mètres faisait partie d'un aqueduc long, lui, de 50 kilomètres, qui conduisait à Nîmes les eaux de source captées près d'Uzès. Le dénivelé entre les deux villes n'est que de 17 mètres – la pente moyenne au kilomètre était donc de 34 centimètres. Au temps des Romains, le débit quotidien d'approvisionnement de la colonie de Nemausus (Nîmes) aurait été d'environ 20 000 mètres cubes. Les experts ne sont pas d'accord sur la date exacte de construction; on la situe entre 19 av. J.-C. et les années 40 à 60 de notre ère. Il est cependant certain que longtemps après les Romains, jusqu'au IXe siècle environ, le pont du Gard a assuré l'approvisionnement des Nîmois en eau.
Le fait que le pont du Gard était un ouvrage purement utilitaire le fait paraître encore plus élégant. L'étage inférieur est soutenu par six arches.

Le pont du Gard est l'aqueduc le plus important de l'époque romaine. Agrippa, le beau-fils de l'empereur Auguste, lui assigna l'approvisionnement en eau de la ville de Nîmes. Un millier d'hommes travailla pendant trois ans à la construction de l'ouvrage. Les blocs de pierre pesant jusqu'à six tonnes furent assemblés sans mortier.

Le deuxième étage, «l'étage des promeneurs», possède onze arches. Ceux qui n'ont pas le vertige se promènent sur les bords du troisième étage avec ses 35 arches, au-dessus de l'ancien canal. Si vous voulez profiter de vos vacances le lendemain, évitez d'entreprendre ce type d'excursion par grand vent ou par temps pluvieux...
Evitez aussi de le visiter à l'heure du déjeuner en haute saison. Cela grouille de monde, les buvettes et les magasins de souvenirs font des affaires en or et la visite se change vite en cauchemar. Il est question d'embellir l'aqueduc à l'avenir: on envisage pour le moment de chasser les buvettes et les boutiques de souvenirs et d'aménager un nouveau parking assez loin du pont. Un centre d'information et de meilleures installations sanitaires sont également en projet. Attendons...

Uzès

■ A 3, carte avant

Alors âgé de 22 ans, le poète et tragédien français Jean Racine a vécu en 1661 et 1662 chez son oncle, le vicaire général de cette petite ville qui surplombe la vallée de l'Alzon. Le jeune homme tint un an en Provence. Il ressort de sa correspondance qu'il s'intéressait bien davantage aux beaux paysages qu'à la théologie. Et exactement comme le visiteur actuel, le jeune Racine a dû admirer le Duché et la tour Fenestrelle.

Hôtel

Marie-d'Agoult
Cet ancien hôtel particulier de la famille d'Agoult, des XVIIe et XVIIIe siècles, se trouve au milieu d'un parc pittoresque. Jolie piscine, néanmoins les salles de bains demandent une rénovation partielle.
Château d'Arpaillargues
Tél. 04 66 22 14 48
29 chambres
Classe de prix moyenne (AE, EC, DC, Visa)

Curiosités

Crypte
La crypte gallo-romaine est située dans la cave d'une maison privée et est montrée lors des visites guidées de la ville.
Mi-juin à mi-sept. lu 10h,
me 16 h et ve 10 h
Entrée 35 FF, tour de ville compris

Duché
Le château des ducs d'Uzès remonte à l'époque féodale. On admirera la façade Renaissance de 1550 construite sur les plans de Philibert Delorme et la **tour Bermonde** d'où l'on découvre un panorama sur le paysage environnant. En été, visites nocturnes pour les romantiques.
Tous les jours 9 h 30 – 12 h 30 et 14 h 30 – 18 h 30; nov.-mars jusqu'à 17 h; juil./août jusqu'à 22 h 30; avant la saison fermé lu
Entrée 45 FF, nocturne 70 FF

Le temps paraît s'être arrêté sur la place du village d'Uzès.

Tour Fenestrelle
Cette tour haute de 42 mètres (XIIe siècle) de style lombard – seul vestige d'une cathédrale romane détruite lors des guerres de Religion – est unique en France. L'église actuelle accolée à la tour date du XVIIe siècle.

Manger et boire

Le Castellas
A huit kilomètres environ d'Uzès, vous trouverez dans cet hôtel (voir p. 231) un merveilleux restaurant à la cuisine provençale raffinée.
Grand-Rue
30210 Collias
Tél. 04 66 22 88 88
Avril-déc. tous les jours 12 h – 14 h et 19 h – 21 h 30
Classe de prix moyenne (AE, DC, EC, Visa)

Achats

La Céramique d'Uzès
Jean-Paul Pichon vend des assiettes et des pots «cuits maison», souvent dans de très beaux coloris provençaux.
6, rue St-Etienne

Manufacture des Faïences Bernard et Véronique Pichon
Cette entreprise familiale propose de belles poteries pour toutes les bourses, de l'assiette à 80 FF (500 FB) au superbe vase à 10 000 FF (60 000 FB).
7, av. Jacques-d'Uzès

Un peu en dehors d'Uzès, le restaurant Le Castellas vous invite à goûter les spécialités provençales.

Adresses utiles

Office de tourisme
Av. de la Libération
30700 Uzès
Tél. 04 66 22 68 88
Fax 04 66 22 95 19

Gare SNCF
Bd de la Libération
Tél. 04 66 22 00 58

Petit ABC des fromages

Au commencement était le fromage... du moins à en croire un expert comme Pierre Androuet. D'après son ouvrage de référence, «Le Livre d'or du fromage», le fromage est le premier aliment fabriqué de main d'homme. Androuet situe l'origine du fromage au néolithique — même si le premier témoignage écrit sur le thème du fromage se trouve sur une stèle d'Hammourabi. Et Androuet ne manque pas de faire observer avec fierté que, selon Pline, les Romains appréciaient le fromage des provinces gauloises. Du moins pour autant qu'il ait bien supporté le voyage...

Les véritables fromages de Provence sont vendus occasionnellement sur les marchés hebdomadaires ou dans d'excellentes fromageries comme la **fromagerie de Daniel Enksézian** à Apt, la **fromagerie du Mistral** à Saint-Rémy ou la fromagerie **Vergne** aux halles de Nîmes. Il ne faut jamais acheter de fromages dans un supermarché, aussi attrayants soient-ils. En effet, les **fromagers** ne se contentent pas de vendre leurs produits, ils sélectionnent les fromages bruts chez les fermiers des environs et les entreposent de manière appropriée dans leurs caves jusqu'à ce qu'ils aient atteint le degré de maturité idéale – la condition sine qua non pour une dégustation idéale des fromages suivants.

Banon Il est produit en hiver avec du lait de brebis, en été avec du lait de chèvre et le reste de l'année avec du lait de vache, et enveloppé à la main dans des feuilles de châtaignier. Autrefois on faisait macérer le banon dans de l'alcool de fruits avec du poivre, du thym, des clous de girofle et du laurier, à l'occasion des menus de Noël et de Nouvel An. Il se marie très bien avec un vin rouge du nord de la Provence, de la région du mont Ventoux par exemple.

Brousse du Rove Il est généralement fabriqué avec du lait de vache, plus rarement avec du lait de brebis. Dans la région, on déguste le brousse soit avec des fruits ou de la compote, soit mariné dans de l'huile d'olive avec quelques herbes. Le brousse s'accompagne d'un **Coteaux d'Aix** blanc ou rosé.

Les petits fromages provençaux offensent les nez délicats, mais font les délices des connaisseurs.

Cachat Le cachat est un fromage de lait de brebis et/ou de chèvre, enveloppé dans du lin. Il mûrit au moins pendant deux jours dans un pot muni de deux trous seulement. Puis on le sale sur toutes ses faces. Une fois lavé de son sel, le fromage est transvasé dans un **toupin**, un pot fermé. Pendant deux semaines, il est régulièrement arrosé de marc. Le cachat est parfois aromatisé au vin jeune ou à l'huile aux herbes. Sur du pain de campagne avec de petits oignons et un Côtes du Ventoux rouge, c'est un vrai régal.

Fromage fort du mont Ventoux Ce fromage fort est une préparation à base de cachat. Pour cela, il faut écraser un cachat jeune, le saler, le poivrer et le mettre à affiner dans un récipient fermé. Avec le temps, le fromage devient de plus en plus fort, certains amateurs vont jusqu'à l'aromatiser avec de l'eau-de-vie ou du vinaigre de vin.

Pebre d'Ai Ce fromage, également appelé **Poivre d'âne**, est un banon affiné et roulé dans la sarriette.

Tomme La tomme est un genre de fromage que l'on retrouve dans toute la France. La **tomme de Camargue** ou la **tomme d'Arles** sont souvent à base de lait de brebis.

Cette petite ville endormie (27 000 habitants) est la porte de la Provence: son arc de triomphe accueille tous ceux et celles qui visitent la Provence en voiture par la Nationale 7. A moins de venir au moment précis du populaire festival artistique des Chorégies d'Orange, on a affaire à un gros bourg typiquement provençal.

■ B 2, carte avant

Quelques rares visiteurs déambulent dans les ruelles de la vieille ville, les autochtones sont assis tranquillement aux terrasses des cafés en buvant un express. Et quelques légionnaires patrouillent dans les petites rues – ils sont casernés dans les environs. Les commerces et les restaurants sont davantage axés sur les besoins des Orangeois (si vous voulez de la haute cuisine, arrêtez-vous plutôt à Avignon), les hôtels sont modestes dans l'ensemble. Bref, Orange ne vit pas que du tourisme. L'Arc de Triomphe, qui est en réalité une porte commémorant la fondation de la cité, et le théâtre antique datent de l'Arausio romaine. A l'époque, c'est-à-dire à partir de 36 av. J.-C., la ville était habitée par les vétérans de la deuxième légion gauloise qui disposaient de tout le confort: cirque, temple, thermes et bien entendu un théâtre. On reconnaît aujourd'hui encore le plan d'urbanisation romain à l'ordonnance régulière de la ville. Au XVIe siècle, à la suite d'une série d'avatars dans les successions, Orange tombe dans le giron de Guillaume de Nassau, le premier stathouder des Pays-Bas. Aujourd'hui encore, la famille royale des Pays-Bas revendique fièrement le nom d'Orange.

Hôtels et logements

Arène ■ b 2, p. 246
L'Arène, à la situation centrale près de l'église Notre-Dame, est l'hôtel le plus convoité de la ville pendant le festival; sinon, à l'ombre des platanes centenaires, c'est presque un havre de paix.
Pl. de Langes, 84100
Tél. 04 90 34 10 95
Fax 04 90 34 91 62
30 chambres
Fermé 1er nov.-15 déc.
Classe de prix moyenne (AE, DC, EC, Visa)

Le Mas des Aigras
Ce charmant mas provençal, à quatre kilomètres environ au nord d'Orange, est situé au milieu des vignes et des champs; piscine et tennis.
Russamp Est, chemin des Aigras, 84100
Tél. 04 90 34 81 01
Fax 04 90 34 05 66
11 chambres
Classe de prix moyenne (EC, Visa)

Curiosités

Arc de Triomphe

a 1, p. 246

En apercevant de la N 7 l'arc de triomphe romain bien conservé, on sait que l'on est presque arrivé. L'arc, qui mesure 22 mètres de haut et 21 mètres de large, a été construit vers l'an 20 av. J.-C. Il est décoré de différentes sculptures sur sa face nord: combats de légionnaires, trophées comme casques et armures, fleurs et fruits. Sur sa face ouest, on peut voir quelques captifs enchaînés. Sur la N 7, sortie de la ville, direction Montélimar

Colline Saint-Eutrope

b 3, p. 246

De ce parc, on a une vue magnifique sur le théâtre antique et les environs; à côté d'une statue de la Vierge, une table d'orientation explique le panorama. Au XVIIe siècle se dressait ici le château fort de Maurice de Nassau, qui fut détruit en 1674 par les troupes du Roi-Soleil, Louis XIV.

Théâtre antique

b 3, p. 246

Il ne faut pas beaucoup d'imagination pour faire revivre ce monde du théâtre antique, car l'amphithéâtre d'Orange est l'un des mieux conservés de tout l'Empire romain. Pendant sa construction au 1er siècle, les architectes utilisèrent la pente naturelle de la colline Saint-Eutrope pour adosser les gradins. Les 9 000 spectateurs que pouvait contenir l'hémicycle étaient répartis selon leur rang social: la zone inférieure était réservée aux personnages de haut rang et aux prêtres, le peuple prenait place dans le deuxième tiers, les mendiants, les prostituées et les autres marginaux de la société romaine ne devaient pas rester dehors, mais pouvaient s'asseoir dans le dernier tiers.

Parce qu'elle célèbre le triomphe des Romains sur les Gaulois, la porte de fondation de la ville antique est appelée à tort Arc de Triomphe.

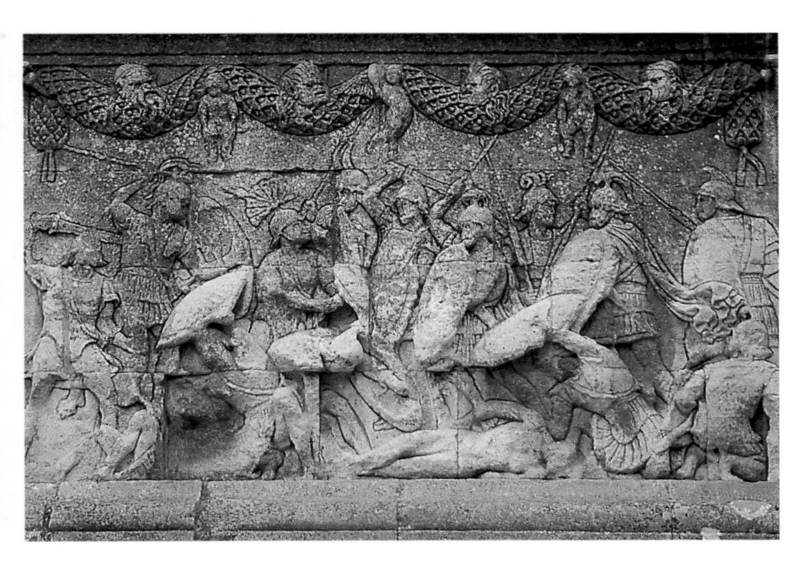

Comme beaucoup de monuments antiques de Provence, ce théâtre d'Orange a également servi de lieu d'habitation à bon marché avant qu'au XIXe siècle l'architecte Caristie ne commence à le restaurer pour le remettre dans son état d'origine. Le mur de scène fait 37 mètres de haut et 103 mètres de long. Au centre, au-dessus de la porte royale haute de 20 mètres, trône une statue d'Auguste de 3,55 mètres de haut.

Il faut au moins une fois dans sa vie visiter ce théâtre en juillet, à l'époque des **Chorégies d'Orange**. Pendant les concerts, on peut vérifier l'excellente acoustique du théâtre.
Pl. des Frères-Mounet
3 avril-30 sept. 9 h – 18 h 30; sinon 9 h – 12 h et 13 h 30 – 17 h; en juil. et août sur rendez-vous
Tél. 04 90 11 02 31
Entrée 25 FF, couplée avec le musée municipal

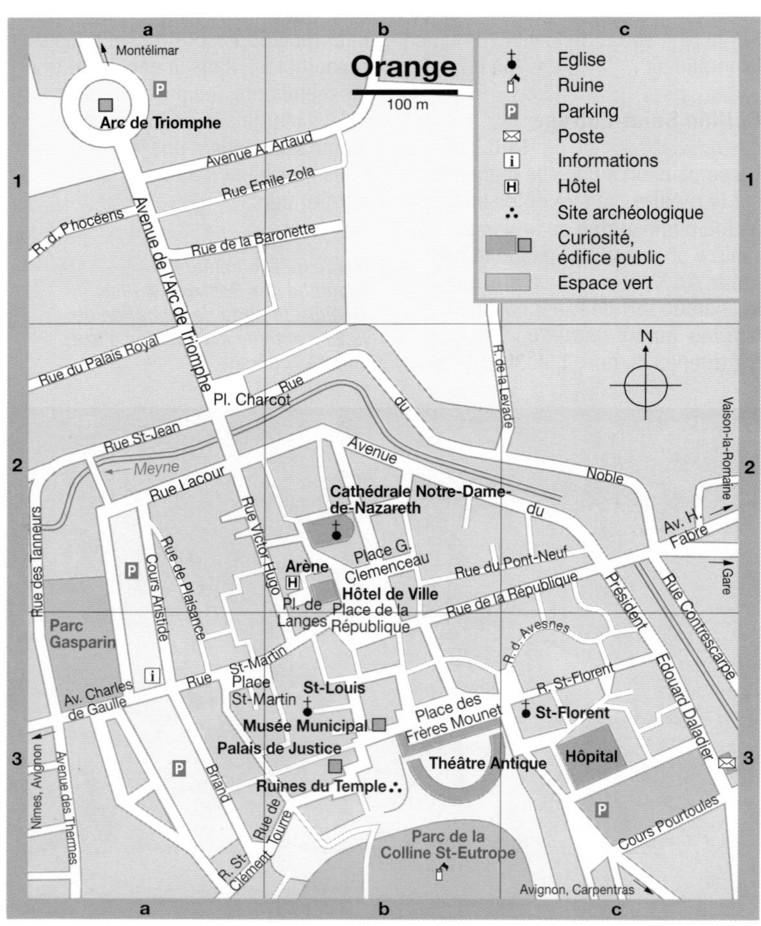

Les combinaisons de lettres et de chiffres dans le texte renvoient à cette carte.

Musée

Musée municipal ■ b 3, p. 246
Dans ce musée municipal, on peut voir à l'aide du cadastre romain (le premier est daté de 77 av. J.-C.) que même au temps des Césars, tout était bien ordonné: le cadastre A recouvrait la région de Châteaurenard, le cadastre B s'étendait du nord de la ville à Montélimar, le cadastre C enfin concernait la région du sud de la ville. Une partie des terres appartenaient à l'Etat romain, une autre partie était louée, certaines parcelles étaient confiées à des vétérans qui étaient exemptés de l'impôt pour services rendus dans la légion.
La **salle des Wetter** mérite également le détour: elle est consacrée à la fabrication des **indiennes**, ces cotonnades imprimées de la famille Wetter.
Rue Lubières
Avril-sept 9 h – 18 h 30;
sinon 9 h – 12 h et 13 h 30 – 17 h 30
Entrée 25 FF.

Manger et boire

Le Parvis ■ c 3, p. 246
Orange n'étant pas exactement célèbre pour ses plaisirs gustatifs, le Parvis n'a guère de mérite à être la meilleure maison du coin. La salle à manger est un peu poussiéreuse, mais les plats comme le gigot de chevreau à l'ail sont à des prix raisonnables.
3, cours Pourtoules
Tél. 04 90 34 82 00
Tous les jours sauf di soir et lu
12 h – 14 h et 20 h – 21 h 30; ouvert en continu en juil./août
Classe de prix moyenne (AE, DC, EC, Visa)

Achats

Meubles

Ebénisterie Magan ■ b 3, p. 246
Fabrique artisanale de meubles de style provençal.
8bis, rue Mazeau

Tissus

Souleiado ■ b 3, p. 246
Les tissus imprimés de Souleiado sont vraiment partout en Provence. Orange ne constitue pas une exception.
1, rue Mazeau

Adresses utiles

Office de tourisme ■ a 3, p. 246
Cours Aristide-Briand
84100 Orange
Tél. 04 90 34 70 88
Fax 04 90 34 99 62

Gare SNCF
Rue Frédéric-Mistral
Tél. 04 90 34 17 82

Gendarmerie ■ a 3, p. 246
Av. Charles-de-Gaulle
Tél. 04 90 51 71 04

Excursions

Le Barroux ■ C 2, carte avant

Cette toute petite localité avec ses ruelles étroites et ses vieilles maisons possède non seulement un château, mais une curiosité très particulière: l'unique ferme de lamas sur le sol provençal!

Hôtel/Manger et boire

Les Géraniums
Ce modeste **Logis de France** propose des chambres simples et une cuisine du terroir goûteuse.
Pl. de la Croix
84330 Le Barroux
Tél. 04 90 62 41 08
22 chambres
Restaurant mi-nov. à mi-mars tous les jours sauf me 12 h – 14 h et 20 h – 21 h 30
Classe de prix inférieure (DC, EC, Visa)

Curiosités

Château du Barroux
Ce château du XIIe siècle appartenait aux comtes des Baux. Aujourd'hui, il abrite le centre d'études historiques et archéologiques.
Juil./août tous les jours 10 h – 19 h
Entrée 15 FF

Ferme expérimentale d'élevage de lamas
On peut y assister à l'élevage de lamas.
Sur la D 938
Tél. 04 90 65 25 46
Visite guidée sur demande
Entrée 20 FF

Beaumes-de-Venise ■ C 2, carte avant

Avec Rasteau, c'est l'une des capitales du cru des vins doux, et la visite est presque indispensable pour les amateurs de vin. Les anti-alcooliques convaincus peuvent rayer sans remords cette localité de leur circuit provençal.

Achats

Coopérative La Balméenne
C'est ici que l'on produit notamment l'huile d'olive pour la fameuse épicerie fine de Paris, Hédiard. Ceux qui dédaignent les emballages coûteux peuvent aussi acheter de l'huile d'olive en bidon de plastique de 10 litres.
Av. Jules-Ferry

Domaine de Coyeux
Le **muscat de Beaumes-de-Venise** (vin doux) que vous achèterez ici se marie avec de nombreux desserts chocolatés.

Domaine de Fenouillet
Ici aussi, il y a du **muscat de Beaumes-de-Venise**.

Cairanne ■ B2/C2, carte avant

Derrière l'enceinte médiévale s'est retranché jadis l'ordre des Templiers. Le **donjon** est occupé actuellement par un petit musée du vin, et en prime, la vue s'étend sur la chaîne des Dentelles de Montmirail et le mont Ventoux.

Châteauneuf-du-Pape

■ B 2, carte avant

C'est le pape Jean XXII lui-même qui a élevé Châteauneuf au rang de vignoble du plus haut dignitaire ecclésiastique. Pas moins de 13 cépages entrent dans chaque bouteille de Châteauneuf; la plupart des vignerons se bornent sagement à un rendement de 35 hectolitres. Mais si l'on ne vient pas pour le noble jus de la treille, on sera déçu par l'endroit. Du château que les papes ont habité jusqu'en 1377, il ne reste que deux tristes pans de mur, tout juste bons à permettre de pique-niquer à l'abri du soleil au voisinage des vignes.
La superficie du vignoble qui produit ce noble cru est relativement petite. Les châteaux (domaines) succèdent aux châteaux entre Châteauneuf, Bédarrides et Courthézon. Il est dès lors aisé d'explorer à bicyclette les vignes réputées dans le monde entier (voir Le vignoble de Châteauneuf, p. 252/253).

Hôtel

Hostellerie des Fines Roches
La façade luxueuse de ce château somptueux au milieu des vignes est trompeuse quant à la taille de la propriété: il y a tout juste sept chambres et un bon retaurant.
Route d'Avignon
Tél. 04 90 83 70 23
Fax 04 90 83 78 42
7 chambres
Classe de prix élevée (EC, Visa)

Musée

Musée Père Anselme – Musée des Outils de vignerons
Amphores et pressoirs du XVe siècle – ici tous les aspects de la vinification sont évoqués.
Av. Bien-Heureux, route d'Avignon
Mi-juin à mi-sept. 9 h – 19 h;
sinon 9 h – 12 h et 14 h – 18 h, di et jours fériés à partir de 10 h

Manger et boire

Le Pistou
Derrière les rideaux fleuris de ce sympathique bistrot, on vous sert une cuisine du terroir à des prix plus qu'amicaux: **soupe au pistou, pieds et paquets** et autres plats fleurant bon la Provence.
15, rue Joseph-Ducos
Tél. 04 90 83 71 75
Tous les jours sauf di soir et lu
12 h – 14 h et 20 h – 21 h 30
Classe de prix inférieure (EC, Visa)

Achats

Vins

Château de Beaucastel
Les 13 cépages autorisés pour le «vin des papes» sont tous cultivés ici et cela sans adjuvant chimique.
Résultat: de beaux Châteauneuf-du-Pape rouges et blancs parmi les meilleurs de la région.
Chemin de Beaucastel
84350 Courthézon près de Châteauneuf-du-Pape
Tél. 04 90 70 41 00

Château Mont-Redon
Il y a 2 000 ans, les vignes des Romains poussaient déjà sur le terrain de Mont-Redon. Aujourd'hui, ce terroir riche de traditions donne d'excellents Châteauneuf-du-Pape, rouge et blanc.
Tél. 04 90 83 72 75

Château la Nerthe
Le domaine à lui tout seul, avec son parc et ses celliers, mérite le détour. Heureusement, les Châteauneuf blanc et rouge de ce domaine sont vraiment recommandés également.
Route de Sorgues
Tél. 04 90 83 70 11

Château Rayas
Le pape américain du vin Robert Parker est un des admirateurs de ce légendaire Châteauneuf-du-Pape.
Route de Courthézon
Tél. 04 90 83 73 09

Domaine Paul Autard
Dans les caves historiques (creusées dans le sable durci), on goûte d'excellents Châteauneuf-du-Pape.
84350 Courthézon près de Châteauneuf-du-Pape
Tél. 04 90 70 73 15

Domaine Paul Avril – Clos des Papes
Le Châteauneuf-du-Pape Clos des Papes est servi même dans les grands restaurants parisiens.
13, route de Sorgues
Tél. 04 90 83 70 13

Des vignobles à perte de vue – en arrière-plan, le Château La Nerthe, un des domaines recommandés aux amateurs de Châteauneuf-du-Pape.

Domaine de la Janasse
Les vignes qui produisent les raisins pour le Châteauneuf Cuvée Vieilles Vignes ont 80 à 100 ans d'âge. Il faut le garder pas moins de 15 ans avant de le boire!
27, chemin du Moulin
84350 Courthézon près de Châteauneuf-du-Pape
Tél. 04 90 70 86 29

Domaine du Vieux Télégraphe
L'un des meilleurs domaines viticoles de la région. Il tire son nom du télégraphe optique qui occupait les lieux. Outre le bon Châteauneuf rouge, il existe aussi un blanc plus rare.
Route de Châteauneuf
84370 Bédarrides
Tél. 04 90 33 00 31

Adresse utile

Office de tourisme
Pl. du Portail
84230 Châteauneuf-du-Pape
Tél. 04 90 83 71 08
Fax 04 90 83 50 34

Crillon-le-Brave

■ C 2, carte avant

Dans l'église de ce petit village provençal idyllique, une inscription évoque un compagnon d'Henri IV, Berton de Balbe: «Henri IV l'aimait, les pauvres le pleurent.» Son surnom de «brave» a donné son nom à la localité. Malheureusement, le château local a été considérablement défiguré lors de sa rénovation par un riche Parisien.

Hôtel/Manger et boire

Hostellerie de Crillon
L'avocat canadien Peter H. Chittick a meublé avec beaucoup de goût, dans le style provençal, chacune des chambres de cette délicieuse hostellerie, réparties sur plusieurs corps de logis. Dans les halls, les feux de bois crépitent joyeusement, les clients se retrouvent pour une partie dans la salle d'échecs, par contre la télévision n'est disponible que sur demande. En plus de cela, monsieur Chittick est un «régionaliste» convaincu: dans son hostellerie, seuls les produits de Provence ont droit de cité – du savon dans les salles de bains à la confiture du petit déjeuner.
Pl. de l'Eglise
84410 Crillon-le-Brave
Tél. 04 90 65 61 61
Fax 04 90 65 68 86
Restaurant tous les jours sauf ma, sa midi 12 h – 14 h et 20 h – 21 h 30; en semaine uniquement le soir; fermé nov. à mi-déc.
22 chambres
Hôtel classe de luxe, restaurant classe de prix moyenne (AE, DC, EC, Visa)

Dentelles de Montmirail

■ C 2, carte avant

Elles doivent leur nom aux découpures très particulières de leurs crêtes calcaires, dernier contrefort ouest du mont Ventoux. Les formes bizarres affectées par les aiguilles blanches font déjà forte impression de loin. De nombreux sentiers de randonnée (partant de Beaumes-de-Venise, de Gigondas ou de Vaison-la-Romaine, par exemple) invitent à l'exploration de ce ravissant paysage.

Le vignoble de Châteauneuf

Les papes d'Avignon ne se refusaient rien: ils firent décorer leur palais par des artistes illustres de leur époque, étaient clients des manufactures de fruits confits d'Apt, et firent planter les premières vignes du vignoble de Châteauneuf-du-Pape. Jean XXII passe pour être le principal promoteur de la région viticole, mais tous les autres papes d'Avignon avaient un faible pour ce cru rouge capiteux.

Depuis les temps les plus reculés, le sol de Châteauneuf-du-Pape a la réputation d'être très «favorable au vin»... Il emmagasine la chaleur de la journée pour la restituer la nuit et crée ainsi un microclimat qui est parfait pour la vigne et le vin. Les vieux vignerons expérimentés racontent quelquefois que les endroits où poussent le thym et la lavande conviennent très bien à la vigne.

Le premier comité pour la protection et la promotion de la région viticole fut créé en 1923 à l'initiative du baron Le Roy de Boiseaumarié. A l'époque, longtemps avant l'introduction des appellations, les anciens vignobles des papes furent limités en fonction de critères géologiques à Châteauneuf et à certaines surfaces des communes de Bédarrides, Sorgues, Courthézon et Orange. Les cépages autorisés furent également limités: aujourd'hui, un Châteauneuf-du-Pape – fait unique en France – peut réunir jusqu'à 13 cépages de raisin. Ils se nomment grenache, mourvèdre, syrah, cinsault, vaccarese, counoise, terret noir, muscardin, clairette, picpoul, picardin, bourboulenc et roussanne.

Le vin des papes détient encore un autre record: avec 12,5 pour cent, c'est le vin rouge le plus alcoolique de France. On produit quelque 100 000 hectolitres de vin par an sur 3200 hectares. Environ 97 pour cent sont du rouge, les trois pour cent de vin blanc étant une curiosité très prisée.

Contrairement à beaucoup de vins du sud de la France, les

Provence extra

Des raisins mûris au soleil du Midi, qui ont même fait battre le cœur des papes.

Châteauneuf sont des vins de garde. On peut les entreposer en cave de quatre à douze ans avant qu'ils soient au mieux de leur forme.

Si vous vous égarez par hasard dans le petit village de Châteauneuf, vous serez surpris: il n'y a pratiquement aucune curiosité, mais les «salons de dégustation» sont presque aussi nombreux que les habitants. Mais ne vous laissez pas tenter par la première invitation venue. Après tout, aucun vigneron ne peut se permettre de faire goûter gratuitement ses meilleurs crus aux touristes de passage. Allez plutôt visiter un domaine viticole – sur rendez-vous naturellement. Parmi les domaines renommés de Châteauneuf, citons les châteaux de Beaucastel, Mont-Redon, la Nerthe et Rayas ainsi que le domaine du Vieux Télégraphe et le domaine Paul Avril – Clos des Papes. Ils produisent les meilleurs crus de la région – et leurs prix sont à l'avenant. Méfiez-vous de tous les vins bon marché que l'on vend dans les divers supermarchés, aux armes colorées et folkloriques en dessous du nom de Châteauneuf. Ils viennent tous de chez de grands négociants qui peuvent faire rapidement du bénéfice grâce à des rendements élevés à l'hectare et une qualité médiocre. Préférez donc une bouteille d'authentique Châteauneuf à trois «piquettes» anonymes.

(Adresses: voir Châteauneuf-du-Pape, Achats, p. 249-251).

Gigondas

■ C 2, carte avant

Gigondas n'est pas uniquement le nom d'un village au cœur des Dentelles de Montmirail, c'est aussi l'appellation d'un des Côtes du Rhône les plus réputés. De nombreuses échoppes vous invitent à des dégustations de vin. On jouit d'une belle vue depuis la terrasse de l'église Sainte-Catherine.

Hôtel

Les Florets
Tout sous le même toit: on peut à la fois loger, profiter de la bonne cuisine traditionnelle et goûter les vins locaux des vignes de la maison.
Route des Dentelles-de-Montmirail
Tél. 04 90 65 85 01
Fax 04 90 65 83 80
84190 Gigondas
15 chambres
Fermé janv./févr.
Classe de prix moyenne (AE, DC, EC, Visa)

Achats

Domaines Les Goubert
Si vous voulez goûter une excellente cuvée de Gigondas, ne manquez ces domaines sous aucun prétexte.
Tél. 04 90 65 86 38

Domaine des Tourelles
Ici, autrefois, les moines cultivaient la vigne; de nos jours, on goûte un bon Gigondas dans leurs caves voûtées vieilles de 400 ans.
Le Village
Tél. 04 90 65 86 98

Mondragon

■ B 2, carte avant

L'attrait de cette petite localité vient essentiellement d'un restaurant spécial. A noter l'hôtel de Suze et sa façade Renaissance.

Manger et boire

La Beaugravière
D'accord, cette hostellerie grise n'est pas forcément avenante. En compensation, on peut déguster en hiver quelques-unes des préparations les plus délicieuses à base de truffes. Toute l'année, beaux menus en association avec des vins servis au verre.
Route nationale 7
Tél. 04 90 40 82 54
84330 Mondragon
Tous les jours sauf di et lu soir
Classe de prix moyenne (pas de cartes de crédit)

Mont Ventoux

■ C 2, carte avant

Même si, avec ses 1 909 mètres, le mont Ventoux ne peut se comparer aux géants alpins, son sommet chauve au cœur de la Provence a quelque chose de majestueux. Sa cime arrondie recouverte de cailloux clairs le fait paraître encapuchonné de neige, même en été. «Ventoux» vient de "vent", et les versants de l'«Olympe provençal» sont battus par les vents toute l'année.
Depuis que ce mont a été vaincu le 12 septembre 1900 par une automobile, on organise des rallyes au mont Ventoux. On peut rallier le sommet en deux heures à pied depuis la station de **Mont Serein**.

Nyons

■ C 1, carte avant

Cette petite ville au bord de l'Eygues attire à demeure de nombreux retraités parisiens. Par ailleurs, c'est la seule région de production de l'huile d'olive à posséder l'**appellation d'origine contrôlée**.

Curiosité

Coopérative du Nyonais oléicole et viticole
Pour tous ceux et celles qui ont toujours voulu savoir comment on fabriquait l'huile d'olive.
Visites guidées tous les jours sauf di 9 h, 12 h et 14 h, di et jours fériés 9 h 30, 15 h et 18 h
Entrée libre

Ils sont au moins deux à attendre devant le bon magasin, car ici on vend des accessoires canins.

Musée

Les Vieux Moulins
Ce petit musée privé de la famille Autrand tourne bien sûr autour du thème de l'huile d'olive.
Promenade de la Digue
Tous les jours sauf lu matin et di 10 h – 12 h et 14 h 30 – 18 h 30
Entrée 20 FF

Manger et boire

Le Petit Caveau
Cuisine savoureuse qui respire la Provence comme le ris de veau et le lapin à la crème aux lardons. Les deux menus à prix d'ami sont à recommander.
Tél. 04 75 26 20 21
9, rue Victor-Hugo
Tous les jours sauf di soir et lu
Classe de prix inférieure (EC, Visa)

Achats

La Halle au Fromage
Parmi les bons fromages provenant des quatre coins de la France se trouve aussi un grand choix de **fromages de chèvre** régionaux.
Pl. de la Libération

Marché de Nyons
Une fois par semaine s'étalent ici les produits les plus frais de la région: abricots et gigots de chevreau, fromages de chèvre et filets d'agneau.
Je 8 h – 12 h

Adresse utile

Office de tourisme
Pl. de la Libération
26110 Nyons
Tél. 04 75 26 10 35
Fax 04 75 26 01 57

Rasteau

■ C 2, carte avant

La visite de ce hameau viticole avec ses vestiges d'anciens remparts et ses ruines d'un château du XVIII siècle promet une délectation particulière. Le Rasteau, un vin doux naturel, chatouille les papilles.

Hôtel

Bellerive
Hôtel moderne et un peu imperson-nel avec piscine, de la chaîne des Relais-du-Silence.
84110 Rasteau
Tél. 04 90 46 10 20
Fax 04 90 46 14 96
20 chambres
Classe de prix moyenne (DC, EC, Visa)

Musée

Musée du Vigneron
Ce musée présente de nombreux outils anciens servant au travail de la vigne. Quelque 2 000 bouteilles de Châteauneuf-du-Pape sont des exem-plaires de 1880, 1884, 1905 et 1929.
Route de Vaison
Domaine de Beaurenard
Pâques-sept. tous les jours sauf ma 10 h – 18 h; juil./août tous les jours 10 h – 18 h
Entrée 10 FF

Achats

Cave des Vignerons de Rasteau
La grande cave coopérative dispose de 700 hectares de vignes. A côté des Côtes du Rhône Villages, on boit ici le fameux vin doux de Rasteau.
Route de Vaison

Domaine de la Girardière
Ce domaine vend du Rasteau aux arômes de fruits secs, de prune, de figue et de caramel.

Richerenches

■ B 1, carte avant

Cette petite commune est avant tout célèbre pour son **marché aux truffes** qui a lieu entre novembre et février. Effectivement, la plupart des coûteux tubercules vendus sous le nom de truffes du Périgord viennent en réalité de Provence – en hiver, quantité d'entre elles passent par les étals de Richerenches. La **messe des Truffes** se passe toujours le dimanche qui suit le 17 janvier. Pendant la messe, on procède à la collecte de truffes au lieu de mon-naie.

Rochegude ■ B 2, carte avant

La seule attraction de ce petit village bucolique est son château. Ne demandez pas à le visiter, c'est le privilège des clients payants de l'hôtel.

Hôtel/Manger et boire

Château de Rochegude
Cet imposant château, dont les parties les plus anciennes datent du XIIe siècle, est occupé par un hôtel insolite. Une des suites est même installée dans le donjon du XIIIe siècle. On franchit un pont pour piétons pour accéder aux dix hectares du parc et à la piscine, et, pour aller au restaurant, on passe devant un siège de tribunal papal (interdiction de s'y asseoir, malheureusement!). Le soir surtout, ce vieux château fort peut être très romantique.
26790 Rochegude
Tél. 04 75 04 81 88
Fax 04 75 04 89 87
25 chambres
Classe de prix élevée (AE, DC, EC, Visa)

Séguret ■ C 2, carte avant

Ce ravissant petit village de Provence invite à se balader le long de ses ruelles pittoresques: de la **porte Reynier** (XIIe siècle), il est possible de faire le tour des beautés de Séguret: la **fontaine des Mascarons** du XVIIe siècle, la **tour** du XIVe et l'**église** (XIIe siècle). De là se révèle une belle vue sur les Dentelles de Montmirail.

Vaison-la-Romaine ■ C 1, carte avant

Ses ruines gallo-romaines ont rendu Vaison célèbre dans le monde entier: en regardant autour de soi dans cette ville des rives de l'Ouvèze, on s'aperçoit très vite que les Romains, qui régnèrent ici depuis 121 av. J.-C., n'étaient pas que des généraux craints, mais s'entendaient aussi à vivre. Théâtres et thermes paraient la **Vasio Vocontiorum** romaine qui est née de la capitale de la tribu celtique des Voconces. Quelques habitants de Vaison détenaient des postes importants au sein de l'Empire romain: il y avait des légats, un historien tel Afranius Burrus, le précepteur de Néron. Vaison apparaît dans les écrits romains comme **urbs opulentissima**, une ville extraordinairement riche et brillante.
Les tribus germaniques mirent un terme à la splendeur de Vasio. Pendant longtemps, le pont romain fut le seul «souvenir» du glorieux passé de la ville – malheureusement, il subit quelques dommages lors de la crue catastrophique de septembre 1992.
Ce n'est qu'en 1840 que les premières fouilles mirent au jour une autre partie de l'héritage des Romains; à dater de 1907, l'abbé Joseph Sautel entreprit des fouilles systématiques. Un industriel natif de Vaison finança les travaux à compter de 1925. D'ailleurs il s'appelait Burrus, exactement comme le précepteur romain de Néron.

Hôtels/Manger et boire

La Fête en Provence
Sur une jolie terrasse sont servis des plats classiques. L'hôtel dispose aussi de chambres agréables.
Pl. du Vieux-Marché
Tél. 04 90 36 16 05, 04 90 36 36 43
4 chambres
Classe de prix inférieure (AE, DC, EC, Visa)

Hostellerie le Beffroi
Dans cette maison du XVIe siècle au cœur du Vieux Vaison, les chambres sont assez spacieuses et bien aménagées, certaines offrent une très belle vue sur les environs.
Rue de l'Evêché
Tél. 04 90 36 04 71, 04 90 36 24 78
22 chambres
Classe de prix moyenne (AE, DC, EC, Visa)

Curiosités

Ancienne cathédrale Notre-Dame-de-Nazareth
Si la Vaison romane vous tente davantage que la Vaison romaine, allez jeter un coup d'œil à cette cathédrale du XIe siècle. L'autel et le cloître sont beaux.
Mars-première moitié de mai et deuxième moitié de sept.-oct.
9 h 30 – 13 h 30 et 14 h – 17 h 45; mi-mai à mi- sept 9 h 30 – 13 h et 14 h 30 – 19 h 15; nov-févr.
10 h – 12 h et 14 h – 16 h 30
Entrée 35 FF, couplée avec toutes les curiosités de Vaison

Les ruines de Vaison-la-Romaine donnent une bonne idée de l'élégance des habitations et des bâtiments publics des riches Romains.

Ruines romaines
Les vestiges antiques sont partagés en deux par l'avenue du Général-de-Gaulle: l'attraction principale du **quartier de Puymin** sont les vestiges restaurés d'un **théâtre** et le **musée archéologique Théo-Desplans** avec le buste en argent d'un patricien, ainsi que la **maison des Messii** (du nom de ses propriétaires romains) et le grand **portique de Pompée** de 64 mètres sur 52. Les fouilles du quartier de Puymin ont débuté en 1905 et se poursuivent encore de nos jours.
Un peu plus modeste est le **quartier de la Villasse**, un ancien quartier de boutiques et d'habitations, avec la **maison au Buste d'argent** et la **maison au Dauphin**. Ici, les fouilles systématiques n'ont commencé que 20 ans après.
Heures d'ouverture et prix d'entrée comme pour la cathédrale

Musée

Musée archéologique Théo-Desplans
Ce petit musée situé dans les ruines romaines est une chronique des fouilles de Vaison. On peut y voir des statues de marbre, un buste en argent et bien davantage. A l'heure actuelle, les archéologues pensent que la tête de Vénus laurée serait plutôt une tête d'Apollon.
Mars - première moitié de mai et deuxième moitié de sept. - oct.
10 h 30 – 13 h et 14 h 30 – 18 h 15, sinon heures d'ouverture comme pour la cathédrale.
Entrée 35 FF, couplée avec toutes les curiosités de Vaison

Manger et boire

Le Moulin à huile
Le refuge d'un chef à deux étoiles: le Lillois Robert Bardot, un ex-grand de sa corporation, jongle ici depuis peu avec les arômes provençaux.
Tél. 04 90 36 20 67
Quai Maréchal-Foch
Classe de prix élevée (AE, DC, EC, Visa)

Achats

Boucherie Millet
Les fines bouches de Vaison sont attirées dans cette charcuterie par des gourmandises régionales.
14, pl. Montfort

La Gloriette et Pomponette
Du pain biologique aux olives ou aux noix, ajoutez à cela des fougasses régionales qui changent de la baguette et du croissant.
22, Grande-Rue

Adresses utiles

Office de tourisme
Pl. du Chanoine Sautel
84110 Vaison-la-Romaine
Tél. 04 90 36 02 11

Gendarmerie
Tél. 04 90 36 04 17

Les Romains en Provence

«Comme en Italie, citronniers, orangers et figuiers se mêlent aux rangées de colonnes de marbre des temples construits par les Romains, depuis qu'ils sont les maîtres de la belle province de notre pays...» Eugène Sue, «Les Mystères du peuple».

Le romancier français situe sa nouvelle «Le Collier de fer» dans cet environnement méridional influencé par l'Antiquité. Mais Sue n'est pas le seul à être inspiré par l'époque où des Romains étaient provençaux: aujourd'hui encore, les patriotes locaux se plaisent à souligner le fait que les Romains de Provence s'y sentaient si bien qu'ils la préféraient même à leur Provincia romaine.

Les Massaliotes, les Grecs de Marseille, appelèrent la grande puissance romaine dans le pays. Attirés par la richesse et le commerce florissant, les Ligures et les Celtes menaçaient le port prospère. Les Romains ne se le firent pas dire deux fois: ils triomphèrent des ennemis celto-ligures au bout de trois ans de combats, rasèrent leur capitale, l'**oppidum d'Entremont** (aujourd'hui près d'Aix-en-Provence) et restèrent dans le pays après leur victoire: **Aquae Sextiae** (Aix) était leur point d'appui, destiné à assurer le vital passage à l'ouest vers l'Espagne. Il s'ensuivit cinq cents ans de domination romaine dans la **Provincia** qui devait devenir la Provence.

«Tous les chemins mènent à Rome», dit un proverbe. Même en Provence, on y œuvra ardemment: la **via Aurelia** reliait l'actuelle Vintimille à Aix via Brignoles. Plus tard, on construisit la **via Agrippa** le long du Rhône entre Arles et Lyon. Quant aux villes, les Romains les ordonnaient comme un échiquier. Partant de deux premiers axes ayant pour nom **cardo** et **decumanus**, chaque rue supplémentaire était alignée parallèlement. Les temples, les théâtres et les thermes suivirent au même titre que les autres éléments

Provence extra

de la civilisation romaine.
La «pierre cadastrale» du musée d'Orange donne un assez bon aperçu du sens de l'ordre des Romains.
A l'origine, c'était plutôt une colonie de vétérans, mais la Provence ne tarda pas à être très respectée au sein de l'Empire, jusqu'à envoyer des sénateurs à Rome sous Auguste.
Et que reste-t-il aujourd'hui aux Provençaux de ces «occupants» romains? Pour commencer, quelques monuments ayant survécu au temps: la Maison Carrée de Nîmes, par exemple, dont Thomas Jefferson fit bâtir une réplique exacte à Richmond en Virginie en 1785, ou le pont du Gard et les amphithéâtres d'Arles, de Nîmes et d'Orange. Les noms des villes également, d'Aix (Aquae Sextiae) à Vaison-la-Romaine. Et même les noms des gens remontent à l'époque romaine: depuis 21 siècles, les parents provençaux appellent volontiers leurs rejetons Marius, en mémoire du général qui vainquit les Teutons en Provence en 102 av. J.-C.
Et les Français du Sud ont même conservé un peu des habitudes culturelles des Romains, du moins de l'avis de Serge Bec: «Les colonisateurs de l'Antiquité nous ont laissé un héritage: l'agora et le forum, la propension à vivre à l'extérieur, à se réunir en petits groupes, à discuter publiquement de politique, l'amour des marchés et des places.»

Dans les musées ou l'ordonnance des villes – on trouve partout la trace des Romains.

Valréas

■ C 1, carte avant

En 1274, Valréas reçoit un souverain. Dès lors, la papauté prend personnellement les rênes du destin de la commune en mains. Cette richesse passée de Valréas a laissé des traces: hôtels particuliers des XVIe et XVIIe siècles parent la rue de l'Hôtel-de-Ville et la Grande-Rue, même l'hôtel de ville actuel est installé dans le somptueux château de Simiane.
Valréas est aussi réputé pour sa fête villageoise, la **nuit du Petit Saint-Jean**, qui a lieu le 23 juin depuis le XIVe siècle. Quelque 300 personnes costumées parcourent les rues de la ville de Notre-Dame-de-Nazareth jusqu'au château. Dans la cour d'honneur, le Petit Saint-Jean, un garçonnet de quatre ans, est nommé protecteur de la ville.
Actuellement, la ressource essentielle de cette enclave papale est le vin.

Curiosité

Château de Simiane
Le château fut construit à partir de 1693 pour la petite-fille de madame de Sévigné: un château classique et symétrique au soubassement à arcades. L'intérieur est décoré de fresques, de meubles splendides et d'antiquités.
Pl. Aristide-Briand
Sept-juin tous les jours 15 h – 17 h, juil/août tous les jours sauf di et ma 10 h – 12 h et 15 h – 19 h
Entrée libre avant la saison, sinon 20 FF

Hôtel/achats

Domaines des Grands-Devers
Habiter chez le vigneron: si vous ne voulez pas goûter les Côtes du Rhône des Sinard, vous pouvez toujours loger dans une des chambres d'hôte. En hiver, la famille Sinard va même aux truffes avec ses clients.
84600 Valréas
Tél. 04 90 35 15 98
4 chambres
Classe de prix inférieure (pas de cartes de crédit)

Adresse utile

Office de tourisme
Pl. A. Briant
84600 Valréas
Tél. 04 90 35 04 71
Fax 04 90 28 10 39

La nuit de la Saint-Jean, le 23 juin, le Petit Saint-Jean traverse Valréas à cheval. Il symbolise le saint patron de la ville qui est censé la protéger du malheur pendant une année.

La ville de Nostradamus: l'astrologue aussi mystérieux qu'ambigu est enterré dans l'église Saint-Laurent. Au XVIe siècle, il est à l'origine de la brève heure de gloire de la petite ville de Salon: le roi Charles IX vint personnellement dans la ville et humilia les notables en prononçant: «Je ne suis venu en Provence que pour voir Nostradamus...»

C 4, carte avant

Salon (35 000 habitants) était peut-être déjà à l'époque la petite ville sympathique que nous connaissons maintenant: l'endroit est loin d'être aussi élégant qu'Aix ou Avignon, aussi méditerranéen qu'Arles, et ne possède pas de grandes curiosités comme Orange. Le centre historique de Salon, qui jouissait encore au XIXe siècle d'une solide réputation de «ville des savonniers», est même défiguré par quelques bâtiments modernes, en l'occurrence pas très jolis. Le plus beau coin pour débuter la visite de Salon, ce sont les petites terrasses des cafés autour de la fontaine moussue devant la porte de la ville. Salon est idéale pour faire une halte entre deux grandes villes-étapes de Provence.

La place de la Fontaine moussue est un charmant lieu de rendez-vous à Salon-de-Provence.

Hôtels et logements

L'Abbaye de Sainte-Croix
Cette abbaye coiffe la plus haute montagne de la région et offre un panorama étourdissant sur la moitié de la Provence. Toutes les chambres se composent de deux à quatre anciennes cellules de moines. Si vous aimez les vacances organisées, vous pouvez aussi réserver dans cette abbaye des séjours «golf», «vin et cuisine», «gastronomie» ou « Provence de Daudet». Restaurant recommandé.
Val de Cuech, au nord-est de Salon-de-Provence
Tél. 04 90 56 24 55
Restaurant tous les jours sauf lu midi 12 h – 14 h et 20 h – 21 h 30
Classe de luxe (AE, DC, EC, Visa)

Le Mas du Soleil
Ces bungalows modernes entourant une cour intérieure pleine de verdure sont éloignés du centre.
38, chemin de St-Côme, à l'est de la ville
Tél. 04 90 56 06 53
Fax 04 90 56 21 52
10 chambres
Classe de prix moyenne (AE, EC, Visa)

Curiosités

Château de l'Empéri ■ b 2, p. 268
Ce château fort à la masse imposante, qui fut remanié du Xe au XIXe siècles, était la résidence des archevêques d'Arles. Au XIXe, il fut transformé en caserne; c'est sans doute pourquoi il abrite aujourd'hui encore le musée de l'histoire de l'armée avec des drapeaux, des uniformes, des armes et des peintures relatives à l'armée française de l'époque du Roi-Soleil à la Première Guerre mondiale. La cour d'honneur mérite également le coup d'œil.
Tous les jours sauf ma 10 h – 12 h et 14 h – 18 h, en hiver jusqu'à 17 h 30
Entrée 25 FF

Collégiale Saint-Laurent ■ b 1, p. 268
C'est en 1344 que les dominicains se mirent à bâtir cette collégiale gothique où se trouve le tombeau de Nostradamus.

Musées

Maison de Nostradamus ■ b 2, p. 268
C'est ici que le grand visionnaire passa les 19 dernières années de sa vie jusqu'à sa mort en 1566.
11, rue Nostradamus
Tous les jours 9 h – 12 h et 14 h – 18 h 30, en hiver jusqu'à 18 h
Entrée 35 FF, couplée avec le musée Grévin

Musée Grévin de Provence ■ b 2, p. 268
Chez ce «petit frère» de l'illustre musée de cire parisien, l'histoire et la personnalité de la Provence y sont retracées sous forme de 18 tableaux.
Pl. des Centuries
Tous les jours 9 h – 12 h et 14 h – 18 h 30, en hiver jusqu'à 18 h
Entrée 35 FF couplée avec la maison de Nostradamus

Musée de Salon et de la Crau
Ce musée des traditions régionales installé dans une demeure du XIXe siècle présente des meubles, des costumes folkloriques, des tableaux.
Av. de Pisari, à l'est de la ville
Lu et me-ve 10 h – 12 h et 14 h – 18 h
Entrée 15 FF

Nostradamus – guérisseur et prophète

«Ici reposent les ossements de Michel Nostradamus...» Telle est l'inscription de l'église Saint-Laurent à Salon-de-Provence. Le grand astrologue a vécu 19 ans à Salon, a procuré à la ville une brève période de gloire et la visite du roi de France, a écrit ses prédictions ici dans les **«Centuries»** et les «**Prophéties»**.
Michel de Nostre-Dame est né en décembre 1503 à Saint-Rémy. Son père était notaire et son grand-père vendait du grain sur les marchés d'Avignon, selon les vieilles chroniques. D'autres chroniqueurs, plus bienveillants, font du grand-père le médecin de la cour du roi de Navarre. Le jeune Michel étudie la médecine à Montpellier et aurait sauvé de nombreuses personnes lors d'une épidémie de peste à Bordeaux et à Toulouse grâce à une «poudre miracle» qu'il aurait inventée. Après sa nomination au titre de docteur en médecine, sa carrière prend une tournure inattendue: le guérisseur de la peste devient fabricant de produits de maquillage, de parfums et d'élixirs d'amour – une profession certainement lucrative.
Ce n'est qu'en 1546 que son heure de gloire sonne, quand une épouvantable épidémie de peste se déclare à Aix et que Nostradamus recourt de nouveau à une poudre miracle. Les Aixois le fêtent comme leur sauveur. Peu de temps après, il est appelé à Lyon où la peste fait rage également. Finalement, il se retire à Salon, épouse une jeune veuve et mise sur ses fameuses recettes: cosmétiques et élixirs d'amour pour les dames, aphrodisiaques pour les hommes, écrivant au passage un livre sur la cosmétologie.
Comme beaucoup de médecins de son temps, Nostradamus s'intéresse aussi à l'astrologie. Du grenier de sa maison, il observe la course des étoiles et commence à publier un petit almanach contenant ses prédictions pour l'année à venir. Or, cette activité annexe ne suscite tout d'abord que de la méfiance: on dit que Nostradamus a partie liée

Provence extra

avec le diable, qu'il s'exerce à la magie blanche et à la nécromancie.

Provençaux clairvoyants: les prophéties de Nostradamus préoccupent encore les gens de nos jours.

En octobre 1564, Catherine de Médicis et Charles IX viennent à Salon et reçoivent Nostradamus en audience privée. Celui-ci prédit la montée sur le trône de France du jeune Henri de Navarre et le couple royal lui donne 300 écus d'or en récompense et le titre de «médecin royal».

Et voilà que les Salonnais traitent ce magicien autrefois haï avec le respect qu'il mérite. La dernière prédiction de Nostradamus s'est aussi accomplie: «Demain à l'aube je ne serai plus là», dit-il un soir de juillet 1566 à son ami Chavigny. Le lendemain matin, on trouvait le visionnaire sans vie ...

Le succès ne vient qu'avec la publication de ses **Centuries** en 1555 et de ses **Prophéties** en 1558: même Catherine de Médicis reçut l'astrologue à Paris.

L'une de ses prédictions de 1555 devait se réaliser quatre ans plus tard: «Le jeune lion triomphera du vieux», peut-on lire dans Nostradamus; le vers fut rapporté à la mort d'Henri II, tué dans un tournoi par le jeune comte de Montgomery. La mort de François II aurait également été prédite dans les écrits de Nostradamus.

Manger et boire

L'Abbaye de Sainte-Croix
(→p. 265)

La Salle à Manger ■ b 1, p. 268
Dans une demeure du XIXe siècle, on vous sert des menus à prix décontractés, de l'agneau à la tapenade ou des calmars farcis, par exemple.
6, rue du Maréchal-Joffre
Tél. 04 90 56 28 01
Tous les jours sauf di soir et lu
12 h – 14 h et 19 h – 22 h
Classe de prix inférieure (EC, Visa)

Achats

Savonnerie Marius Fabre
Le célèbre **savon de Marseille** est cuit ici dans des chaudrons de six mètres de haut. Environ 30 tonnes de savon mijotent là entre 120 et 130 degrés Celsius! L'entreprise fondée en 1900 se targue d'être la «savonnerie traditionnelle la plus ancienne de France». Pour ceux que cela intéresse, des visites guidées sont organisées sur rendez-vous. A cette occasion, le guide tend aux touristes ébahis un morceau de savon à goûter

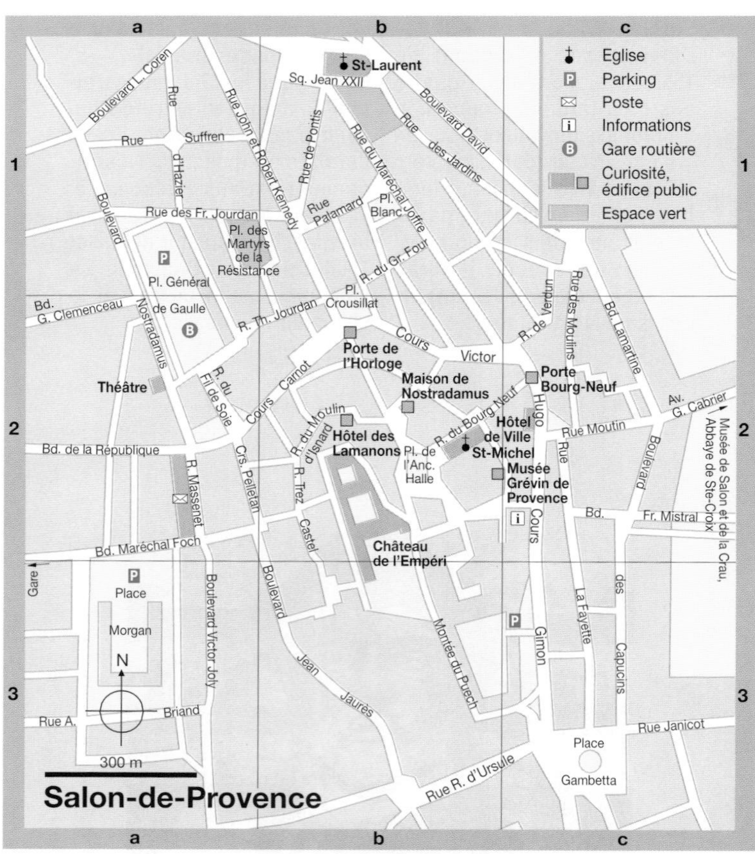

Les combinaisons de lettres et de chiffres dans le texte renvoient à cette carte.

– car c'est apparemment de cette façon que les savonniers de Marseille testaient la qualité de leur marchandise.
148, av. de Grans, au sud de la ville
Tél. 04 90 53 24 77
Fermé en août

Savonnerie Rampal-Patou
Cette savonnerie existe depuis quatre générations. Si vous vous intéressez à la fabrication du **savon de Marseille**, laissez-vous guider à travers les salles et étonnez-vous à la vue des chaudrons de 14 000 litres.
71, rue Félix-Pyat
Tél. 04 90 56 07 28
Fermé trois semaines en août

Adresses utiles

Office de tourisme ■ c 2, p. 268
56, cours Gimon
13300 Salon-de-Provence
Tél. 04 90 56 27 60
Fax 04 90 56 77 09

Gare SNCF
Tél. 04 90 56 04 05

Police municipale
Tél. 04 90 56 86 00

Excursions

Abbaye de Silvacane

■ D 4, carte avant

Cette abbaye cistercienne tire son nom du site où le monastère a été érigé au XIIe siècle: **silvacannorum**, la forêt de roseaux. Jadis, les environs de l'église étaient marécageux. Pendant les guerres de Religion, l'abbaye fut gravement endommagée; après la Révolution, elle commença doucement à péricliter. Son aspect actuel est le résultat des travaux de rénovation entrepris par l'Etat.
L'ensemble a été conservé strictement dans l'esprit cistercien. Les bâtiments sont sobres et austères, ce qui les rend impressionnants. L'église et le cloître datent du XIIIe siècle.
13640 La Roque-d'Anthéron
Avril-sept. 9 h – 19 h, sinon 9 h – 12 h et 14 h – 17 h; en hiver fermé ma
Entrée 20 FF

Château de la Barben

■ C 4, carte avant

Ce château dont on trouve déjà trace dans les archives au XIe siècle a appartenu pendant 500 ans à une seule et même famille: en 1474, le bon roi René vendit le bien à Jean II de Forbin et ce n'est qu'en 1963 que son dernier descendant déménagea. Le château de la Barben, qui fut transformé aux XIVe et XVIIe siècles, subit de gros dégâts à la suite du tremblement de terre de 1909, et tous les travaux de restauration ne sont pas des réussites.
Tous les jours sauf ma 10 h – 12 h et 14 h – 18 h
Entrée 35 FF

Lançon-de-Provence

■ C 4, carte avant

Un mur d'enceinte du XVIe siècle entoure le village. A signaler: le château vraisemblablement édifié au XIIe siècle et l'hôtel de Luxembourg, un hôtel particulier construit en 1570 pour la famille aristocratique du même nom.

La Provence différemment

Impressions paradisiaques sur le littoral méditerranéen: dans la calanque de Port-Pin près de Cassis, les couleurs sont d'une clarté et d'une luminosité extraordinaires.

En Provence, il y a toujours une fête quelque part: des ferias comme à Nîmes ou à Arles ou des festivals d'art comme à Avignon, Aix ou Orange – il y en a pour tous les goûts. Et même les fêtes folkloriques traditionnelles – en l'honneur de l'huile d'olive ou de la précieuse truffe – sont toujours un événement.

Les Provençaux aiment beaucoup la fête et ils ne s'en privent pas. En été surtout, il y a des fêtes partout dans les villes et les villages. Les offices de tourisme vous renseigneront sur le programme précis des diverses manifestations.
Indépendamment d'un certain folklore à l'exemple du **pèlerinage des Gitans** aux Saintes-Maries-de-la-Mer, la culture n'est pas un vain mot en Provence: du **festival d'Art lyrique** d'Aix aux **Chorégies** d'Orange en passant par le **festival d'Art dramatique** d'Avignon, ces manifestations sont des événements tous les ans. Et dans les petites localités telles Richerenches, les fêtes villageoises restent des survivances du passé.

Janvier

Fête des Tripettes Saint-Marcel à Barjols ■ F 4, carte avant
Cette procession a lieu en l'honneur des reliques de saint Marcel qui arrivèrent à Barjols en 1349.
Le week-end le plus proche du 16 janvier

Messe des Truffes à Richerenches ■ B 1, carte avant
Ce jour-là, les truffes remplacent l'argent lors de la quête et sont vendues ensuite au bénéfice de la commune.
Le 17 janvier ou le dimanche suivant

Journée de la Truffe à Uzès ■ A 3, carte avant
Ici on peut acheter des truffes, mais aussi s'informer sur leur «cueillette».
Quatrième dimanche de janvier

Février

Fête de l'Huile nouvelle à Nyons ■ C 1, carte avant
Pendant une journée entière, tout tourne autour de l'huile fraîchement pressée dans la commune oléicole de Nyons.
Premier dimanche de février

Salon de la Truffe à Carpentras ■ C 2, carte avant
Les visiteurs du salon dégustent des omelettes aux truffes arrosées de capiteux vins de pays.
Deuxième dimanche de février

Le Jugement de Carmentran à Murs ■ C 3, carte avant
Carmentran, le bouc émissaire de tous les malheurs qui ont frappé Murs pendant toute une année, figure d'1,5 mètre de haut en bois et paille, est brûlé le soir.
Samedi du carnaval

Feria d'Hiver à Nîmes

■ A 3, carte avant

En hiver, les **novilladas**, les corridas traditionnelles espagnoles, se déroulent sous la «bulle» des arènes.
Troisième week-end de février

Mars/avril

Feria pascale à Arles

■ B 4, carte avant

Courses de taureaux avec mise à mort.
Week-end de Pâques

Fête de Saint-Marc à Villeneuve-lès-Avignon ■ B 3, carte avant

En l'honneur du saint patron des vignerons, un pied de vigne est promené à travers la ville.
Fin avril

Des artistes de toutes les origines et de tous les styles musicaux enrichissent les festivals de la Provence.

Mai

Fête des Gardians à Arles

■ B 4, carte avant

A l'occasion de cette fête traditionnelle des «cow-boys de Camargue», où l'on bénit également les chevaux, la messe est en langue provençale et il y a des combats de taureaux.
1er mai

Pèlerinage des Gitans aux Saintes-Maries-de-la-Mer

■ A 5, carte avant

Ce célèbre pèlerinage en l'honneur de sainte Sara, la patronne des Gitans, attire chaque année d'innombrables visiteurs.
Accompagnés de **gardians** et de femmes en costume provençal, les Gitans promènent la statue de la sainte jusqu'à la mer. La journée se termine par des fêtes folkloriques avec musique tzigane, spectacles taurins et danses provençales.
24 et 25 mai

Courses camarguaises: joutes taurines sans mise à mort aux Saintes-Maries-de-la-Mer.

Feria de la Pentecôte à Nîmes
■ A 3, carte avant
Ici on peut assister autant à des corridas espagnoles qu'à des **courses camarguaises**, courses de taureaux à la provençale.
Pentecôte

Juin
Procession des Bouteilles à Boulbon ■ B 3, carte avant
A 19 h tapantes démarre la procession annuelle des bouteilles avec bénédiction finale du vin.
1er juin

Fête provençale de Saint-Jean à Allauch ■ D 5, carte avant
Cette fête populaire comporte la bénédiction des animaux.
Le dimanche qui suit le 24 juin

Fête de la Tarasque à Tarascon
■ B 3, carte avant
D'après une vieille légende populaire, la Tarasque est un monstre qui dévore les humains. Courses de taureaux, défilé folklorique et réception de Tartarin en l'honneur de sainte Marthe qui est venue à bout du dragon.
Dernier week-end de juin

Juin à septembre
L'Eté de Nîmes ■ A 3, carte avant
Musique, danse, théâtre et expositions, voilà l'«été culturel» de Nîmes.
Renseignements: tél. 04 66 67 28 02
Juin-sept.

Fête du Petit Saint-Jean à Valréas ■ C 1, carte avant
Un garçonnet de quatre ans, le Petit Saint-Jean, est nommé protecteur de la ville.
23 juin

Festival de la Sorgue
■ C 3, carte avant
Musique, théâtre et danse en plusieurs lieux: à Fontaine-de-Vaucluse, L'Isle-sur-la-Sorgue, Lagnes, Saumane et Le Thor.
Juillet

Fêtes d'Arles ■ B 4, carte avant
Ballet, opéra, théâtre, musique et photographie se donnent rendez-vous en Arles.
Renseignements: office de tourisme d'Arles
Juillet

Rencontres internationales d'Eté de la Chartreuse à Villeneuve-lès-Avignon ■ B 3, carte avant
Festival international de théâtre et d'art lyrique.
Renseignements: tél. 04 90 25 05 46
Juillet

La Renaissance de Nostradamus à Salon-de-Provence
■ C 4, carte avant
Fête en l'honneur du grand visionnaire.
Première semaine de juillet

Course de la Cocarde d'Or à Arles ■ B 4, carte avant
Ces courses de taureaux à la provençale dans les arènes antiques sont un événement particulier.
Premier lundi de juillet

Feria du Cheval aux Saintes-Maries-de-la-Mer
■ A 5, carte avant
Les amis des chevaux ne manqueront pas le concours de races d'attelage au château d'Avignon près des Saintes-Maries.
9-14 juillet

Festival international d'Art lyrique et de Musique à Aix-en-Provence ■ D 4, carte avant
Artistes et visiteurs accourent des quatre coins du monde pour ce festival d'Aix très apprécié. Il faut se procurer les billets suffisamment tôt.
Renseignements: tél. 04 42 17 34 34
Début juillet-début août

Festival d'Art dramatique d'Avignon ■ B 3, carte avant
Des manifestations, souvent spectaculaires, se déroulent en des lieux historiques mais aussi dans toute la ville. Les productions d'avant-garde ont lieu dans le cadre du «festival off». Il est conseillé de se procurer les billets avant de partir.
Renseignements: tél. 04 90 86 24 43
Début juillet-début août

Festival international de Folklore de Château-Gombert à Marseille
■ D 5, carte avant
Production de groupes provençaux et internationaux.
Renseignements: tél. 04 91 05 15 65
1re et 2e semaines de juillet

Rencontres internationales de la Photographie à Arles
■ B 4, carte avant
La ville culturelle d'Arles se consacre aussi à la photographie. Les expositions et les séminaires internationaux ont excellente réputation.
Renseignements: tél. 04 90 96 76 06
Deuxième semaine de juillet

Festival populaire de Martigues
■ C 5, carte avant
La petite localité de Martigues propose du théâtre, de la danse et de la musique populaires.
3e et 4e semaines de juillet

Noël en Provence

Calendo, Noël, est la principale fête provençale. A vrai dire, c'est toute une période festive qui commence début décembre pour se terminer au plus tôt à l'Epiphanie de la nouvelle année. Le 4 décembre, on «sème» un peu de grain (quelquefois aussi des lentilles) avec un peu d'eau dans une soucoupe: si le grain germe bien, l'année sera bonne – sinon, il y a des raisons de se faire du souci.
Le 24 décembre commencent les véritables festivités avec le **cacho-fio**. Exactement comme Mistral le décrit dans «Mireille», on apporte d'abord une bûche d'arbre fruitier (les poiriers sont très prisés) à la maison. Le grand-père accompagne ce geste des paroles rituelles: «Alègre, alègre, que Noste Segne nous alègre.» «S'un autre an sian pas mai moun Diéu, fuguen pas men!» Puis, il prend la bûche par un bout, vide trois verres de vin cuit et tend l'autre bout au plus jeune représentant de la famille – un symbole pour l'année ancienne et l'année nouvelle.
Lors du repas de fête, qui se prolonge généralement jusqu'à la messe de minuit, la table est recouverte de trois nappes superposées et décorée de trois bougeoirs – symboles de la Sainte Trinité. A chaque bout de la table se trouve une soucoupe avec le grain du 4 décembre. Au centre, le «pain de Noël» entouré d'une douzaine de petits pains symbolise le Christ et les douze apôtres. Le grand souper (**lou gros soupa**) lui-même se compose de morue, d'anguille, d'aubergines gratinées ou d'un grand aïoli. Le dessert est un événement. Treize desserts (à nouveau le symbole du Christ et des apôtres): du nougat blanc et noir, des figues sèches, des raisins secs, des noisettes et des noix, du gâteau (**fougasse** ou **gibassié** selon les régions), des amandes, des poires, des oranges. On sert parfois aussi des melons dans du vin d'orange, des figues fraîches ou de petits gâ-

teaux aux amandes – l'important, c'est d'atteindre le nombre 13.

Les délicieux calissons d'Arles font également partie du dessert de Noël.

A Marseille, les boulangers proposaient toujours à leur clientèle une brioche de Noël appelée **pompe à l'huile**. Autrefois, la coutume marseillaise voulait également que l'on se réconcilie avec son voisin. On était exhorté à faire preuve de générosité au cours de la nuit de Noël: la porte restait ouverte aux passants, aux pauvres ou aux malheureux. Chacun pouvait la franchir et participer à la fête, on gardait toujours une place libre à table pour les invités surprise.

Le Noël provençal actuel n'est plus tout à fait ce qu'il était. Les hôtels offrent des programmes spéciaux à leurs clients, les gens viennent du monde entier pour assister aux messes de minuit. La plus courue est la **fête du Pastrage**, la traditionnelle fête des bergers, aux Baux-de-Provence. Aujourd'hui devenue pôle d'attraction pour touristes, c'était un événement de taille au cours des siècles passés.

Mais le Noël provençal reste une fête de famille et de concorde – l'on peut faire revivre un peu du charme du calendo en partageant les 13 desserts avec d'autres dans un beau restaurant.

Les Festivales à Beaucaire
■ B 3, carte avant
Marché, corridas, **courses camarguaises**, culminant avec le lâcher de 100 taureaux dans les rues du village, toujours accompagnés de gardians, naturellement.
21-28 juillet

Festival de Vaison-la-Romaine
■ C 1, carte avant
Musique, théâtre et danse au beau milieu du champ de ruines romaines.
Renseignements: tél. 04 90 36 12 92
Début juillet-début août

Spectacles taurins à Arles
■ B 4, carte avant
Pendant la saison de la corrida, les arènes accueillent alternativement courses camarguaises et combats à l'espagnole avec mise à mort.
Juillet-septembre

Festival Organa à Saint-Rémy-de-Provence ■ B 3, carte avant
L'été à Saint-Rémy est émaillé de divers concerts d'orgue.
Renseignements: tél. 04 90 92 16 31
Juillet-septembre

Les Chorégies d'Orange
■ B 2, carte avant
Les amateurs d'art classique viennent à Orange pour assister à l'opéra, à la tragédie et aux concerts symphoniques dans le théâtre.
Renseignements: tél. 04 90 34 24 24
Juillet-septembre

Festival international d'Art lyrique à Carpentras
■ C 2, carte avant
Festival pluriforme comportant de la danse et du théâtre.
Renseignements: tél. 04 90 63 46 35
Mi-juillet à mi-août

Festival de Jazz à Salon-de-Provence ■ C 4, carte avant
Une gâterie estivale pour les fans de jazz.
Troisième semaine de juillet

Fête de la Véraison à Châteauneuf-du-Pape ■ B 2, carte avant
Banquet, dégustations de vin et «fontaine à vin» à l'occasion de cette fête du vin en l'honneur du pape Clément VI.
Début août

Feria et Carretto Ramado à Saint-Rémy-de-Provence
■ B 3, carte avant
Un des nombreux spectacles taurins de Provence: le 15 août, lors de la Carretto Ramado, une charrette de fruits des champs est tirée à travers le village.
13-15 août

Festival provençal et fête vigneronne à Séguret
■ C 2, carte avant
Tout l'art de vivre provençal dans cette fête du vin.
Troisième semaine d'août

Feu d'artifice de Saint-Jean à Monteux ■ C 2, carte avant
Ce grand feu d'artifice est très aimé des autochtones et des visiteurs.
Le mardi suivant le quatrième dimanche d'août

Feria et fête du Riz à Arles
■ B 4, carte avant
C'est avec des corridas et un corso sur le canal qu'Arles fête les prémices du riz, une tradition camarguaise.
Deux semaines à la mi-septembre

Festival d'Automne à Saint-Maximin-la-Sainte-Baume

■ E 5, carte avant

Cette petite localité possède un orgue monumental du XVIIIe siècle dans sa basilique Sainte-Marie-Madeleine. D'où ce festival d'automne avec au programme des concerts d'orgue impressionnants.
Renseignements: 04 94 78 00 09
Troisième semaine de septembre

Feria des Vendanges à Nîmes

■ A 3, carte avant

Une fête du vin typiquement provençale avec joutes taurines.
Dernier week-end de septembre

Octobre

Procession à la plage et bénédiction de la mer aux Saintes-Maries-de-la-Mer

■ A 5, carte avant

Cette «réédition» du pèlerinage des Gitans du mois de mai est moins courue, saison oblige.
Le dimanche aux environs du 22 octobre

Novembre à décembre

Baptême du Côtes du Rhône primeur en Avignon

■ B 3, carte avant

Cette fête du vin tout autour du palais des Papes est dédiée au Côtes du Rhône primeur.
Troisième jeudi de novembre

Foire aux Santons à Marseille

■ D 5, carte avant

Pour un cadeau de Noël de dernière minute, vous avez l'embarras du choix parmi tous les personnages de crèche exposés dans cette foire.
Dernier dimanche de novembre - 31 décembre

Marché de Saint-Siffrein à Carpentras

■ C 2, carte avant

Le signal du départ de la saison des truffes: à partir de cette date et jusqu'à la mi-mars se tient tous les vendredis à Carpentras un marché de la truffe.
27 novembre

Messes de minuit provençales

A Allauch, Les Baux, Fontvieille, Saint-Michel-de-Frigolet, Saint-Rémy-de-Provence, la Sainte-Baume (grotte), Séguret, Tarascon et ailleurs, on célèbre la messe de minuit à la provençale.
24 décembre

L'ambiance de la fête de Nostradamus à Salon-de-Provence est quasi mystique.

L'offre en matière de vacances actives, et surtout de loisirs sportifs, est très variée. Mais si vous souhaitez en savoir plus sur la cuisine provençale, vous ne serez pas déçu non plus.

La Provence est une terre de vacances et de loisirs par excellence, quoique l'offre de cours et d'ateliers de vacances soit limitée. Mais si vous désirez mettre votre nez dans les casseroles du terroir, vos vœux seront exaucés. Un conseil: nombre de bons hôtels provençaux sont très coopératifs dès qu'il s'agit de cours de vacances ou d'organisation de loisirs. Certaines maisons, comme l'Abbaye de Sainte-Croix, vont jusqu'à proposer des programmes tout faits, d'autres sont prêtes à organiser votre séjour en fonction de vos desiderata. En tous les cas, vous avez tout intérêt à vous renseigner.

Cours de cuisine

Auberge de la Fontaine

■ C 2, carte avant

Dans une petite ville en bordure du plateau de Vaucluse, Christian Soehlke initie ses clients aux secrets de l'art culinaire provençal.
Pl. de la Fontaine
84210 Venasque
Tél. 04 90 66 02 96
Fax 04 90 66 13 14

Cours divers

L'Abbaye de Sainte-Croix

■ C 4, carte avant

Ce superbe hôtel vous propose des vacances placées sous le signe du «golf», du «vin et de la cuisine», de la «gastronomie» ou de la «Provence de Daudet» (voir p. 265).
Près de Salon-de-Provence
Tél. 04 90 56 24 55

Rencontres internationales de la photographie

■ b 4, carte avant

Stages, expositions, colloques ...
10, Rond-Point des Arènes
13200 Arles
Tél. 04 90 96 76 06

Archéologie

21-23, bd du Roy-René
13617 Aix-en-Provence
Tél. 04 42 16 19 00

Serveur minitel 3615 ARCHEO donne la liste des chantiers ouverts aux bénévoles ou des chantiers ayant besoin de recrues.

L'hôtel de l'Abbaye de Sainte-Croix propose des vacances organisées à la provençale.

Equitation, golf, cyclotourisme ou tout simplement natation: il existe mille et une possibilités de passer des vacances toniques entre Orange et Marseille.

Il n'y a rien que la Provence ne puisse offrir: les natures actives peuvent faire de la planche à voile ou de la plongée, jouer au tennis ou entreprendre de superbes randonnées.
On trouve des loueurs de cycles ou de chevaux même dans les petits villages – ce n'est pas pour rien que le mont Ventoux a souvent été une étape du Tour de France. Pour les amateurs d'extrêmes: dans les contreforts des Hautes-Alpes, l'arrière-pays provençal, il y a moyen de descendre les cours d'eau plus ou moins sauvages en raft (radeau pneumatique) ou en hydrospeed.

Navigation de plaisance

En dehors des descentes des cours d'eau de Provence (voir rafting), il est naturel que la Méditerranée attire les amateurs de sports nautiques.

Locanautic ■ D 5, carte avant
Tout du canot pneumatique au bateau de 6,6 mètres pour six personnes. La location coûte entre 300 et 2 000 FF, suivant la catégorie désirée.
Port de la Pointe-Rouge
13008 Marseille
Tél. 04 91 73 09 91

Circuits en Camargue

En jeep

Les excursions en jeep sont depuis plusieurs années au programme du tourisme en Camargue. Grâce à ce véhicule tout terrain, vous progresserez dans des contrées que vous ne pourriez explorer avec votre voiture. Les tarifs oscillent entre 100 FF (simple excursion) et 300 FF (circuit d'une journée).

Camargue-Safaris
■ A 5, carte avant
Route d'Arles
13460 Saintes-Maries-de-la-Mer
Tél. 04 90 97 86 93

Safari Nature Camargue
■ A 5, carte avant
14, av. Van-Gogh
13460 Saintes-Maries-de-la-Mer
Tél. 04 90 97 89 33

A cheval ■ A 5, carte avant

Découvrir la Camargue à cheval sur les chemins de traverse. La majorité des loueurs de chevaux se situent sur la route d'Arles aux Saintes-Maries-de-la-Mer.

Informations

Association des Loueurs de Chevaux de Camargue
■ A 5, carte avant
Route d'Arles
13460 Saintes-Maries-de-la-Mer
Tél. 04 90 97 86 27

Quelques loueurs sur la route d'Arles:
Les Arnelles
Tél. 04 90 97 84 83

Les Grandes Cabanes
Tél. 04 90 97 50 14

La Grenouillère
Tél. 04 90 97 83 14

Le Mas de Layalle
Tél. 04 90 97 87 93

A bicyclette

Si le cheval ne vous tente pas, voici une autre solution:

Le Vélociste ■ A 5, carte avant
Pl. des Remparts
13460 Saintes-Maries-de-la-Mer
Tél. 04 90 97 83 26

Cyclotourisme

La solution la plus simple est de louer un vélo à la gare. Quantité de petits loueurs de cycles proposent également des VTT ou des tandems.

Association Vélo VTT
■ D 4, carte avant
Chemin Madeleine
84120 Pertuis
Tél. 04 90 79 55 99

Florélia ■ B 3, carte avant
35, av. de la Libération
13210 Saint-Rémy-de-Provence
Tél. 04 90 92 10 88

Midi Cycles ■ C 2, carte avant
Quart Pont
84410 Bédoin
Tél. 04 90 65 63 63

Christian Rieu Cycles
■ C 3, carte avant
25, av. Maréchal-Joffre
84300 Cavaillon
Tél. 04 90 71 45 55

Les Roues du Luberon
■ C 3, carte avant
Quartier Briançon
84560 Ménerbes
Tél. 04 90 72 37 45

Terzo Sports ■ C 2, carte avant
519, av. Frédéric-Mistral
84200 Carpentras
Tél. 04 90 67 31 56

VTT Loisirs ■ C 2, carte avant
Route d'Avignon
84210 Althen-des-Paluds
Tél. 04 90 62 18 14

Pêche

Pas la tranquille pêche à la ligne, mais la chasse au thon et aux poissons de plus petite taille.

Mare Nostrum ■ D 5, carte avant
165, rue Saint-Jean-du-Désert
13005 Marseille
Tél. 04 91 73 05 08, 04 91 72 01 72

Golf

Tant les golfeurs confirmés que les débutants peuvent manier le club de golf en Provence.

Golf des Baux-de-Provence
■ B 4, carte avant
Ce parcours de 9 trous se situe entre les pinèdes et les oliveraies proches du village fortifié. Il est accessible aux joueurs «officiels» avec handicap et carte verte, mais aussi à ceux qui sont avides d'apprendre et qui peuvent prendre des cours.
Domaine de Manville
13520 Les Baux-de-Provence
Tél. 04 90 54 37 02
Tous les jours sauf lu 8 h 30 jusqu'à la tombée de la nuit

Golf de la Salette
■ D 5, carte avant
Ce parcours de 18 trous se situe à proximité de la ville de Marseille.
Quartier de Valentine
13011 Marseille
Tél. 04 90 27 12 16

Golf Club de Servanes
■ B 4, carte avant
Quelque 70 hectares de verdure entourent ce golf 18 trous. Accessible aux «professionnels» à partir du handicap 35.
13890 Mouriès
Tél. 04 90 47 59 95
Ouvert tous les jours

Rafting et hydrospeed

Pour les gens en mal d'aventure, les cours d'eau de Provence offrent des descentes en eaux vives en raft ou en hydrospeed. Pour un jour de rafting, il faut compter environ 200 FF par personne, les prix selon la région ou la saison.

AN Rafting ■ F 1, carte avant
Au menu, rafting, canoë, hydrospeed, canyoning et notamment des descentes de l'Ubaye – une rivière difficile sans un mètre de répit – ainsi que des parcours dans les Hautes-Alpes.
La Bergerie
04340 Le Lauzet-Ubaye
Tél. 04 92 85 55 73, 04 92 85 54 77

AN Rafting
Cette centrale de rafting proche de Paris a des antennes sur l'Ubaye, la Durance, l'Allier, la Cure, l'Isère.
15, rue Charles-et-René-Auffray
92110 Clichy
Tél. 01 47 37 08 77
Fax 01 47 30 95 58

Tourisme équestre

Les prix se situent entre 55 FF de l'heure et 350 FF à la journée.
(Equitation en Camargue, → p. 282).

Les Collets Rouges
■ D 5, carte avant
Ecole d'équitation avec poneys pour les plus petits.
Plateau de Valbacol
13127 Vitrolles
Tél. 04 42 79 51 16

Domaine des Gontards
■ D 4, carte avant
Promenades équestres dans le Luberon ou la Camargue.
13640 La Roque-d'Anthéron
Tél. 04 42 50 52 06
Tous les jours sauf lu

Les Enganes ■ B 4, carte avant
Escapades dans les Alpilles
Route de l'Aqueduc-Romain
13990 Fontvieille
Tél. 04 90 34 72 10

Mas de la Perdigalo
■ C 3, carte avant
Ce centre de loisirs ne loue pas seulement des chevaux, il propose aussi piscine et tir à l'arc.
13520 Orgon
Tél. 04 90 73 07 08

Ski

Les sports d'hiver en Provence, cela existe, c'est sur le mont Ventoux qui culmine à 1 909 mètres.

Informations

Chalet d'accueil du mont Ventoux ■ C 2, carte avant
Tél. 04 90 63 49 44

Surf

La Méditerranée est riche en possibilités de location de planches de surf, ainsi chez:

Pacific Palisades

■ D 5, carte avant

Surf, planche à voile et funboard: une semaine de cours coûte environ 750 FF.
Plage de la Pointe-Rouge
13008 Marseille
Tél. 04 91 73 54 37

Plongée

Ou comment faire connaissance avec la Provence sous-marine:

Maison de la Mer

■ D 5, carte avant

Des leçons pour débutants ainsi que des plongées pour plongeurs chevronnés.
Port de la Pointe-Rouge
13008 Marseille
Tél. 04 91 73 14 03

Tennis

La plupart des bons hôtels disposent d'un court de tennis privé. Les vacances spéciales tennis sont courantes en Provence:

Mas de Galoffre

■ A 3, carte avant

Cinq jours à raison de trois heures sur les courts en demi-pension et chambre dans un hôtel deux étoiles, simple mais bien situé, pour 3 000 FF environ.
Route de Générac
30900 Nîmes
Tél. 04 66 38 15 36

Plages

Calanques/Cassis

■ D 6, carte avant

Les calanques sont accessibles en bateau depuis Marseille et Cassis. Des sentiers malaisés accèdent par ailleurs à certaines d'entre elles. En haute saison, il n'est pas rare qu'on se marche sur les pieds. Même la plage de Cassis est alors franchement surpeuplée.

Marseille ■ D 5, carte avant

Au sud de la ville portuaire s'étendent plusieurs plages dont la plus connue est la plage du Prado. Il faut renoncer le plus souvent au sable fin, mais on pratique un peu de surf ou de ski nautique sur ces plages de galets. Equipement: douches, sanitaires et buvettes.

Plage de l'Espiguette

■ A 6, carte avant

Plage de sable fin à l'ouest de la Camargue, au sud d'Aigues-Mortes. En haute saison, engorgements et embouteillages occasionnés par la recherche d'une place de stationnement. Plage naturiste également.

Les Saintes-Maries-de-la-Mer

■ A 5, carte avant

Plage de sable très populaire, ultra-animée en haute saison.

Salin-de-Giraud

■ B 5, carte avant

Plage de sable au sud d'Arles, en bordure est de la Camargue. Comme toutes les plages de Camargue, elle est assez éloignée de la plupart des lieux de villégiature.

La Provence aime les enfants: comme presque partout dans le Midi, les petits sont parfois encore les rois. Ce ne sont pas les aires de jeux et les possibilités de loisirs qui manquent, sans compter la mer et ses plages.

Les Provençaux ont l'air d'aimer les enfants, sinon ils n'auraient pas équipé presque tous leurs parcs et tous leurs jardins d'une aire de jeux – même le «jardin des papes» du rocher des Doms d'Avignon avec sa merveilleuse vue sur le Rhône. Hormis cela, il y a beaucoup à faire pour la jeune génération entre Marseille, Nîmes et Orange: la Camargue à cheval ou en bateau? Ou plutôt une visite sur l'île-prison empreinte de légendes du château d'If? La visite de l'atelier d'un **santonnier** ou une excursion dans un site antique enchanteur peuvent également s'avérer un événement. Et si vous souhaitez entreprendre quelque chose sans votre progéniture, l'hôtel vous procurera volontiers une baby-sitter.

Parc de loisirs

El Dorado City ■ C 5, carte avant
Dans cette «ville de western» ont lieu des spectacles avec chevaux et diligences.
Vallon du Pas-de-la-Fos
13220 Châteauneuf-les-Martigues
Mi-mars à déc. tous les jours 11 h – 18 h, juin-août jusqu'à 19 h
Entrée adultes 45 FF, enfants 35 FF

Musée

Le Village des automates ■ D 4, carte avant
Cinq cents saynètes animées représentent notamment un château, un cirque et les voyages de Gulliver.
Sur la N 7
13760 Saint-Cannat
Tél. 04 42 57 30 30
Avril-sept. tous les jours 10 h – 18 h; oct.-mars seulement me, sa, di
Entrée adultes 45 FF, enfants 25 FF

Santons

Ces personnages de la crèche sont un élément de la tradition provençale qui amuse aussi les enfants.

Musée du Santon ■ d 5, carte arrière
Ce musée fait découvrir l'histoire et la fabrication des santons.
47, rue Neuve Ste-Catherine
13007 Marseille
Tous les jours sauf di et jours fériés
9 h – 13 h et 14 h – 19 h
Entrée libre

Petit Monde de Marcel Pagnol

■ D 5, carte avant

Il fait revivre les personnages de l'œuvre de Pagnol à travers les **santons**.
Esplanade Charles-de-Gaulle
13400 Aubagne
Tous les jours sauf lu 9 h – 12 h et 14 h – 18 h
Entrée libre

La Petite Provence du Paradou

■ B 4, carte avant

300 **santons** s'ébattent dans un village miniature, jouent aux boules, font de la poterie.
Av. de la Vallée-des-Baux-de-Provence
Le Paradou, sur la route de Fontvieil-le à Maussane-les-Alpilles
Nov-mai tous les jours 14 h – 19 h; juin-oct. 11 h – 20 h
Entrée libre

Les petits peuvent participer à dos d'âne au rassemblement des moutons.

Excursions en bateau

Découvrir la Camargue en bateau est un plaisir particulier.

Bateau Soleil

■ A 5, carte avant

Promenades en mer.
13460 Saintes-Maries-de-la-Mer
Tél. 04 90 97 85 89
Avril, mai, juin, départs 14 h 30 et 16 h 15; juil./août 11 h, 14 h 30, 16 h 15 et 18 h; sept. 11 h, 14 h 30 et 16 h 15
Prix du billet adultes 60 FF, enfants 30 FF

Le Tiki III

■ A 5, carte avant

Promenade sur le Petit Rhône en bateau à vapeur avec roue à aubes, style Mississipi.
13460 Saintes-Maries-de-la-Mer
Tél. 04 90 97 81 22
Fin mars-début nov. 10 h – 16 h 15; juil./août jusqu'à 18 h
Prix du billet adultes 60 FF, enfants 35 FF

Santons de Provence – les personnages traditionnels de la crèche

«Les santons sont les fleurs que l'on cueille en hiver.» Elégard Rougier, XIXe siècle.
«Santoun» signifie petit saint en provençal. Les **santons**, petites statuettes peintes, représentent des personnages liés à la naissance du Christ. Le saint patron de tous ces santons est saint François d'Assise, dont la mère serait au demeurant originaire de Provence.
Selon une légende populaire, c'est à François d'Assise que l'on doit la tradition des crèches depuis la veillée de Noël de 1223. Saint Bonaventure rapporte: «Le bienheureux François eut l'idée d'évoquer la naissance du Christ afin d'exhorter le peuple à la piété. Il reçut l'accord du pape et mit en scène une Nativité qui émut Dieu aux larmes.»
Les scènes de la Nativité existaient aussi en Italie ou en Allemagne, mais nulle part ailleurs qu'en Provence, elles ne suscitaient pareille ferveur. Elles engendrèrent un véritable culte et un artisanat spécifique. Ce dernier se serait développé alors que, sous la Révolution, les églises devaient garder porte close à Noël. Les Provençaux de jadis ne voulaient pas non plus renoncer à leur crèche à la maison...
Les santons provençaux sont limités en nombre et montrent en principe l'avènement de Jésus avec les autochtones qui font des présents à l'enfant. Les personnages représentés sont le plus souvent l'enfant Jésus, la Vierge Marie, les rois mages et un ange joufflu. Viennent s'ajouter les bergers, tels Nicolas qui porte un bel agneau autour du cou et Christophe, qui apporte un mouton. Puis il y a le bourgeois et sa femme qui assistent émus à la scène, l'aveugle et son fils, le vagabond et la gitane, le meunier et son sac de farine ou un panier rempli de pains et de gâteaux.
Sans compter le joueur de tambourin, le bûcheron, les deux vieux, la lavandière, la poissonnière et toute une série de marchands: le tout res-

Provence extra

Depuis deux siècles, nombreux sont les personnages bien définis qui ont rejoint les «petits saints».

semble davantage à un tableau représentant les diverses professions typiquement provençales qu'à une scène biblique.
Réussir une authentique crèche provençale demande une certaine inventivité. Il faut imaginer un nouveau paysage à chaque Noël. «La vraie joie tient dans le décor», dit le santonnier Marcel Provence. Tous les matériaux font l'affaire: graines, branches, fétus de paille, mousse, lichen, galets (même le papier de chocolat, pense l'écrivain Giono). Evidemment, les accessoires eux aussi sont importants, comme l'étable, le moulin, la petite maison, la fontaine, les ruines et la grotte. Un morceau de Provence se mue en Palestine, du moins pour le temps d'un rêve d'enfant.
La tradition populaire parmi les santonniers dit qu'à sa mort, un bon Marseillais laisse à sa famille un parapluie pour la protéger, une seringue pour la guérir et une crèche en liège. Si vous ne faites pas partie de ces heureux héritiers, consolez-vous sur les marchés de crèches d'Arles, d'Aubagne, d'Apt, de Gordes et le plus ancien de Marseille dans l'allée de Méilhan, où vous pourrez faire des achats tout votre soûl le samedi.

Même avec un handicap, ne renoncez pas à séjourner en Provence. De nombreux hôtels sont équipés pour recevoir les handicapés et beaucoup de villes possèdent des zones piétonnières adaptées aux fauteuils roulants. Que ce soit à Avignon, à Salon ou à Aix-en-Provence, les personnes à mobilité réduite ne devraient pas rencontrer de difficultés en visitant la plupart des villes.

Certes, les visites des villages fortifiés comme les Baux-de-Provence sont quasiment impossibles, à moins de disposer de bras costauds pour aider à négocier les nombreuses volées d'escaliers raides, les ruelles étroites et les montées difficiles.
La solution la plus simple pour s'informer des possibilités offertes aux handicapés est le **Minitel** sur place. En formant le **3615 Handitel**, tout un chacun peut obtenir immédiatement les listes des hôtels et des restaurants équipés pour handicapés ou consulter les organisateurs de voyages et voir ce qu'ils ont à proposer. Le programme est même capable de formuler des recommandations en fonction du type de handicap, c'est-à-dire par exemple qu'il conseille à un aveugle d'autres établissements qu'à une personne en fauteuil roulant.

Possibilités d'hébergement

Les nouveaux hôtels des grandes chaînes internationales comme **Baladins, Campanile, Climat de France, Fimotel, Novotel, Urbis** surtout disposent de chambres équipées pour les handicapés. Quelques **gîtes** de Provence et de l'arrière-pays de la Côte d'Azur sont accessibles aux handicapés. Pour tout renseignement, adressez-vous à:

Gîtes de France ■ F 2, carte avant
Service réservation
Maison du tourisme BP 201
Rond-point du 11 Novembre
04000 Digne-les-Bains

Gîtes de France
Pour environ 30 FF (180 FB), vous recevrez un guide recensant les offres appropriées.
35, rue Godot-de-Mauroy
75009 Paris Cedex 09
Tél. 01 47 42 25 43

Les guides Michelin et Gault-Millau signalent les hébergements accessibles aux handicapés par le symbole d'un fauteuil roulant. En outre, vous obtiendrez des informations sur les hôtels et les restaurants auprès de:
APF – Association des Paralysés de France
17, bd Auguste-Blanqui
75013 Paris
Tél. 01 40 78 69 00
Fax 01 45 89 40 57

Location de voiture

A l'aéroport de Marseille, Hertz dispose d'une Peugeot 306 adaptée aux handicapés moteurs (servo-direction, boîte automatique, frein et accélérateur au volant; réserver deux jours à l'avance au n° 01 47 88 51 51) – le prix est celui d'un véhicule sans équipement spécial.
A Aix, Marseille et Nîmes, il existe aussi des services de transport (payants) pour handicapés. Normalement, ces services sont réservés aux habitants des villes en question – en cas de besoin, n'hésitez pas à demander si l'on peut faire une exception pour vous.

CCAS ■ D 4, carte avant
Le Ligoures
Pl. Romée-de-Villeneuve
13050 Aix-en -Provence
Tél. 04 42 17 99 99
Fax 04 42 17 99 20
Réservation deux jours à l'avance

GIHP ■ a 2, carte arrière
226, bd National
13003 Marseille
Tél. 04 91 11 41 00
Fax 04 91 11 41 09
Réservation un jour à l'avance

GIHP ■ A 3, carte avant
1, pl. Baudelaire
30900 Nîmes
Tél. 04 66 23 33 13
Réservation deux jours à l'avance

Organisateurs de voyages

Une trentaine de voyagistes offrent une riche brochette de possibilités aux handicapés; l'**APF** (adresse, voir p. 290) en fait partie de même que les adresses suivantes:

Handicap sans Frontières
3, rue Godefroy
92800 Puteaux
Tél. 04 42 04 17 80
Fax 04 42 04 34 12

Handitour
48, rue de la Goutte-d'Or
75018 Paris
Tél. 01 42 51 06 05 et
01 58 77 39 12

ISM Montreuil
156, rue de la Nouvelle-France
93100 Montreuil
Tél. 01 48 70 99 00
Fax 01 48 70 90 53
Organise des vacances tennistiques et linguistiques pour personnes en fauteuil roulant.

Les hôtels – ici La Mirande en Avignon – se sont adaptés aux voyageurs handicapés.

Excursions

A la sortie ouest du Grand Canyon du Verdon, le village de Moustiers-Sainte-Marie se blottit au creux de puissantes falaises.

Villages perdus, gorges sauvages, promenades ensoleillées sur le bord de mer, la Provence est le pays de tous les dépaysements. Que ce soit en voiture, à bicyclette, à VTT ou à pied: le visiteur est toujours assuré de faire une découverte.

Pour les amateurs de vin, quoi de plus beau qu'un circuit dans les vignobles de Châteauneuf-du-Pape où un château succède à l'autre entre les verts coteaux couverts de vignes.
Les passionnés de randonnée peuvent s'informer auprès des différents offices de tourisme, quelques guides spécialisés répertorient les plus beaux circuits régionaux.
Quatre principaux **sentiers de grande randonnée** quadrillent la région: ils sont signalés par des couleurs au bord des chemins. D'innombrables sentiers moins importants s'y embranchent, conduisant à l'abbaye de Sénanque, le long des Dentelles de Montmirail ou dans le massif du Luberon.
Les marécages fascinants de Camargue sont un but d'excursion tout trouvé, encore que, dans la mesure du possible, il vaut mieux renoncer à la voiture dans cette zone peu à peu saturée par le tourisme. C'est à pied ou, si possible, à cheval que l'on découvre la beauté de la nature dans les meilleures conditions.
Moins connus que la Camargue mais méritant pourtant le détour sont les environs de Rustrel et leurs formations rocheuses de teinte ocre. Ce «Colorado provençal» est également bien sillonné par les sentiers de randonnée.
Les amateurs de culture peuvent aller tranquillement de curiosité en curiosité au sud d'Avignon entre les ruines gallo-romaines et les forteresses féodales – les divers grands monuments ne sont jamais éloignés que de trente kilomètres au maximum.
Compte tenu de la richesse des possibilités, nos six circuits ne représentent guère qu'une vague «mise en appétit» – traversant de part en part les différents paysages de Provence. Mais moyennant un brin de curiosité, on peut à coup sûr dénicher un sentier écarté qui mène à une petite chapelle, un champ tout plein d'oliviers ou un moulin abandonné. Votre circuit personnel à travers la Provence...

Sur des chemins aussi magiques, le voyage est déjà un plaisir: une allée à Saint-Rémy-de-Provence.

Dentelles, tel est le nom de la formation calcaire dentelée qui s'élève à l'ouest du mont Ventoux. Le tout a un peu l'allure d'une «montagne cassée» – après tout, le point culminant de la région, le mont Saint-Amand, atteint tout juste 734 mètres d'altitude.

Notre circuit autour des Dentelles débute à **Vaison-la-Romaine**, sans doute par la visite du site gallo-romain des quartiers de la Villasse et de Puymin. Puis, prenez la D 977 et la D 88, direction **Séguret**, l'un des villages les plus ravissants de la région: ne manquez pas la vue depuis l'église!
Ensuite, en passant par **Sablet**, un petit village typique de la région blotti autour d'une église du XIIe au XIVe siècle, on rejoint les communes viticoles de **Gigondas** et de **Beaumes-de-Venise**. Là, la dégustation s'impose! **Montmirail** tout proche était un lieu de cure célèbre au XIXe siècle et qui parmi ses visiteurs comptait Frédéric Mistral et Sarah Bernhardt.

Le mont Ventoux par le col des Tempêtes

La D 90 conduit en direction du nord. Sur la droite, **Le Barroux** invite à faire un crochet dans son château du XIIe siècle, à gauche se trouvent les fameuses Dentelles de Montmirail. Peu après **Suzette** se dresse le **mont Saint-Amand** sur la gauche. **Malaucène** s'offre pour une courte balade: la vieille ville recèle encore des maisons du XVIe au XVIIIe siècle. A remarquer aussi la tour de l'Horloge (1539) et l'église Saint-Michel-et-Saint-Pierre (XIVe siècle); jusqu'à ce qu'il soit rasé en 1827, un château surplombait aussi la localité. C'est également à Malaucène que nous avons le choix entre retourner directement à Vaison par la D 938 ou emprunter la D 974 si, par contre, on a envie de faire le tour du plus haut relief de la région, le **mont Ventoux**. C'est en enfilant les nombreux panoramas comme le **col des Tempêtes** haut de 1 829 mètres que l'on voit cette montagne sous son aspect le plus impressionnant; le retour vers Malaucène et Vaison s'effectue par la D 19.

Durée: un à deux jours en voiture, trois jours à vélo
Carte avant

Avec à l'arrière-plan le sommet du mont Ventoux, voici le village du Barroux, qui n'est pas non plus très éloigné des Dentelles de Montmirail.

Les 10 beautés naturelles les plus attrayantes

Les Alpilles autour des Baux-de-Provence

■ B 4, carte avant

... parce que ces crêtes blanches déchiquetées constituent un décor naturel hors du commun (→ p. 126).

Les Calanques

■ D 6, carte avant

... parce que ces «fjords méditerranéens» près de Marseille sont un magnifique spectacle (→ p. 212).

10x10

Camargue

■ A 4/B 5, carte avant

... parce que ce paysage marécageux avec ses flamants roses, ses hérons cendrés, ses chevaux sauvages et ses taureaux noirs est unique en Europe (→ p. 134).

Dentelles de Montmirail

■ C 2, carte avant

... parce que cette chaîne de montagnes évoque effectivement des dentelles (→ p. 251 et 296).

Fontaine-de-Vaucluse
■ C 3, carte avant
... parce que le poète Pétrarque y a puisé son inspiration (→ p. 179).

Grand Canyon du Verdon
■ F 3, carte avant
... parce que cette gorge est l'équivalent provençal du Grand Canyon américain (→ p. 78).

Luberon
■ C 3/D 3, carte avant
... parce que cette montagne et ses tout petits villages constitue le cœur de la Provence (→ p. 300).

Mont Ventoux
■ C 2, carte avant
... parce que la plus haute montagne de Provence offre déjà de loin un visage majestueux (→ p. 254).

Montagne Sainte-Victoire
■ E 4, carte avant
... parce que ce paysage a été immortalisé de manière inoubliable par Cézanne (→ p. 79).

Vignoble de Châteauneuf-du-Pape ■ B 2, carte avant
... parce que le vin des papes compte aujourd'hui encore parmi les meilleurs crus de la région (→ p. 249, 252/253).

Nids d'aigle aux maisons de teinte ocre, petits villages et hameaux où la vie semble s'être arrêtée: les paysages du Luberon ont fait de Peter Mayle un auteur de best-seller, mais chacun peut apprécier leur charme sur place.

Le massif du Luberon est vraiment l'un des plus beaux coins de Provence – même pendant une pluie d'automne. En juillet et août uniquement, les hameaux sont parfois envahis. En septembre au plus tard, ils retrouvent leur visage paisible, et les autochtones recommencent même alors à regarder, étonnés, toutes les voitures immatriculées à l'étranger qui s'aventurent dans leur village miniature.
Notre circuit dans le Luberon commence dans la vieille ville commerçante de **Cavaillon**, connue pour ses melons. Nous quittons Cavaillon par la D 2 et bifurquons à droite après Robion. Si vous avez encore un panier de pique-nique à remplir, vous pouvez acheter quelques excellentes confitures dans ce village, à «La Roumanière».

Sur les traces de Mayle et de Sade

Oppède-le-Vieux, la prochaine étape de notre périple, est une localité aux charmants hôtels particuliers, témoins de l'opulence passée de la région. La localité voisine, **Ménerbes**, est connue de millions de personnes dans le monde – rien que pour cette raison, il est plutôt conseillé de visiter le village hors saison. Par **Lacoste**, le village natal du marquis de Sade, nous arrivons à **Bonnieux**, l'un des villages perchés typiques du Luberon. Faites-y une halte et du haut du belvédère jouissez de la vue sur les environs.
A Bonnieux, nous bifurquons vers le nord, pour arriver par la D 36 à **Goult** (belles maisons et passages secrets à l'ombre d'un château), puis par la D 104, à Gordes. Les **bories**, cabanes de pierres sèches, et l'abbaye voisine de **Sénanque** sont les principaux attraits de ce charmant site de villégiature. Si vous voulez, vous pouvez même vivre dans le style des bories, l'hôtel «Les Bories» vous permettant de passer la nuit dans une de ces cabanes.

L'ocre et les fruits confits

Prenons ensuite la D 2 vers **Roussillon**. Les carrières d'ocre toutes proches confèrent son charme à l'endroit: toutes les maisons sont peintes dans des tons variant entre le jaune et le rouge.
La N 100 nous conduit enfin à **Apt**. Une petite ville paisible, à moins que ce soit samedi et que le marché hebdomadaire transforme le centre-ville en une joyeuse pagaille. Apt est la capitale des fruits confits, que les

papes affectionnaient déjà. De nos jours, la majeure partie est fabriquée industriellement par des entreprises telles Aptunion, mais quelques petites confiseries comme la confiserie Saint-Denis d'André Rastouil perpétuent encore la tradition. A ne pas manquer: une petite emplette à la fromagerie Enksézian ou chez le marchand de vin de la Cave du Septier. Après un bref coup d'œil sur le cours du Calavon et une courte promenade au centre-ville, le circuit continue en direction du sud par la D 943. Sur la gauche se trouve **Buoux** avec les ruines de son fort. Au XIIIe siècle déjà, la localité avait une importance stratégique sur la voie nord-sud qui traverse le massif du Luberon.
Lourmarin, là où repose l'écrivain Albert Camus, est l'étape suivante de notre voyage: qu'elle est belle la promenade dans le petit cœur du village! Le moulin de Lourmarin dans une rue latérale n'a que l'aspect extérieur d'un moulin à huile. A l'intérieur, le bâtiment a été transformé en un hôtel moderne au décor design et au restaurant de première classe. On mange bien également à La Fenière. Reine Sammut, l'une des rares grandes cuisinières de France, fait chanter les arômes provençaux. Un sombre château veille à l'arrière-plan.
A **Cadenet** avec ses maisons majestueuses des XVIIe et XVIIIe siècles, nous empruntons la D 973 à droite pour regagner (en voiture) assez rapidement notre point de départ, **Cavaillon**, la «ville du melon».

Durée: un à deux jours en voiture, trois jours à vélo
Carte avant

Toujours la Provence: quand le coquelicot colore les champs en rouge, on aimerait élire domicile dans la montagne du Luberon.

Les principales attractions de la région au cours de ce circuit sont: Avignon et Arles, le village fortifié des Baux et le moulin de Daudet. Toutes sont situées à peu de kilomètres de distance les unes des autres et sont également accessibles à bicyclette, quoique la région montagneuse entourant Les Baux exige un minimum de condition physique.

Nous quittons Avignon en direction du sud par la D 571 (les cyclotouristes peuvent faire un détour par les petites routes D 34a et D 5 via Graveson et Maillane). Après une vingtaine de kilomètres, on arrive à Saint-Rémy, la ville natale de Nostradamus; ici, les ruines gallo-romaines méritent le coup d'œil. Vincent Van Gogh s'est fait soigner ici dans l'ancien monastère de Saint-Paul-de-Mausole. Les boutiques du centre-ville proposent de délicieux fromages, des herbes de toutes origines et des souvenirs typiquement provençaux (ou presque). Les amateurs de bon vin feront un petit tour dans les environs, au Château Romanin par exemple. Ses celliers impressionnants sont désignés par les autochtones sous le nom de «cathédrale du vin». Il est vrai que la vinification elle-même est assez peu orthodoxe: la lutte contre les parasites se fait au moyen de minéraux pulvérisés, c'est un astrologue qui recommande la meilleure période de vendange au vigneron. C'est ainsi que, d'un millésime à l'autre, la qualité des bouteilles de haut prix est très variable.
Nous poursuivons sur la D 5 et la D 27 a en direction du sud, vers Les Baux. La montée vers la forteresse de la «race des aigles», comme les appelait le poète Frédéric Mistral, est très sinueuse et très raide par endroits – fatigante, même en voiture. Mais la vue que l'on découvre de la «Ville Morte», les ruines de la ville haute, est la récompense de toutes les peines. Ne manquez surtout pas de visiter le pavillon romantique de la reine Jeanne.

Le moulin du poète

Par la D 78, nous rejoignons la D 17 en direction de Fontvieille – si vous voulez, vous pouvez auparavant faire un petit crochet par Maussane pour acheter une bouteille d'huile d'olive à la coopérative de l'endroit; on dit que c'est la meilleure de France. A Fontvieille même, le principal pôle d'attraction est le moulin de Daudet – bien que l'écrivain n'ait jamais écrit une ligne dans ce moulin, des classes entières s'y rendent en pèlerinage tout au long de l'année.
On passe devant l'abbaye de Montmajour qui offre un panorama grandiose du haut de la tour de l'Abbé (à gauche sur le bord de la route) avant d'arriver à Arles. Le périphérique qui

encercle la cité est un peu intimidant, mais vous tomberez sous le charme de la ville au plus tard devant les arènes ou sur le boulevard des Lices.
Vous y trouverez l'hôtel Nord Pinus, où descendent les toreros, le Café de la Nuit, que Van Gogh a peint, la charcuterie pimpante de Pierre Milhau, où l'on trouve encore de vrais saucissons, et bien entendu les arènes et les ruines romaines. Arles a, à l'évidence, beaucoup d'atouts touristiques – c'est pourquoi il serait bon d'y prévoir un séjour un peu plus long avant de reprendre la N 570 (les cyclistes préféreront probablement la D 35 moins fréquentée) en direction du nord.

La résidence du bon roi

Tarascon, ville des tissus Souleiado et théâtre des aventures du héros de Daudet, Tartarin, est notre prochaine étape. La plus grande curiosité de la ville est le château du bon roi René.

Puis, après avoir traversé le Rhône, nous voilà à **Beaucaire**, renommée pour sa foire du XIIIe au XVIIIe siècle. Le chemin de retour le plus rapide vers Avignon passe par la N 570; mais si vous n'êtes pas pressé, vous pouvez emprunter la D 35 moins encombrée et faire une petite visite à l'abbaye Saint-Michel-de-Frigolet toute proche (à droite de la route).

Durée: trois jours en voiture, environ quatre à cinq jours à vélo
Carte avant

Le château de Tarascon, où le bon roi René a donné des fêtes étourdissantes au XVe siècle, passe pour être l'un des forts médiévaux les plus beaux et les mieux conservés de France.

Une digue protège la Camargue de la Méditerranée. Cette ligne de démarcation entre la mer et les marécages est l'une des plus belles promenades de la région. Surtout au crépuscule, quand le soleil descend lentement derrière la mer, se balader sur cette digue haute d'un bon mètre et demi est un plaisir inoubliable. On peut se promener à pied ou à vélo sur cette digue interdite à la circulation automobile, en plein cœur du Parc naturel de Camargue.

Si vous n'avez pas apporté de bicyclette, vous pouvez en louer aux **Saintes-Maries-de-la-Mer** (voir Le Vélociste, p. 283). Pour la durée du circuit, les automobilistes laisseront leur voiture sur le parking de la plage des Saintes-Maries. De là, on se dirige vers l'est jusqu'à la **digue** du sud de l'**étang dit l'Impérial**. De nombreuses cartes n'indiquent la digue que par une ligne discontinue – mais n'ayez crainte, elle existe bel et bien. Le parc national commence derrière le **pont du Rousty**. A partir de là débute le monde préservé des flamants roses, des hérons, des mouettes et des canards. Il ne faut pas quitter la digue pendant la promenade, il est même officiellement interdit de s'aventurer dans les dunes. Après quelques kilomètres entre les étangs et les lagunes, nous arrivons au **phare de la Gacholle**, un phare carré entre l'**étang de la Dame** et l'**étang du Tampan**. De là, on retourne aux Saintes-Maries par le même chemin. Suivant le temps, on peut aussi bifurquer à gauche sur le **chemin des Douanes** et revenir sur la digue après avoir fait une petite boucle.

Durée: deux heures à vélo, six heures à pied
Carte avant

Un circuit en Camargue, à l'écart des routes, devant les flamants roses, est l'une des plus belles aventures provençales.

Un poème du «poète de la Provence» Frédéric Mistral orne une stèle du belvédère qui offre la plus belle vue sur le paysage de canyon des gorges de la Nesque et le rocher du Cire voisin: «Aquelo Nesco s'enfourno, dins uno courbe arèbe e sourno»: cette Nesque s'enfourne dans un gouffre profond et sombre...

■ D 2, carte avant

Pour aborder les gorges à pied, il faut venir en voiture de **Carpentras** jusqu'à **Monieux** par la D 942. Là, vous pouvez garer votre voiture au sud de la localité. Quittez Monieux en direction du sud par le sentier de randonnée GR 9; passé la côte Renard, qui se trouve à droite, poursuivez en direction de la «ferme de Savournin». Le sentier, qui se dirige à présent vers le sud, revient sur la D 942.
De nouveau au sud de la route départementale, vous continuez sur un chemin de campagne signalé en brun jusqu'à la **chapelle de la grotte Saint-Michel** (1643). Puis, vous traversez à nouveau la rivière sur un petit pont de bois. A partir de là, le sentier forestier longe la rive gauche de la Nesque – une vue vraiment étourdissante pour ceux et celles qui ne connaissent pas le vertige!

Un crochet par la grotte de Castellaras

On continue en direction de l'est; ceux qui le désirent peuvent faire un détour sur le chemin de campagne signalé en brun jusqu'à la **grotte de Castellaras**. Le **belvédère** et son panorama fabuleux sur le **rocher du Cire** (872 mètres) mentionné en introduction n'est plus très loin: de là, le regard plonge jusqu'à 300 bons mètres dans les profondeurs des gorges!
Après un tout petit bout sur la D 942, nous franchissons un tunnel; puis on prend à droite, avant un second tunnel, le chemin qui conduit au village de **Flaoussiers**. De là, le retour à Monieux, notre point de départ, s'effectue en direction du nord-est par le sentier de grande randonnée GR 9.

Voyage: les automobilistes ou les cyclistes atteignent le plus aisément les gorges de la Nesque à partir de Carpentras, par la D 942, direction est
Durée: environ six heures
Carte avant

La route serpente en de nombreux virages dans les gorges de la Nesque. A pied, sur les sentiers de randonnée, ou dévalant à bicyclette la D 942 , les gorges de la Nesque sont une manière impressionnante d'aborder la nature.

Le Colorado provençal est le nom donné aux carrières d'ocre de Roussillon et de Rustrel qui se présentent sous forme de falaises rouge sang à jaunes. Le but de notre randonnée, la région des alentours de Rustrel, a connu sa période de gloire de 1870 à 1930.

■ D 3, carte avant

Quelque 40 000 tonnes d'ocre ont été extraites ici par an – pas uniquement comme colorant pour les maisons pittoresques des environs, mais aussi pour colorer les rouges à lèvres et même le chocolat. Outre l'ocre, on a aussi extrait du minerai de fer, c'est pourquoi il existe encore une ancienne forge sur la route d'Apt. Puis, entre la Première et la Seconde Guerre mondiale, la production d'ocre déclina rapidement: les colorants artificiels étaient meilleur marché et disponibles à tout moment sans exploitation à ciel ouvert – ils s'imposèrent très vite. Malgré tout, certaines carrières d'ocre sont encore en activité.

Le chemin de l'expert du Colorado

Nous quittons **Apt** par la D 22 en direction de Rustrel, bifurquons ensuite à droite sur la route d'Istrane et nous arrivons à **Bouvène**. Dans le village même, nous passons au-dessus de la Dôa et nous tombons sur un sentier de randonnée balisé par des points jaunes. Comme la majorité des sentiers de cette région, il a été aménagé par l'«expert du Colorado», François Moreno. Monsieur Moreno a aussi rédigé et publié lui-même un ouvrage utile aux mordus de la randonnée avec des itinéraires conseillés (Circuits de découverte du Colorado provençal). Peu après, nous bifurquons à l'est, cette fois sur un sentier signalé par la couleur bleue. En contrebas, nous voyons surgir au fur et à mesure plusieurs falaises d'ocre. L'un des plus beaux sites est appelé les **cheminées de fées de Couloubrier**. Le sentier prend maintenant la direction du sud-est, vers **Barries.** Après une courte section sur une route goudronnée (route de Caseneuve), nous empruntons un chemin de campagne à droite derrière une ferme. Ce chemin est d'abord fléché en jaune, puis en bleu. Plus tard, nous devons tourner à droite sur le chemin qui relie Caseneuve à Rustrel, puis aller vers le nord en direction d'Istrane. C'est ici qu'un peu plus tard nous retrouvons le sentier de randonnée signalé en jaune, lorsque nous bifurquons à droite au **ravin de la Fedo Morto**, le ravin de la brebis morte. Il nous ramène à **Bouvène** au gré de jolis détours dans les carrières d'ocre.

Durée: six bonnes heures

Le Colorado de Rustrel: un paysage bizarre de falaises qui incite à s'y promener et à le photographier.

Informations

De Bonnieux, le regard porte loin sur les vertes collines de la montagne du Luberon et la plaine d'Apt.

Urgences

Pompiers: tél. 18
SAMU: tél. 15
Police: tél. 17

Animaux

Les animaux qui ont moins de trois mois ne peuvent être importés en France. Les animaux jusqu'à un an nécessitent des attestations médicales pour les vaccins suivants: la maladie du jeune âge, la rage et l'hépatite pour les chiens; la leucose et la rage pour les chats. Les animaux plus âgés doivent être vaccinés contre la rage.

Représentations diplomatiques

Consulat de Belgique
5, rue Gabriel-Fauré
06046 Nice
Tél. 04 93 87 79 56 ou 04 93 88 23 48

Ambassade de Belgique
9, rue de Tilsitt
75840 Paris
Tél. 01 44 09 39 39

Douane

A l'intérieur de l' UE, les quantités indicatives par personne non taxées à l'importation et à l'exportation sont: 10 litres de spiritueux, 90 litres de vin ou 100 litres de bière.

Jours fériés

1er janvier Nouvel An
Dimanche et lundi de Pâques
1er mai Fête du Travail
8 mai Armistice de 1945
Ascension
Pentecôte
14 juillet Fête nationale
15 août Assomption
1er novembre Toussaint
11 novembre Armistice de 1918
25 décembre Noël

Argent

Le franc français (FF) est divisé en 100 centimes (c). Il existe des billets de 20, 50, 100, 200 et 500 francs ainsi que des pièces de 5, 10, 20 et 50 centimes et des pièces de 1, 2, 5, 10 et 20 francs.
Si vous devez convertir en FB un montant en FF, divisez-le par 6.
En règle générale, les banques sont ouvertes du lundi au vendredi de 9 h à 16 h. En France, les eurochèques sont assez peu connus et les hôtels ne les acceptent que rarement. Quelques banques et bureaux de change (signalés par le sigle EC) les honorent pourtant (1 400 FF maximum par chèque). La commision est dans bien des cas horriblement élevée.
On peut retirer de l'argent dans de nombreux distributeurs de billets avec les cartes Visa et Eurocard principalement, couplées en France à la carte bleue. Sinon, les cartes de crédit sont acceptées partout, même dans les supermarchés. Mais en beaucoup d'endroits, les membres du Diner's Club ont précisément «la» mauvaise carte.

Si vous égarez votre carte de crédit, appelez immédiatement l'un des numéros suivants:

Chèques bancaires ou postaux volés
Tél. 01 42 41 22 22

En cas de problèmes avec des cartes et des eurochèques EC, les établissements financiers français recommandent de s'adresser directement à la banque du pays d'origine.

Informations

Presque chaque localité importante de Provence possède un office de tourisme qui vous aidera en vous donnant des prospectus et des renseignements. Ces bureaux sont régis par des comités régionaux et départementaux:

Pour le Languedoc-Roussillon
Comité Régional du Tourisme
27, rue de l'Aiguillerie
34000 Montpellier
Tél. 04 67 22 81 00

Pour la Provence-Alpes-Côte d'Azur
Comité Régional du Tourisme
Immeuble C.M.C.I.
2, rue Henri-Barbusse
13241 Marseille Cedex 01
Tél. 04 91 39 38 00

Pour les Bouches-du-Rhône
Comité Départemental du Tourisme
6, rue du Jeune-Anarcharsis
13001 Marseille
Tél. 04 91 54 92 66

Pour le département de la Drôme
Comité Départemental du Tourisme
1, av. des Romans
26000 Valence
Tél. 04 75 43 27 12

Pour le département du Gard
Comité Départemental du Tourisme
3, pl. des Arènes, B.P. 122
30011 Nîmes
Tél. 04 66 21 02 51

Pour le département du Vaucluse
Chambre Départementale de Tourisme du Vaucluse
Pl. Campana, B.P. 147
84008 Avignon
Tél. 04 90 86 43 42

Détente sur la plage des Saintes-Marie-de-la-Mer

A Paris
Maison de la France
8, av. de l'Opéra
75001 Paris
Tél. 01 42 96 10 23

En Belgique
Maison de la France
21, avenue de la Toison d'Or
1060 Bruxelles
Tél. 02 513 07 62

Climat

Selon que l'on séjourne à l'intérieur du pays ou sur le littoral, en montagne ou à la mer, le climat provençal est très variable. Mais dans l'ensemble, on peut toutefois compter sur des températures agréables de mai à octobre. L'été est généralement chaud et sec. En hiver, il arrive même qu'il neige, bien que le climat maritime doux soit prépondérant. La meilleure saison pour voyager est soit le printemps, soit l'automne même si, à ces époques, il faut s'attendre à la pluie.

Soins médicaux

Les médecins et les hôpitaux français exigent souvent le règlement immédiat de la facture. En règle générale, on demande aux touristes leur numéro de carte de crédit. En l'absence de carte, vous pouvez essayer de vous faire envoyer la facture à domicile. Pour prétendre au remboursement d'une mutuelle belge, il faut se faire délivrer une attestation de soins par le médecin. Pour les petits bobos, il existe une autre solution moins onéreuse: pour 100 FF environ (600 FB) vous pouvez bénéficier des services d'une infirmière à domicile. Pour toutes les villes de quelque importance, elles figurent dans les pages jaunes.

Les données climatiques exactes de Marseille

	Températures moyennes en °C		Heures de soleil	Jours de pluie	Température de l'eau
	Jour	Nuit	par jour		en °C
Janvier	10,0	1,5	2,5	8	12
Février	11,5	2,1	3,7	6	12
Mars	15,0	5,1	4,8	7	13
Avril	17,9	7,6	6,8	6	13
Mai	21,8	11,1	7,5	7	15
Juin	26,1	14,7	7,5	4	18
Juillet	28,9	17,1	7,1	2	21
Août	28,3	17,0	7,0	4	21
Septembre	25,1	14,7	5,8	6	20
Octobre	19,8	10,4	4,4	8	18
Novembre	14,7	6,0	2,6	8	16
Décembre	10,9	3,0	1,6	10	14

Source: Deutscher Wetterdienst, Offenbach

Qeulques numéros
Aix-en-Provence: tél.044 223 03 74 et 04 42 23 21 26
Avignon: Tél. 04 90 82 30 21
Marseille: Tél. 04 91 85 84 44
Montpellier: Tél. 04 67 79 60 00

Naturisme

En Provence, la baignade sans maillot est limitée aux **plages naturistes.**

Informations

Comité Régional du Tourisme
2, rue Henri-Barbusse
'13241 Marseille Cedex 01
Tél. 04 91 37 91 2

Décalage horaire

La France vit à la même heure que la Belgique. L'heure d'été et l'heure d'hiver commencent le même jour qu'en Belgique.

Poste

Les bureaux sont ouverts du lundi au vendredi de 8 h à 19 h et le samedi de 8 h à 12 h. Les timbres sont vendus à la poste et dans les bureaux de tabac.

Radio

Les radios locales sont très nombreuses.
Les émissions d'informations belges sont captées via la radio internationale.

Documents de voyage

Les citoyens de l' UE ont besoin d'un passeport ou d'une carte d'identité valide et les automobilistes également de leur permis de conduire et du certificat d'identification du véhicule (carte grise). Les enfants en dessous de 16 ans auront soit une carte d'identité d'enfant.

Fumer

Depuis le 1er novembre 1992, il est interdit de fumer dans les lieux publics. Cela vaut aussi pour les restaurants sans zone fumeurs, les stations de métro, etc. Cependant, cette interdiction est peu respectée.

Téléphone

L'indicatif international de la Belgique vers la France est le 00 33. Il est immédiatement suivi du numéro d'appel. Pour Paris, on forme le 01 devant, puis les huit chiffres du correspondant. Pour téléphoner de province française à Paris, il faut d'abord former le 1. Quand on appelle la province depuis Paris, on ne forme que l' indicatif du département suivi directement du numéro à 8 chiffres du correspondant.

Indicatif de la France vers la Belgique: 00 # 32

Pour utiliser un téléphone public, il faut une télécarte - elle s'achète dans un bureau de tabac ou un bureau de poste.

Voltage

Le courant est de 220 V.

Index

Vous trouverez ici les curiosités, les musées et les excursions mentionnés dans ce guide.
Si un mot est cité à plusieurs pages, le chiffre en **gras** réfère à l'information la plus importante.
Les **combinaisons de lettres et de chiffres** renvoient aux cartes.

A

B

C

Index

N

O

P

R

S

T

U

V

First published under the title *Provence* (Jörg Zipprick)

Cette édition par: Chantecler, Belgique - France
Traduction française: M. Bozet
D-MCMXCVI-0001-303

Photo de couverture: F. M. Frei, le palais des Papes à Avignon
Cartes: cartographie Huber

Toutes les photos sont de Franz Marc Frei sauf:
Süddeutscher Bilderdienst pp. 63, 101, 211
L'Abbaye de Sainte-Croix p. 281